KB055243

Job?

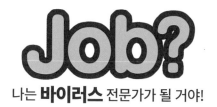

나는 **바이러스** 전문가가 될 거야!

Job?

나는 **바이러스** 전문가가 될 거야!

Special 07

Team. 신화 글·그림 | 강건욱 감수

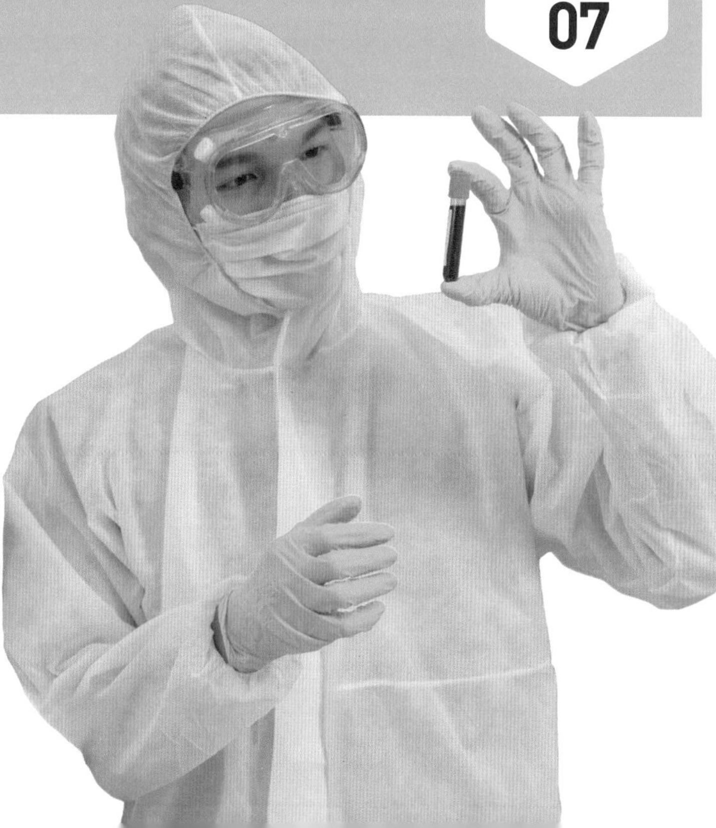

국일아이

차례

직업 탐험
워크북

나는 **바이러스** 전문가가
될 거야!

등장 인물

새롬

적극적인 성격으로 좌우 안 가리고 돌진하는 돈키호테형 12살 소녀다. 용기있고 책임감이 강해서 늘 솔선수범한다. 나이차가 많이 나는 오빠 다롬이의 열렬한 추종자인데 다롬이가 코로나19에 걸려 수척해진 것을 보고 바이러스 전문가가 되기로 결심한다.

호랑

새롬이와 유치원 때부터 절친인 12살 소년이다. 감정적인 새롬이와는 달리 쿨하고 이성적이다. 잘난체하는 구석이 있지만, 맡은 임무는 깨끗이 해내는 모범생이다. 작은 것 하나도 놓치지 않은 덕에 연구소 범인을 잡는데 큰 공을 세운다.

다롬

새롬이보다 12살이나 많은 새롬이의 오빠다. 낙천적이고 유머스러운 성격이다. 운동만능에 머리도 좋은 엄친아지만 유학 중 코로나19에 걸려 초췌해졌다. 완치자의 혈청이 코로나 확진자를 도울 수 있다는 말을 듣고 공중보건 의료 연구소로 향하는데…

미나

다롬이의 여자친구로 혈액의 항체 분석을 하는 면역학자다. 쿨하고 직선적인 성격이다. 새롬이와 호랑이에게 연구실 견학 프로그램을 소개하고 바이러스 전문가에 대해서 배울 수 있도록 돕는다.

닥터 호

병원이나 연구소를 들락거리며 의약품을 훔치는 도둑이자 사기꾼이다. 양복을 빼입은 신사 차림으로 근엄하고 깐깐해 보이지만, 허술하고 허점이 많은 도둑이다.

꿈을 찾아가는 꿈나무를 위한 길잡이

허영만 화백이 그린 만화 《식객》이 한국 음식 문화의 품격과 철학의 깊이를 더한 '음식 문화서'라고 한다면, 《job?》 시리즈는 '바라고 꿈꾸는 것을 이루기 위해 줄기차게 노력하면 반드시 꿈은 이루어진다'는 교육 철학을 담은 직업 관련 학습 만화입니다. 어린이와 청소년들이 만화를 통해 각 분야의 직업을 이해하고, 스스로 장래 희망을 설정하는 데 도움을 주는 진로 교육서이기도 합니다.

꿈과 희망은 사람을 움직이는 가장 강력한 에너지입니다. 꿈과 희망이 있는 사람은 밝고 활기찹니다. 그리고 호기심과 열정이 가득해서 지루할 틈이 없이 부지런합니다. 특히 어린이와 청소년들에게 꿈과 희망은 삶을 긍정적으로 바라보게 하는 가장 강력한 버팀목 역할을 합니다.

어른이 되어 이루는 성공과 성취는 어린 시절부터 바랐던 꿈과 희망이 이뤄 낸 결과입니다. 링컨과 케네디, 빌 게이츠와 오바마, 이들은 어린 시절에 꾸었던 꿈과 희망을 실현하기 위해 노력한 사람들입니다. 삼성을 일류 기업으로 이끈 고(故) 이병철 회장이나 우리나라 경제 발전에 초석을 다진 현대그룹의 고(故) 정주영 회장도 어린 시절의 꿈을 실현한 대표적인 사람입니다. 꿈과 희망 안에는 미래를 변하게 하는 놀라운 능력이 숨어 있습니다. 꿈과 희망을 품고 노력하면 바라던 것이 이루어집니다.

어린이와 청소년들이 스스로 미래를 준비할 수 있도록 도움을 주고자 기획한 《job?》 시리즈는 우리 사회 각 분야의 직업을 다루고 있습니다. 어떤 분야의 직업을 갖고 사는 것이 좋으며 가치 있을지를 만화 형식을 빌려서 설명하여 이해뿐 아니라 재미까지 더하였습니다.

그동안 직업을 소개하는 책은 많았지만, 어린이 눈높이에 맞춘 직업 관련 안내서는 드물었습니다. 이 책의 차별성은 바로 여기에 있습니다. 단순히 각각의 직업이 무슨 일을 하는지를 소개하는 데 그치지 않고 사회적 측면에서 바라본 직업의 존재 이유와 작용 원리를 적절한 용어를 사용하여 어린 독자들의 이해를 돕습니다. 자칫 딱딱할 수 있는 직업 이야기를 맛깔스러운 대화와 재미있는 전개로 설명하여 효과적인 진로 안내서 역할도 합니다.

이 책이 어린이와 청소년들에게 세상의 여러 직업을 깊이 이해하고 자신의 미래를 여는 데 도움을 줄 것이라 기대합니다. 아울러 장차 세계를 이끌 주인공이 될 어린이와 청소년들이 직업과 관련해서 멋진 꿈과 희망을 얻길 바랍니다.

문용린(서울대학교 교육학과 명예교수)

작가의 말

바이러스를 극복하는 날을 위하여

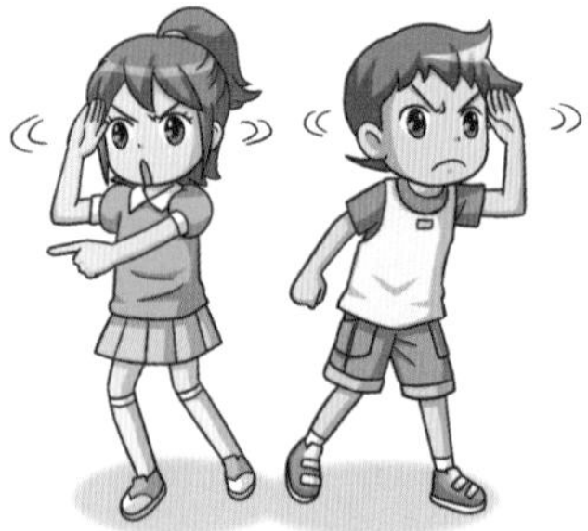

최근 코로나19 바이러스가 전 세계적으로 유행하고 있어요. 몇 년 전에도 사스, A형독감, 메르스 같은 바이러스성 전염병이 세계적으로 유행한 적이 있어요. 하지만 코로나19처럼 이렇게 긴 시간 동안 등교 자체가 불가능하고, 직장 건물이 폐쇄되고, 마스크를 쓰지 않으면 대중교통조차 이용하기 힘든 지경에까지 이른 적은 없었답니다.

바이러스성 질환은 전염력이 강해서 매우 위험해요. 코로나19는 219개국에서 2,000만 명 이상의 확진자가 발생하고 75만 명의 사망자(2020년 8월 기준)가 발생했어요. 이렇게 무서운 코로나19를 빨리 종식시키기 위해서 전 세계 바이러스 전문가들이 백신과 면역체계를 연구하고, 방역에 힘쓰는 등 열심히 노력하고 있답니다.
바이러스를 연구하는 것이 전염의 위험에 노출될 수도 있고 재미없는 일처럼 여겨질 수도 있지만 개인과 가족, 국가, 더 나아가 세계적으로 없어서는 안 되는 중요한 일이에요. 우리

가 세계적인 바이러스 질병의 유행에도 불구하고 비교적 안전하고 두려움 없이 살 수 있는
것은 바이러스 전문가들의 수고와 노력이 있기 때문이랍니다.

바이러스 전문가는 무슨 일을 할까요? 면역학자, 미생물학자, 바이러스 백신 개발자, 세균
학자, 역학조사관 등 다양한 분야에서 바이러스성 질환을 치료하고 예방하기 위해 연구하
고 노력하고 있는 분들에 대해서 새롬, 호랑과 함께 알아볼까요?

글쓴이 **Team. 신화**

죽다 살아난 오빠

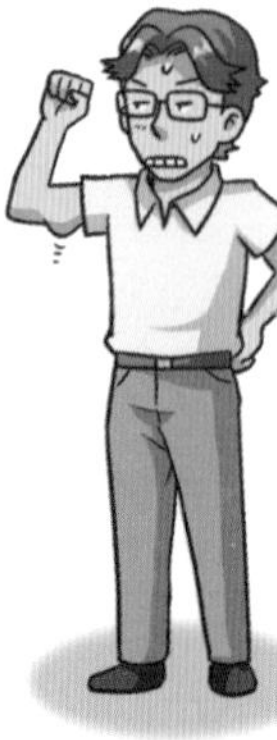

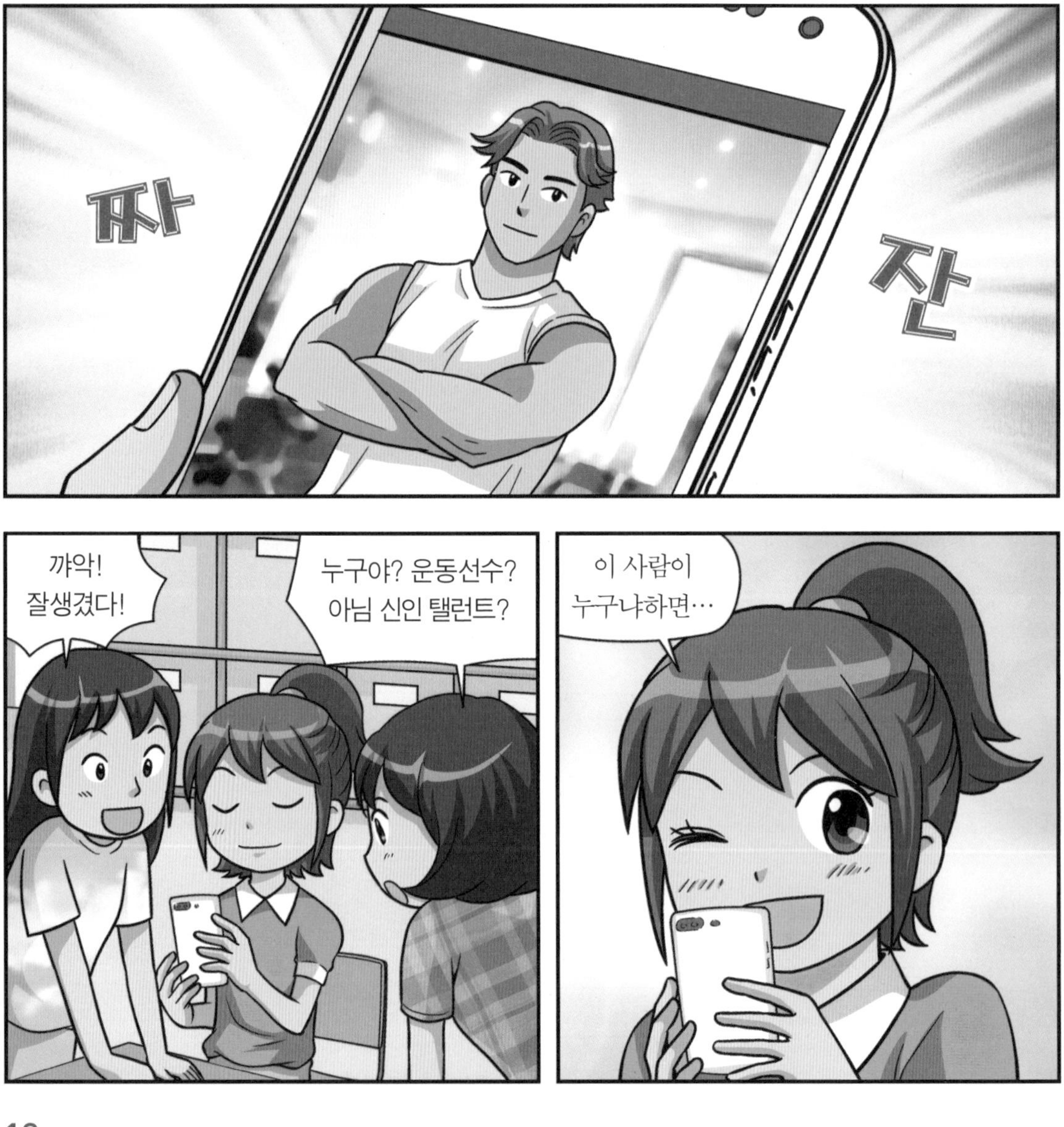
짜
잔
꺄악! 잘생겼다!
누구야? 운동선수? 아님 신인 탤런트?
이 사람이 누구냐하면…

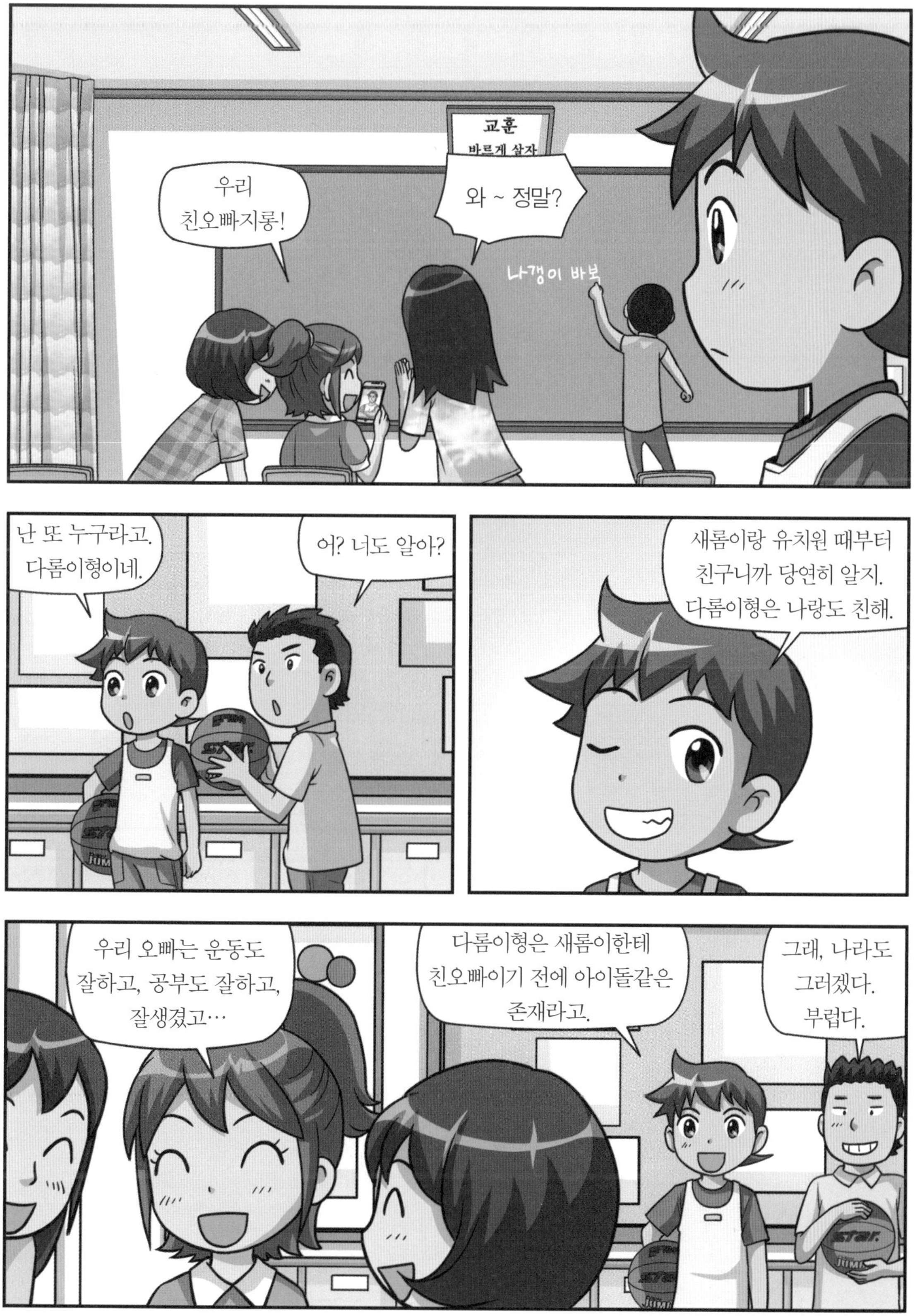
교훈
바르게 살자
우리 친오빠지롱!
와 ~ 정말?
나갱이 바보
난 또 누구라고. 다롬이형이네.
어? 너도 알아?
새롬이랑 유치원 때부터 친구니까 당연히 알지. 다롬이형은 나랑도 친해.
우리 오빠는 운동도 잘하고, 공부도 잘하고, 잘생겼고…
다롬이형은 새롬이한테 친오빠이기 전에 아이돌같은 존재라고.
그래, 나라도 그러겠다. 부럽다.

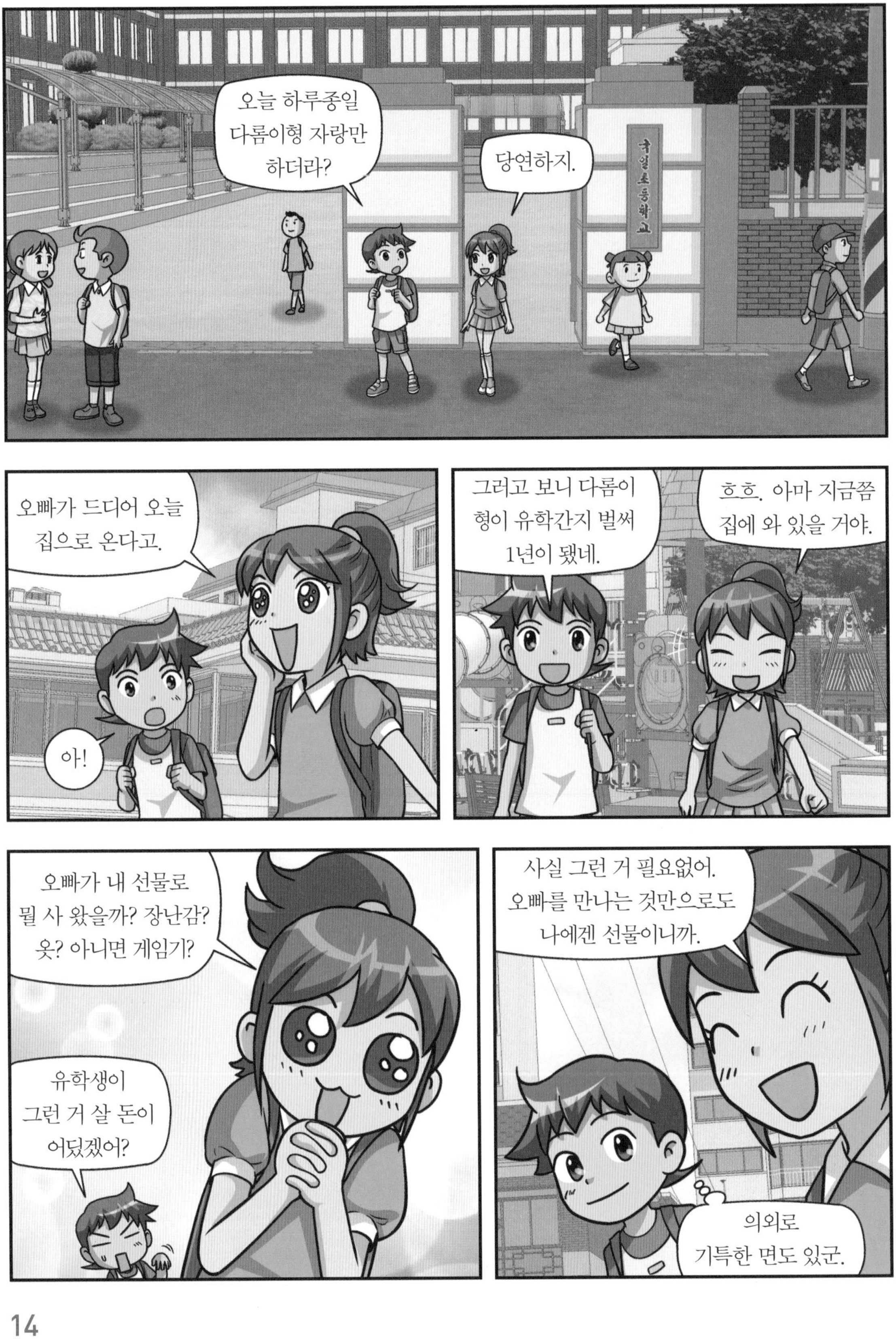
오늘 하루종일
다롬이형 자랑만
하더라?
당연하지.
오빠가 드디어 오늘
집으로 온다고.
아!
그러고 보니 다롬이
형이 유학간지 벌써
1년이 됐네.
흐흐. 아마 지금쯤
집에 와 있을 거야.
오빠가 내 선물로
뭘 사 왔을까? 장난감?
옷? 아니면 게임기?
유학생이
그런 거 살 돈이
어딨겠어?
사실 그런 거 필요없어.
오빠를 만나는 것만으로도
나에겐 선물이니까.
의외로
기특한 면도 있군.

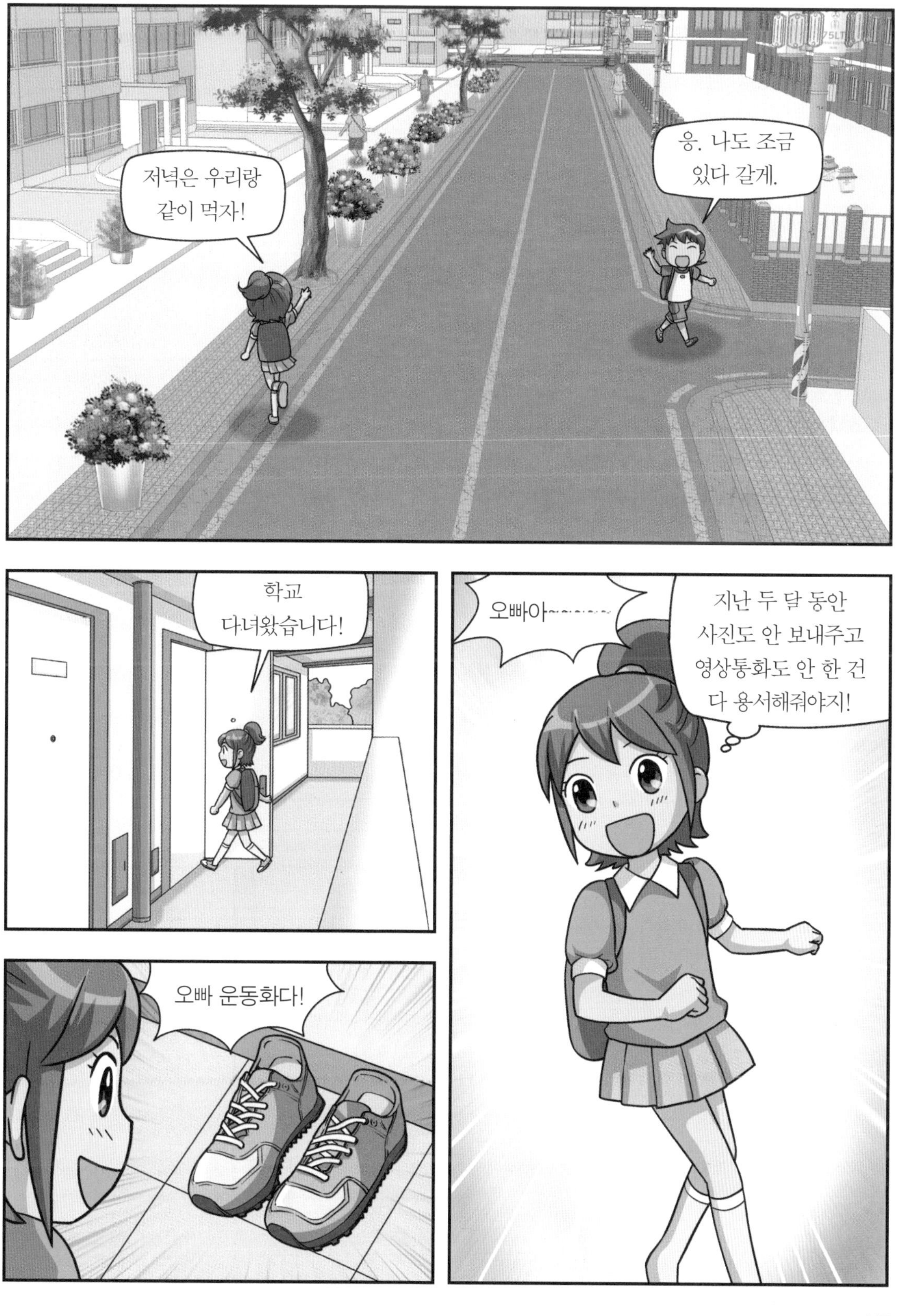

저녁은 우리랑 같이 먹자!
응. 나도 조금 있다 갈게.
학교 다녀왔습니다!
오빠 운동화다!
오빠아~~~~~
지난 두 달 동안 사진도 안 보내주고 영상통화도 안 한 건 다 용서해줘야지!

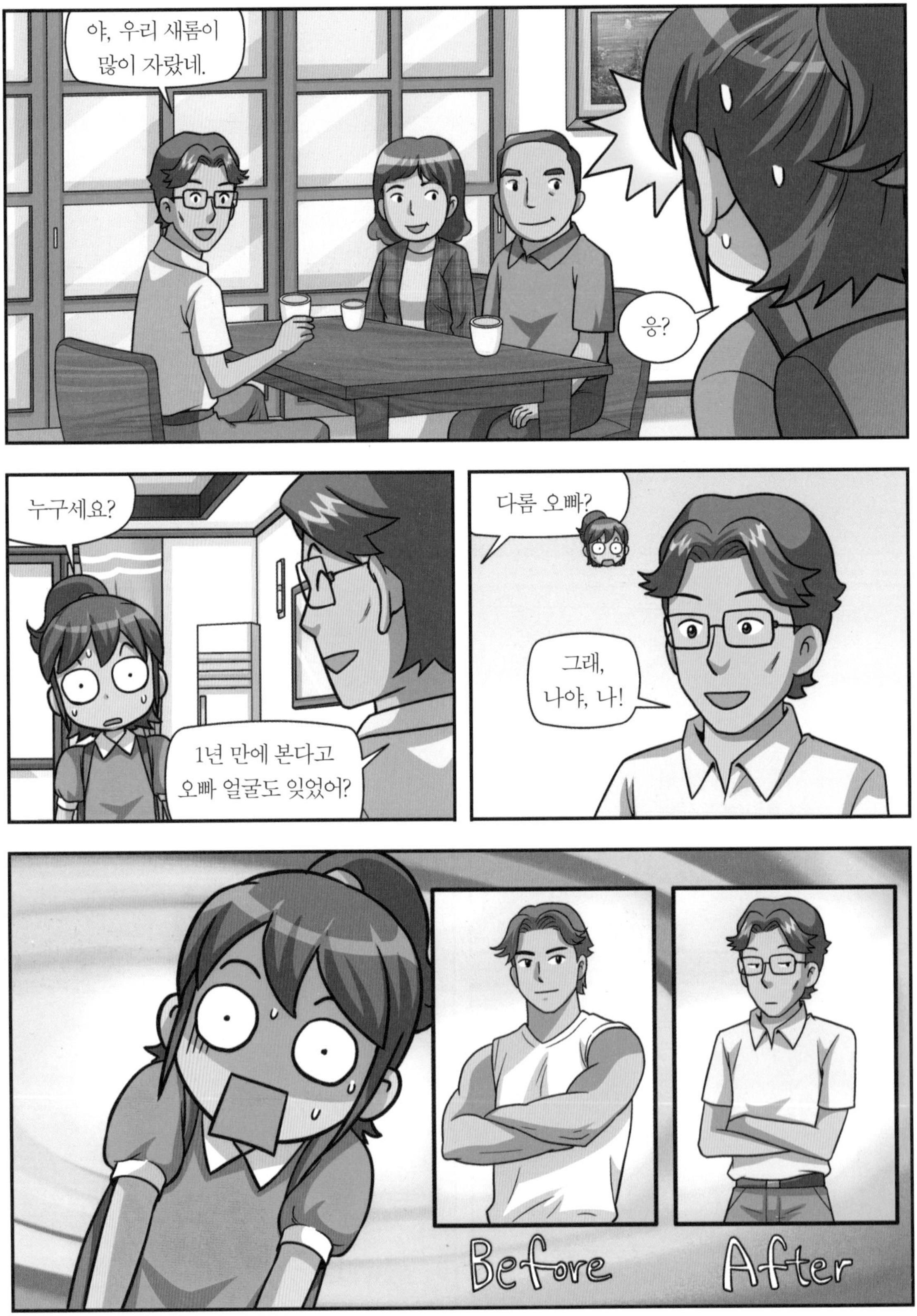
야, 우리 새롬이 많이 자랐네.
응?
누구세요?
1년 만에 본다고 오빠 얼굴도 잊었어?
다롬 오빠?
그래, 나야, 나!
Before
After

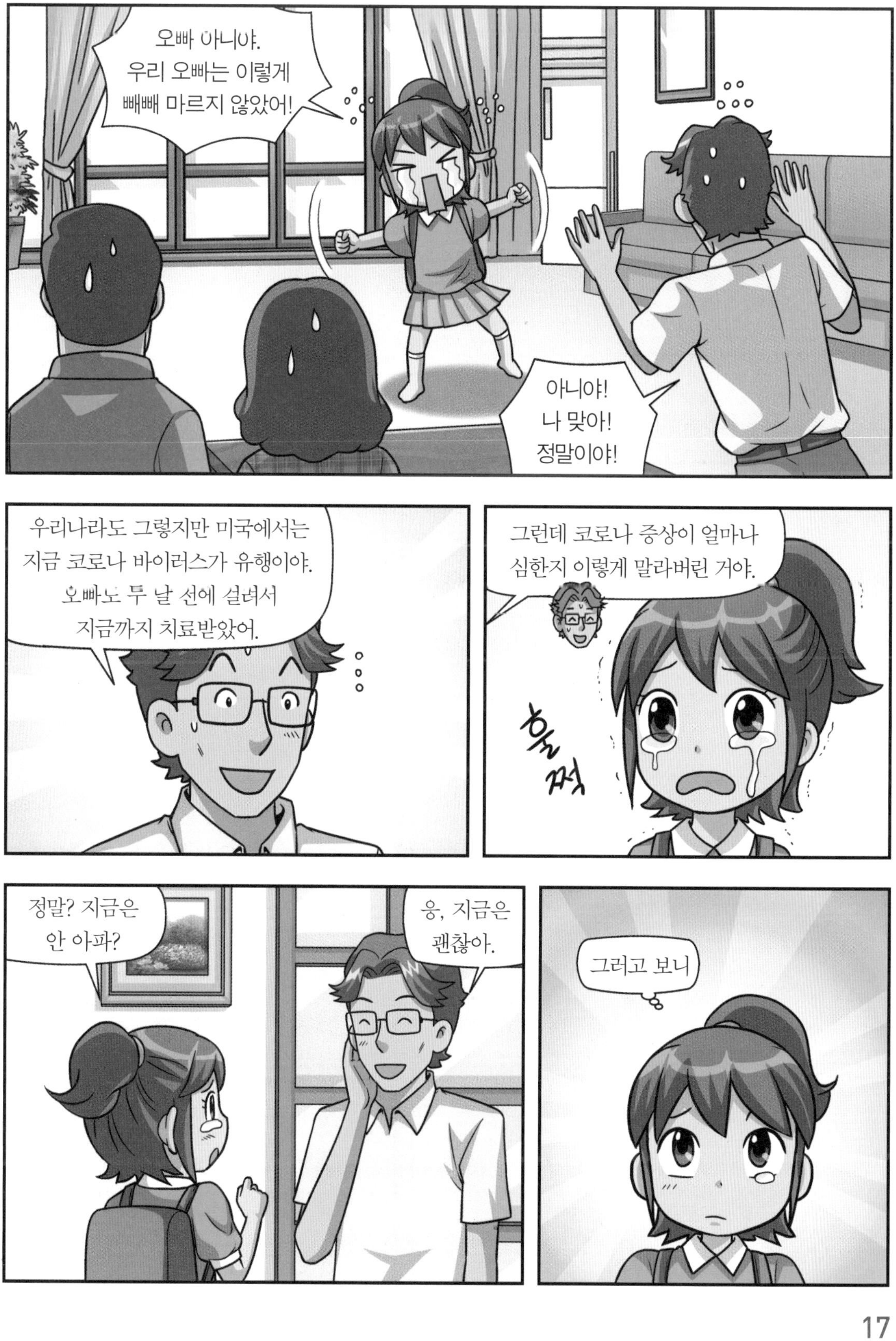
오빠 아니야.
우리 오빠는 이렇게
빼빼 마르지 않았어!
아니야!
나 맞아!
정말이야!
우리나라도 그렇지만 미국에서는
지금 코로나 바이러스가 유행이야.
오빠도 두 달 전에 걸려서
지금까지 치료받았어.
그런데 코로나 증상이 얼마나
심한지 이렇게 말라버린 거야.
훌쩍
정말? 지금은
안 아파?
응, 지금은
괜찮아.
그러고 보니

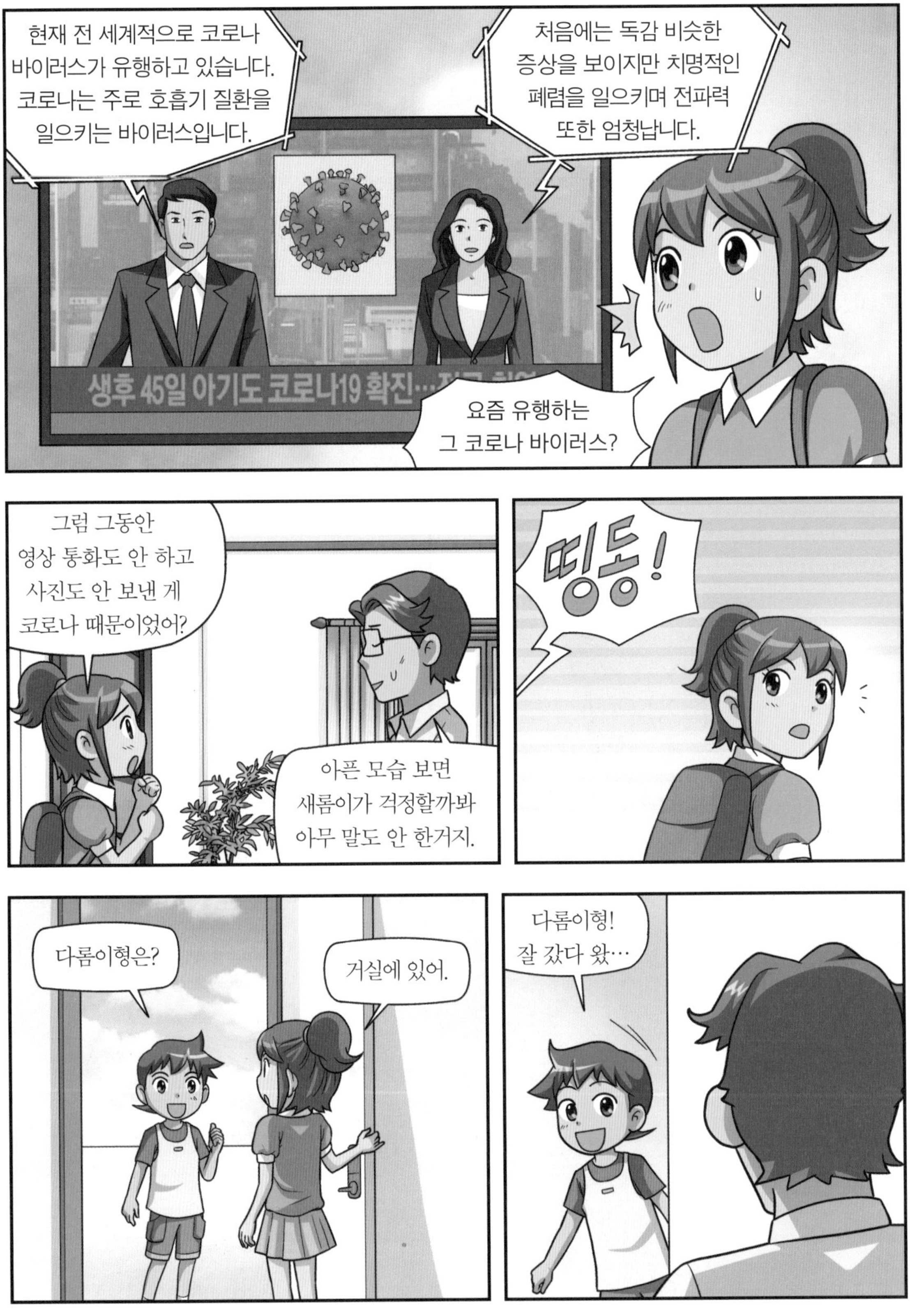
현재 전 세계적으로 코로나 바이러스가 유행하고 있습니다. 코로나는 주로 호흡기 질환을 일으키는 바이러스입니다.
처음에는 독감 비슷한 증상을 보이지만 치명적인 폐렴을 일으키며 전파력 또한 엄청납니다.
생후 45일 아기도 코로나19 확진…
요즘 유행하는 그 코로나 바이러스?
그럼 그동안 영상 통화도 안 하고 사진도 안 보낸 게 코로나 때문이었어?
아픈 모습 보면 새롬이가 걱정할까봐 아무 말도 안 한거지.
띵동!
다롬이형은?
거실에 있어.
다롬이형! 잘 갔다 왔…

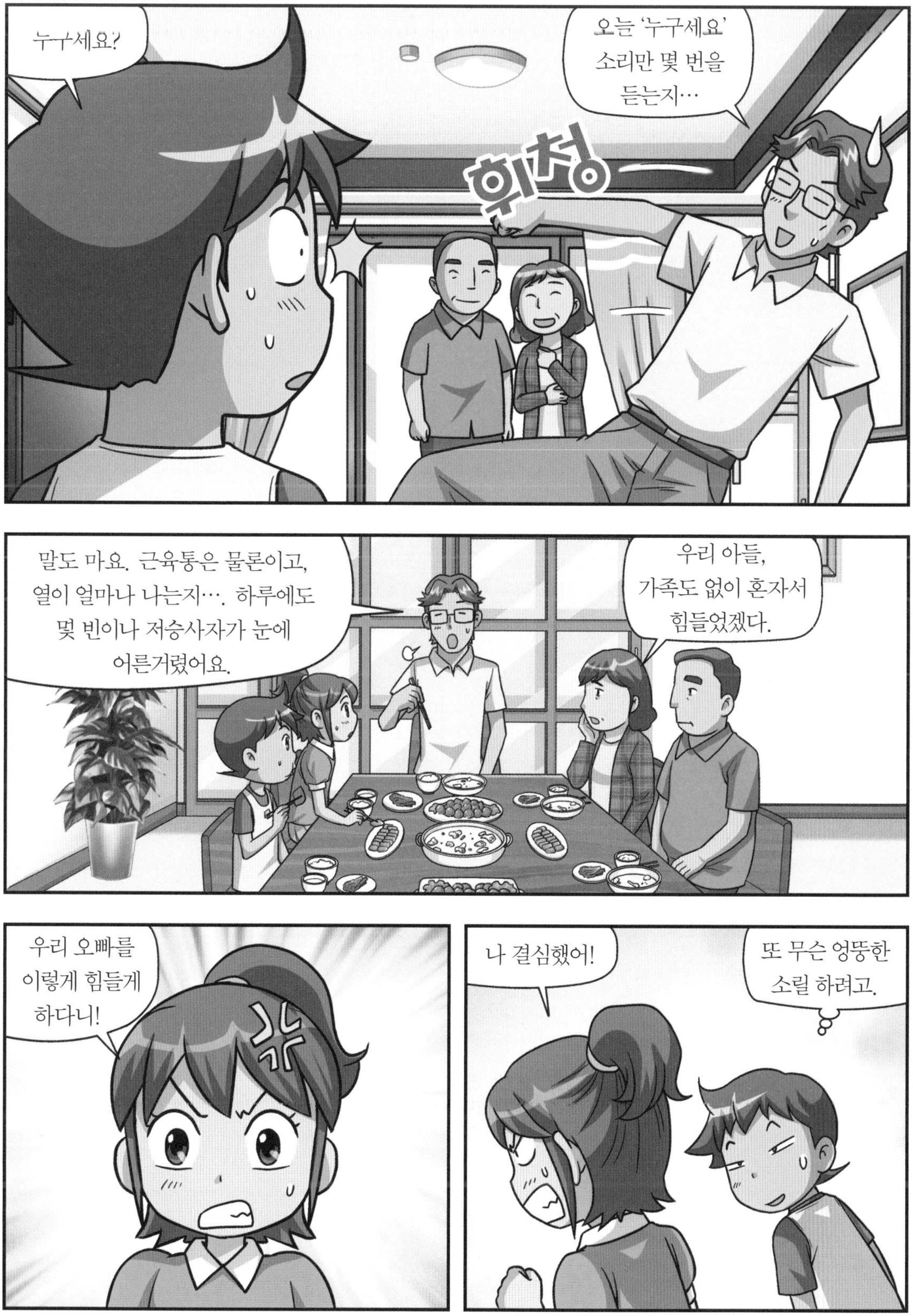
누구세요?
오늘 '누구세요' 소리만 몇 번을 듣는지…
휘청
말도 마요. 근육통은 물론이고, 열이 얼마나 나는지…. 하루에도 몇 번이나 저승사자가 눈에 어른거렸어요.
우리 아들, 가족도 없이 혼자서 힘들었겠다.
우리 오빠를 이렇게 힘들게 하다니!
나 결심했어!
또 무슨 엉뚱한 소릴 하려고.

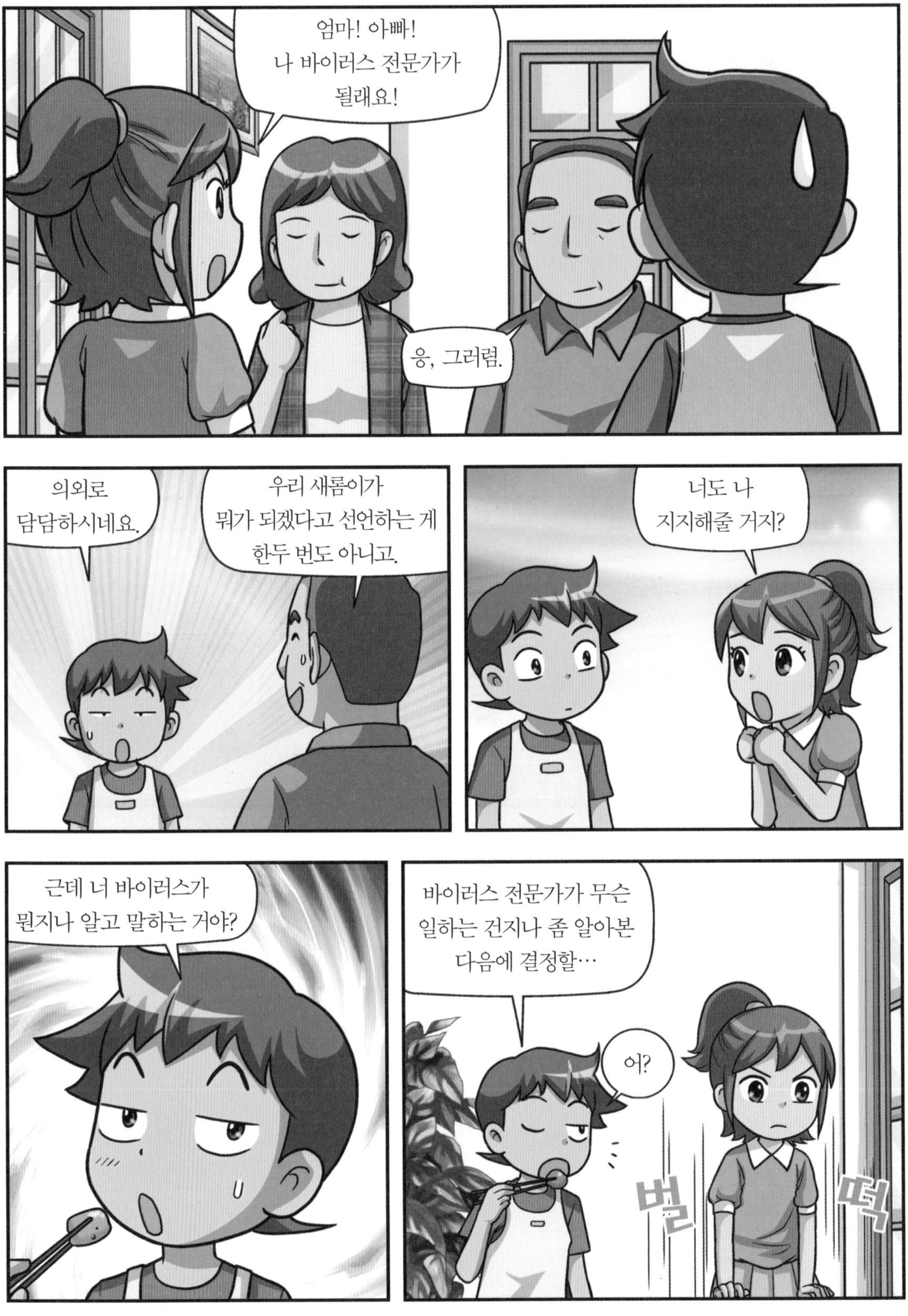
엄마! 아빠!
나 바이러스 전문가가
될래요!
응, 그러렴.
의외로
담담하시네요.
우리 새롬이가
뭐가 되겠다고 선언하는 게
한두 번도 아니고.
너도 나
지지해줄 거지?
근데 너 바이러스가
뭔지나 알고 말하는 거야?
바이러스 전문가가 무슨
일하는 건지나 좀 알아본
다음에 결정할…
어?
벌떡

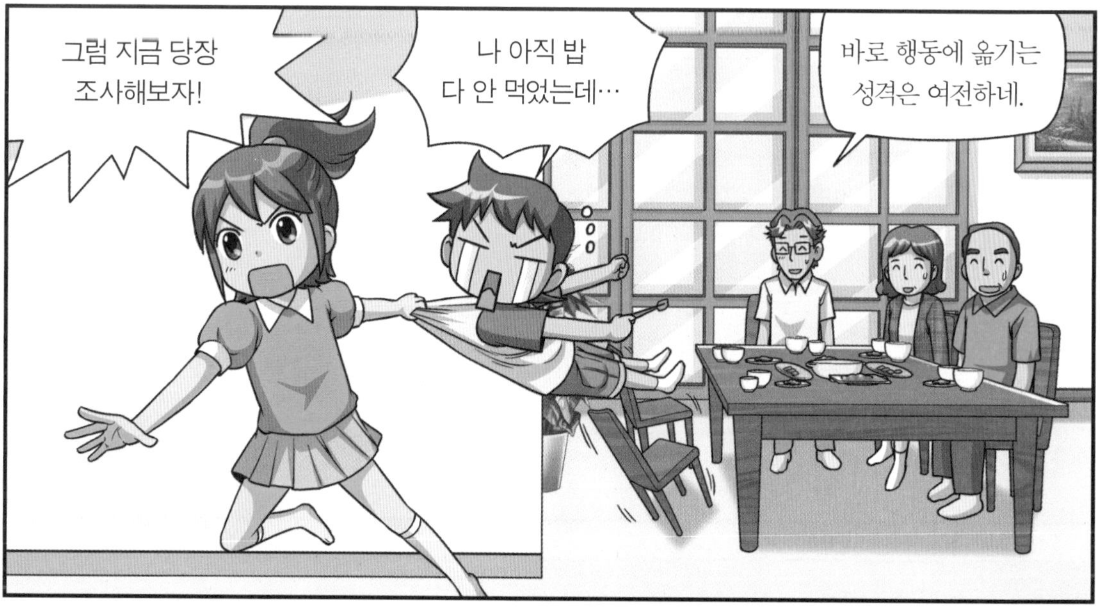
그럼 지금 당장 조사해보자!
나 아직 밥 다 안 먹었는데…
바로 행동에 옮기는 성격은 여전하네.

바이러스(virus)

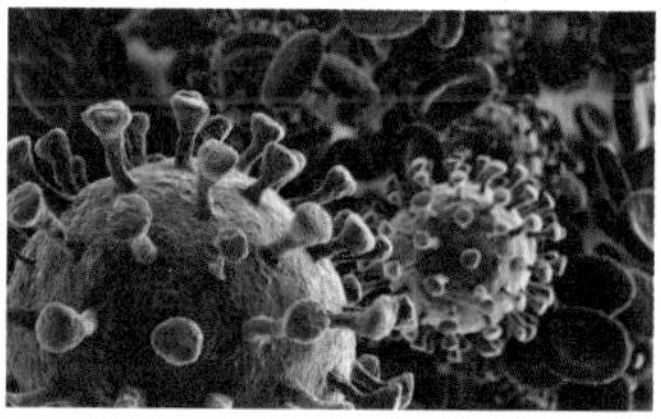

바이러스는 생물과 무생물의 특성을 모두 가진 존재예요. 평소에 바이러스는 무생물같은 존재예요. 생물의 살아 있는 세포와 만나야 생명활동을 한답니다. 바이러스가 일단 활동하면 빠르게 번식하면서 각종 병을 일으켜요.
병을 일으킨다는 점 때문에 바이러스는 세균과 비교되기도 해요. 그런데 바이러스는 세균보다 훨씬 작아서 전자현미경이 아니면 보이지도 않을 정도예요. 그래서 세균과 달리 항생제로는 치료가 안 돼서 항바이러스제가 필요하답니다. 독감, 뇌염, 홍역, 에이즈, 천연두 등이 바이러스로 인한 질환이에요.

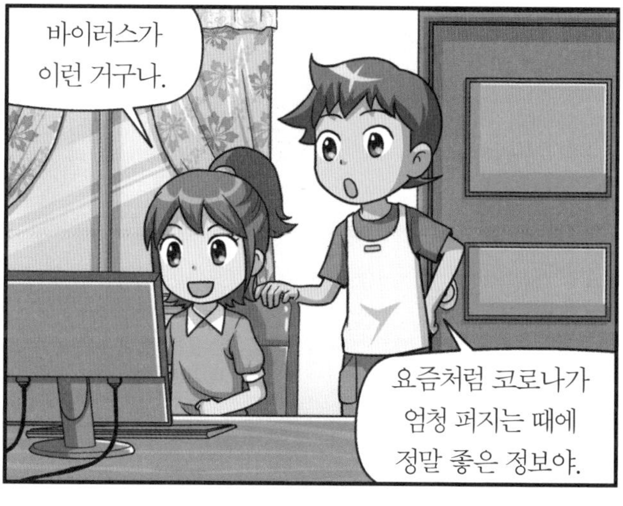
바이러스가 이런 거구나.
요즘처럼 코로나가 엄청 퍼지는 때에 정말 좋은 정보야.

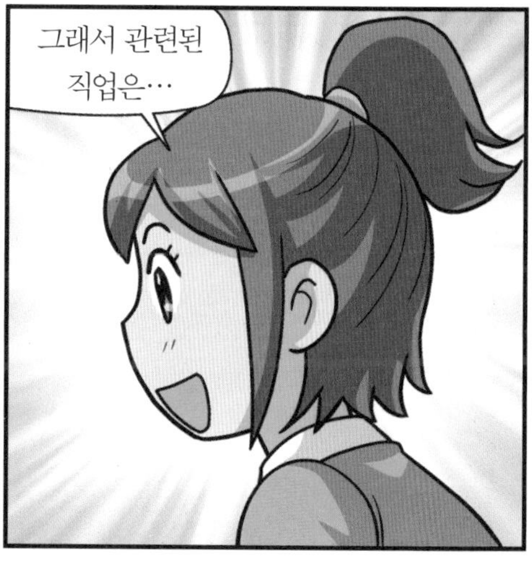
그래서 관련된 직업은…

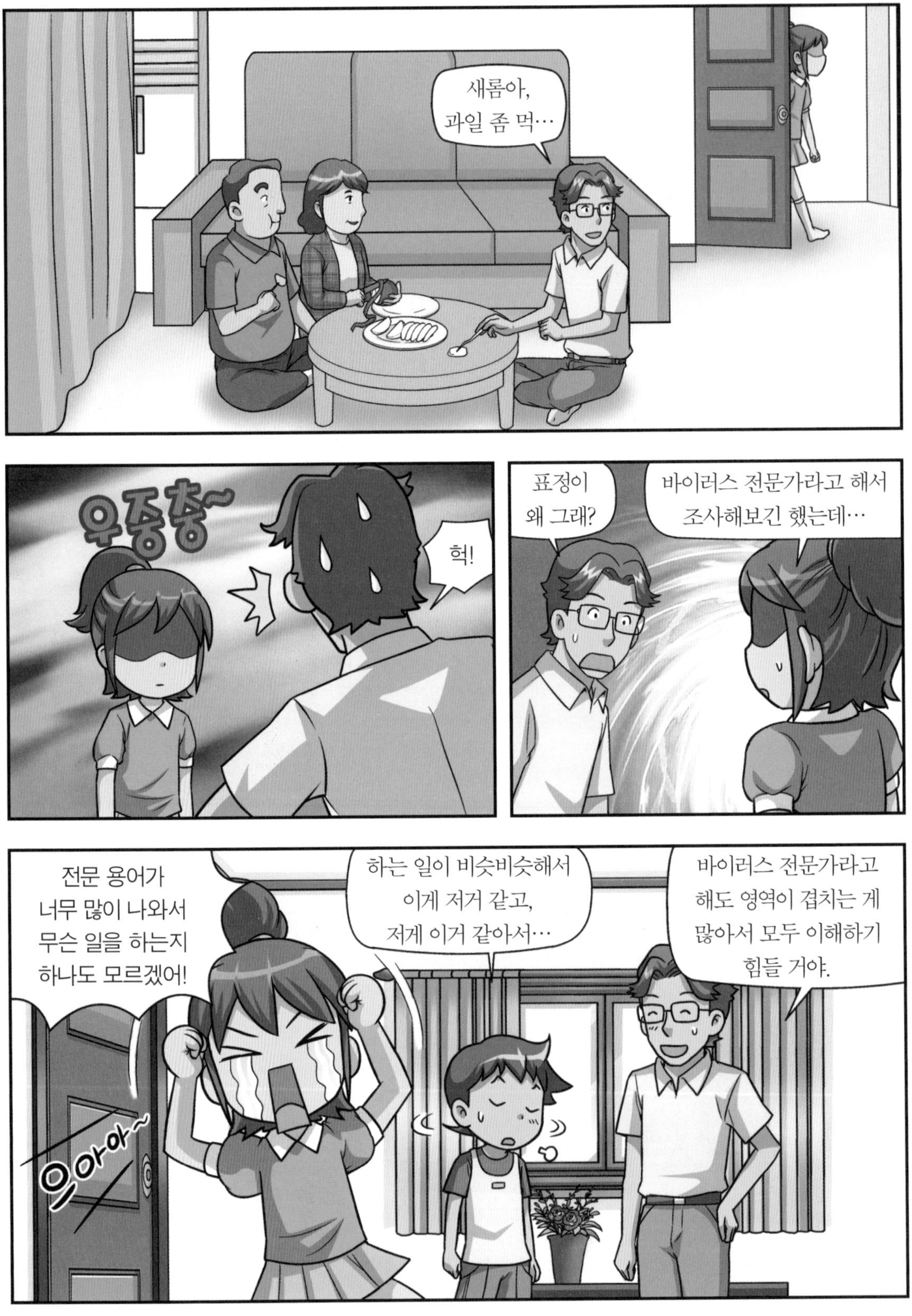

새롬아,
과일 좀 먹…
우중충~
헉!
표정이
왜 그래?
바이러스 전문가라고 해서
조사해보긴 했는데…
전문 용어가
너무 많이 나와서
무슨 일을 하는지
하나도 모르겠어!
하는 일이 비슷비슷해서
이게 저거 같고,
저게 이거 같아서…
바이러스 전문가라고
해도 영역이 겹치는 게
많아서 모두 이해하기
힘들 거야.
으아아~

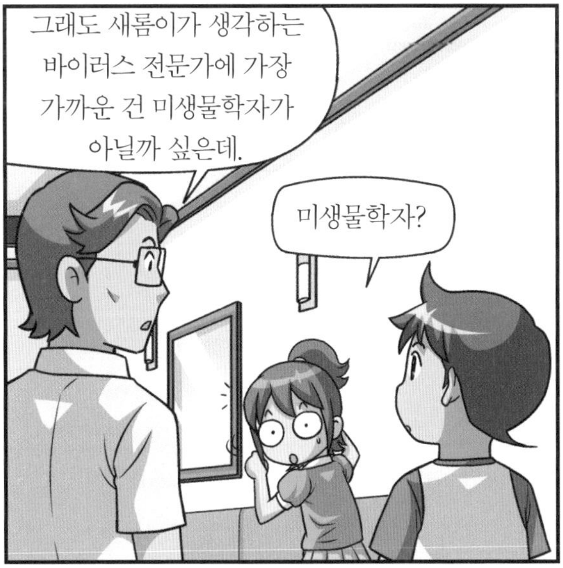
그래도 새롬이가 생각하는 바이러스 전문가에 가장 가까운 건 미생물학자가 아닐까 싶은데.
미생물학자?

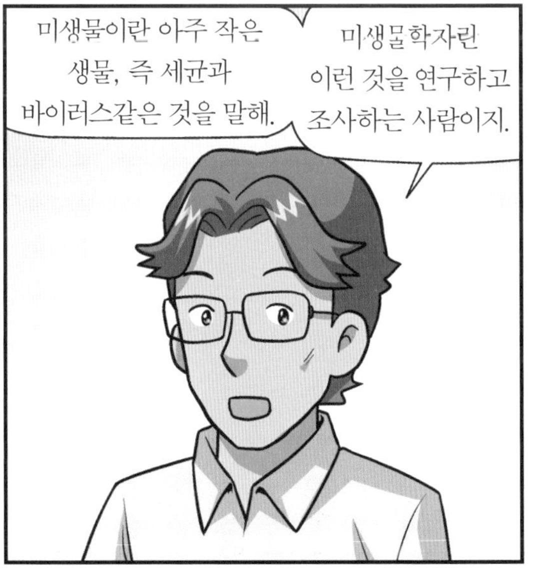
미생물이란 아주 작은 생물, 즉 세균과 바이러스같은 것을 말해.
미생물학자란 이런 것을 연구하고 조사하는 사람이지.

미생물학자

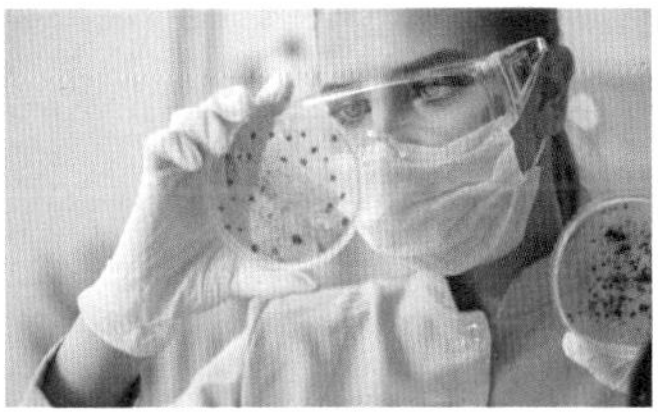

미생물학자는 미생물을 연구하기 위해 미생물을 현미경으로 관찰하거나, 실험실에서 배양합니다. 특정 병을 치료하기 위해 미생물을 연구하기도 하지만, 화장품, 식품, 농업용 등 다른 용도로 활용하기 위해 연구하기도 합니다.
미생물학자는 관찰하기 힘든 미세한 세계를 연구하기 때문에 관찰력이 좋고, 끈기가 있으며, 탐구심이 강한 사람에게 적합합니다.

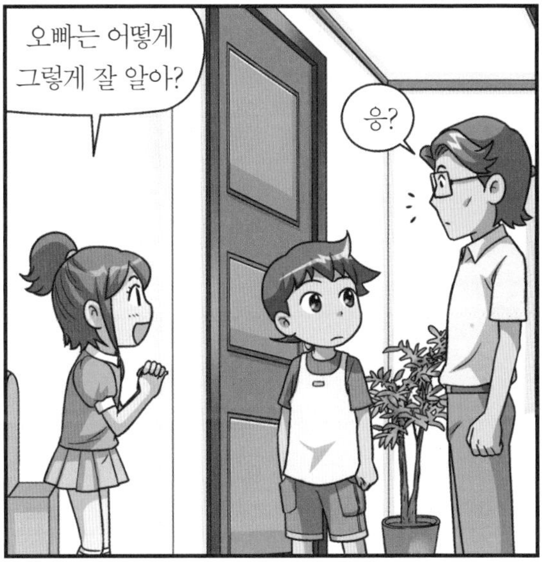
오빠는 어떻게 그렇게 잘 알아?
응?

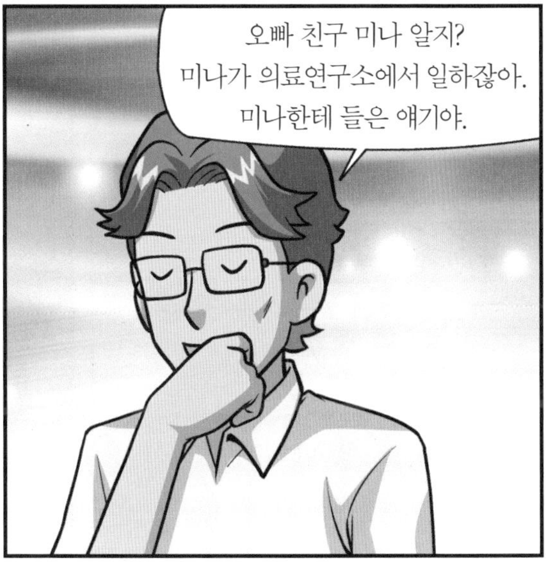
오빠 친구 미나 알지? 미나가 의료연구소에서 일하잖아. 미나한테 들은 얘기야.

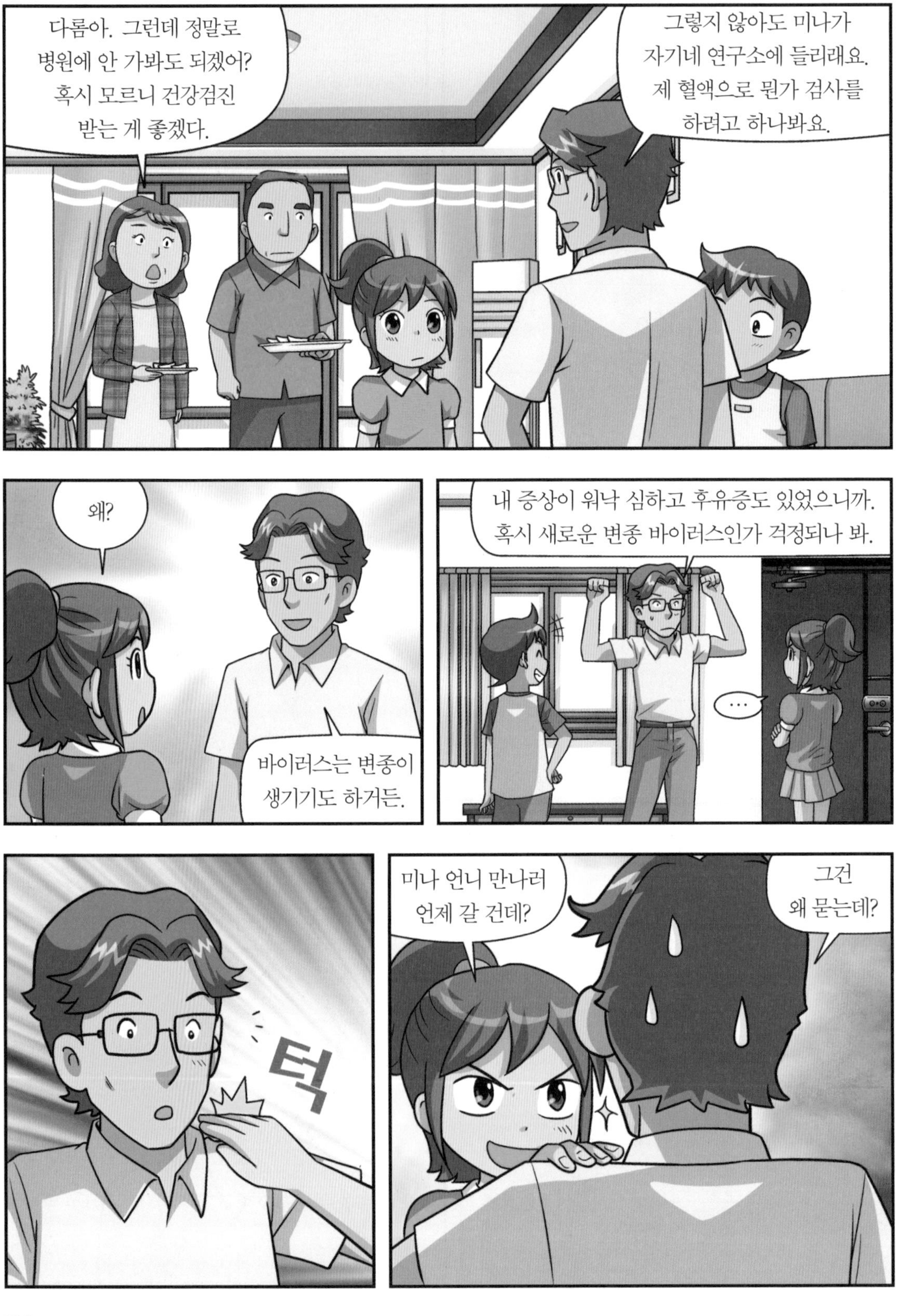

다롬아. 그런데 정말로 병원에 안 가봐도 되겠어? 혹시 모르니 건강검진 받는 게 좋겠다.
그렇지 않아도 미나가 자기네 연구소에 들리래요. 제 혈액으로 뭔가 검사를 하려고 하나봐요.
왜?
바이러스는 변종이 생기기도 하거든.
내 증상이 워낙 심하고 후유증도 있었으니까. 혹시 새로운 변종 바이러스인가 걱정되나 봐.
…
턱
미나 언니 만나러 언제 갈 건데?
그건 왜 묻는데?

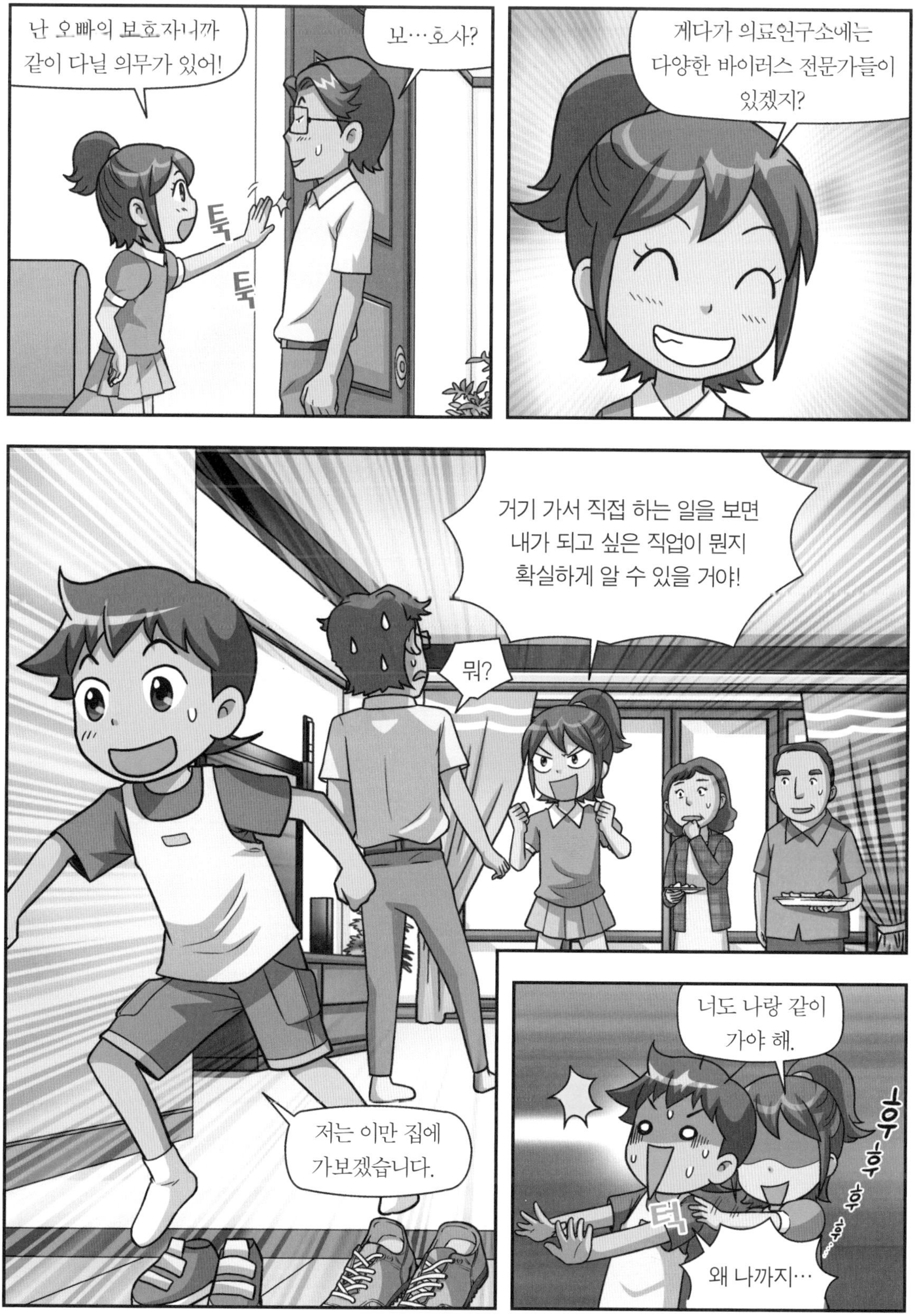

난 오빠의 보호자니까 같이 다닐 의무가 있어!
툭
툭
보…호사?
게다가 의료연구소에는 다양한 바이러스 전문가들이 있겠지?
거기 가서 직접 하는 일을 보면 내가 되고 싶은 직업이 뭔지 확실하게 알 수 있을 거야!
뭐?
저는 이만 집에 가보겠습니다.
너도 나랑 같이 가야 해.
턱
후후후후
왜 나까지…

바이러스란 무엇인가?

바이러스는 라틴어로 독(poison)이란 뜻이에요. 19세기 이전에는 병을 일으키는 작은 미생물은 세균뿐이라고 생각했어요. 그러나 세균보다 더 작은 어떤 액체 혹은 입자가 병을 일으킨다는 것을 발견하고 이것을 바이러스(virus)라 명명했어요. 바이러스에 대해 자세히 살펴볼까요?

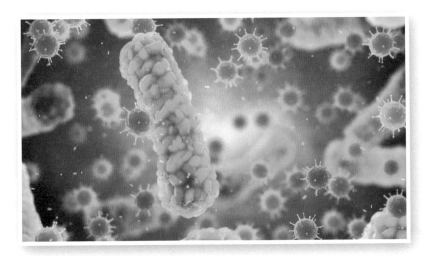

바이러스는 동물, 식물, 세균 등 살아 있는 세포에 기생하고, 그 안에서 증식하는 전염성 감염원이에요. 막대나 공 모양의 아주 단순한 모양이며, 생존에 필요한 기본 물질인 핵산(DNA 또는 RNA)과 그것을 둘러싼 단백질 껍질로 이루어져 있어요.

바이러스성 질병의 역사는 기원전 10세기 전으로 거슬러 올라가지만, 바이러스는 0.01~0.2 ㎛ 정도로 크기가 매우 작아서 발견하지 못하다가 20세기에 전자현미경이 개발된 후에야 알려지기 시작했어요. 세균보다 작은 초현미경적 병원체이며, 생물과 무생물의 중간인 반생물이에요.

증식하고, 유전적 돌연변이가 발생하고,
진화하는 생명체로서의 특징을 갖고 있어
요. 동시에 숙주 감염 이후에만 증식할 뿐
단독으로 증식할 수 없으며, 감염하지 못
한 상태에서는 단백질과 핵산의 결정체일
뿐이고, 물질대사를 할 수 없으며, 에너지
를 만들 수 없다는 무생물의 특징도 갖고
있어요.

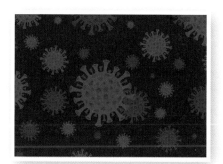

바이러스에 대한 연구는 1892년 러시아 생물학자인 드미트리 이바놉스키가 담뱃잎
의 담배모자이크병 병원체가 세균보다 크기가 작아 세균 여과기를 통과한다는 것을
발견하면서 시작됐어요. 이후 1898년 네덜란드의 미생물학자인 마루티누스 베이제린
크가 이 실험을 되풀이했고, 새로운 형태의 감염체가 있다는 것을 입증했어요.
바이러스의 존재는 박테리오파지가 1915년과 1917년에 각기 독립적으로 발견됨으로
써 확인되었고, 1935년 담배모자이크병을 일으키는 바이러스를 분리해 결정화시킴
으로써 바이러스가 세포성 생물이 아니라는 것을 증명했어요.

바이러스는 다양한 방법으로 퍼져나가요. 식물에 있는 바이러스는 진딧물 같은 수
액을 먹는 곤충에 의해 다른 식물로 옮겨지는 경우가 많아요. 동물 바이러스는 흡혈
곤충에 의해 옮겨지고, 인플루엔자 바이러스는 기침과 재채기를 통해 퍼져요.

닥터 호의 등장

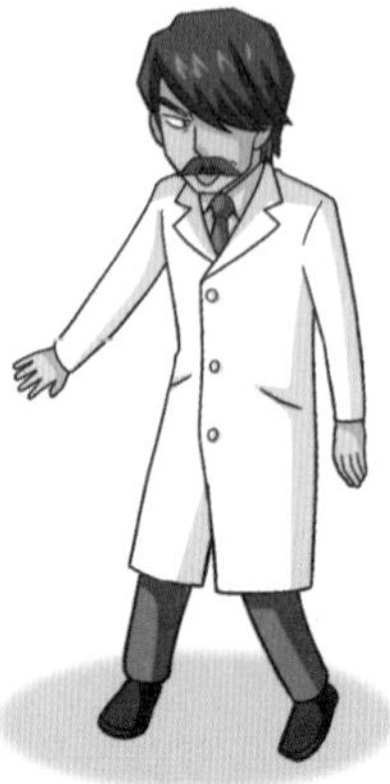

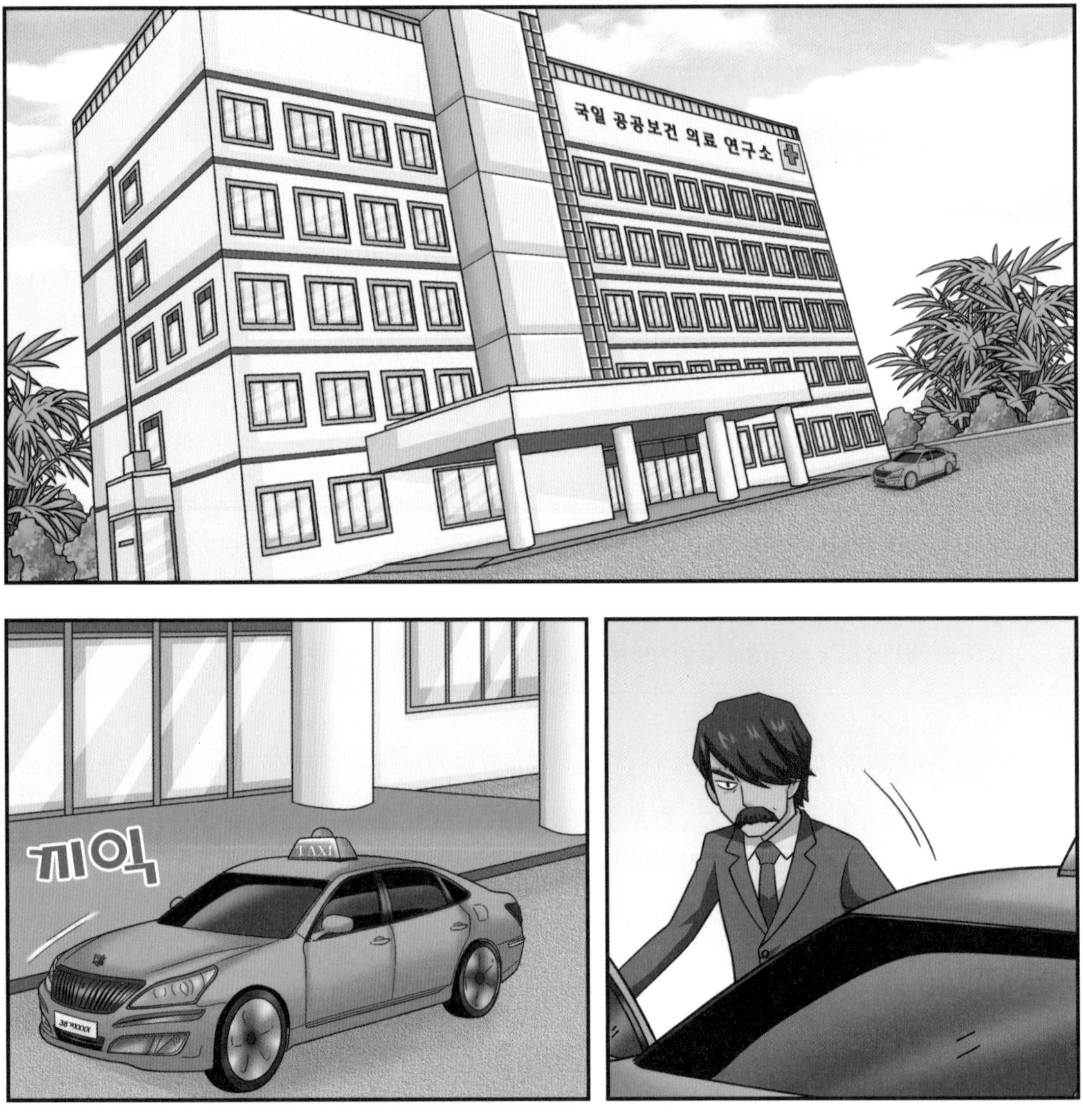
국일 공공보건 의료 연구소
끼익
TAXI

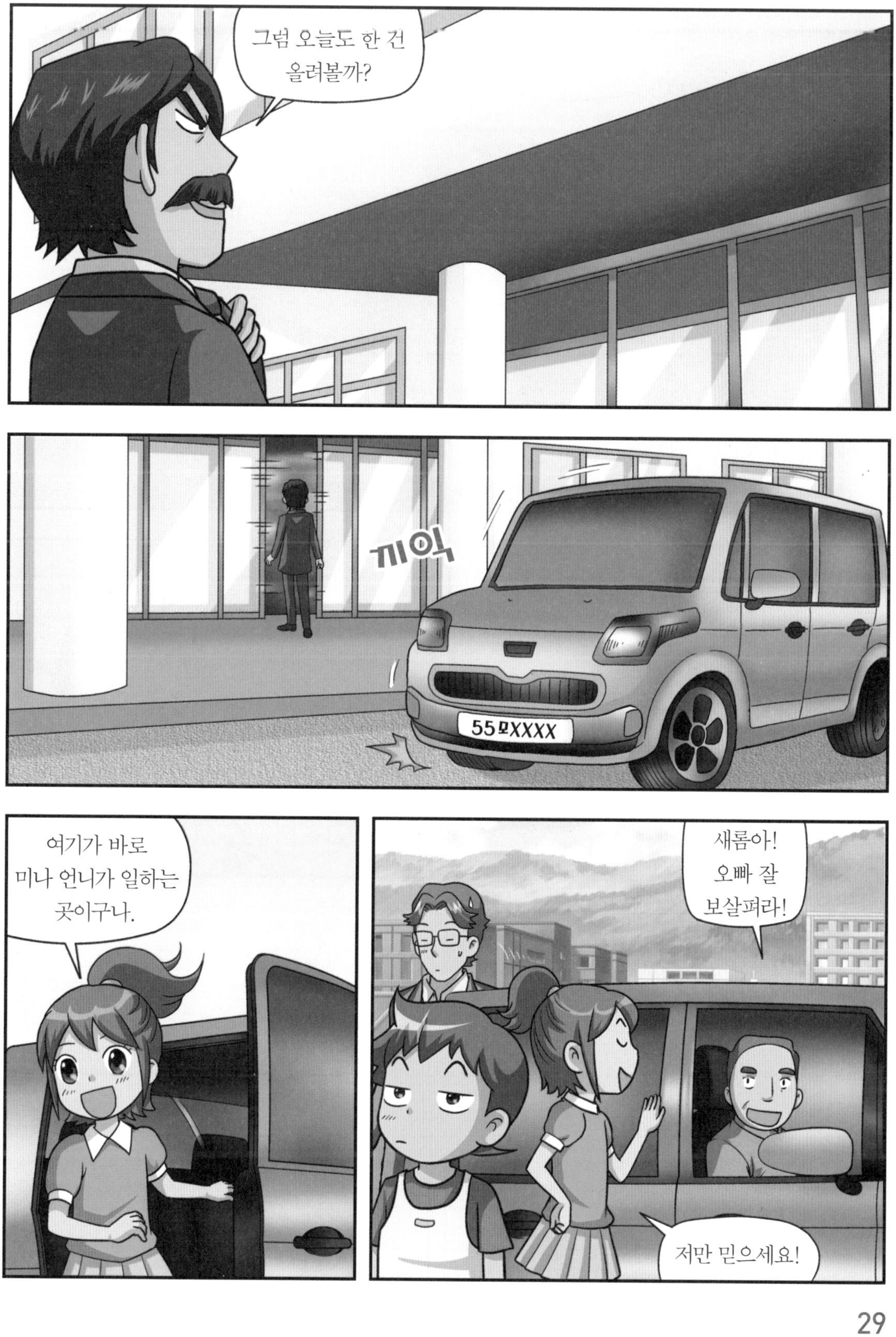
그럼 오늘도 한 건 올려볼까?
끼익
55모XXXX
여기가 바로 미나 언니가 일하는 곳이구나.
새롬아! 오빠 잘 보살펴라!
저만 믿으세요!

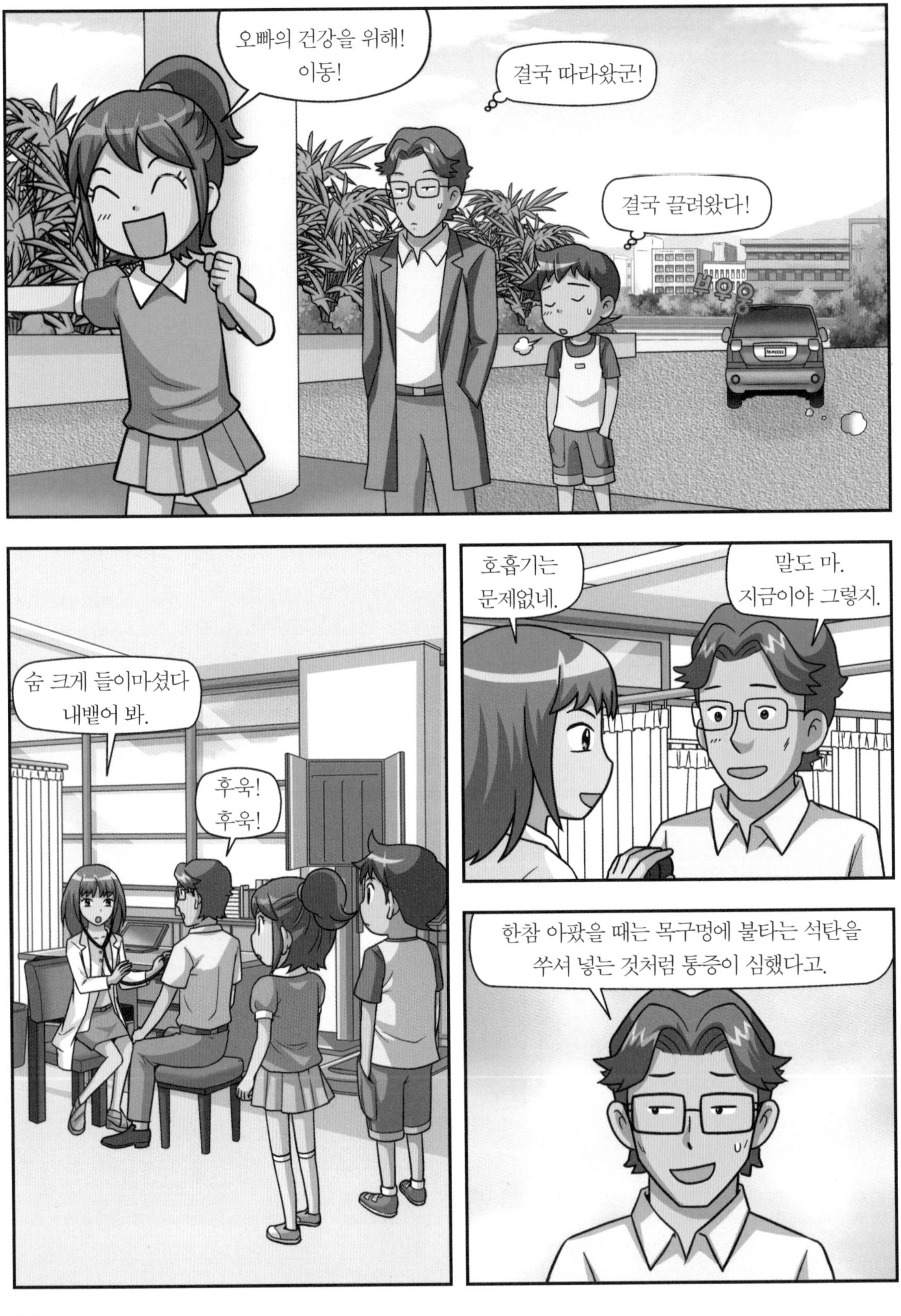
오빠의 건강을 위해! 이동!
결국 따라왔군!
결국 끌려왔다!
부우웅
숨 크게 들이마셨다 내뱉어 봐.
후욱! 후욱!
호흡기는 문제없네.
말도 마. 지금이야 그렇지.
한참 아팠을 때는 목구멍에 불타는 석탄을 쑤셔 넣는 것처럼 통증이 심했다고.

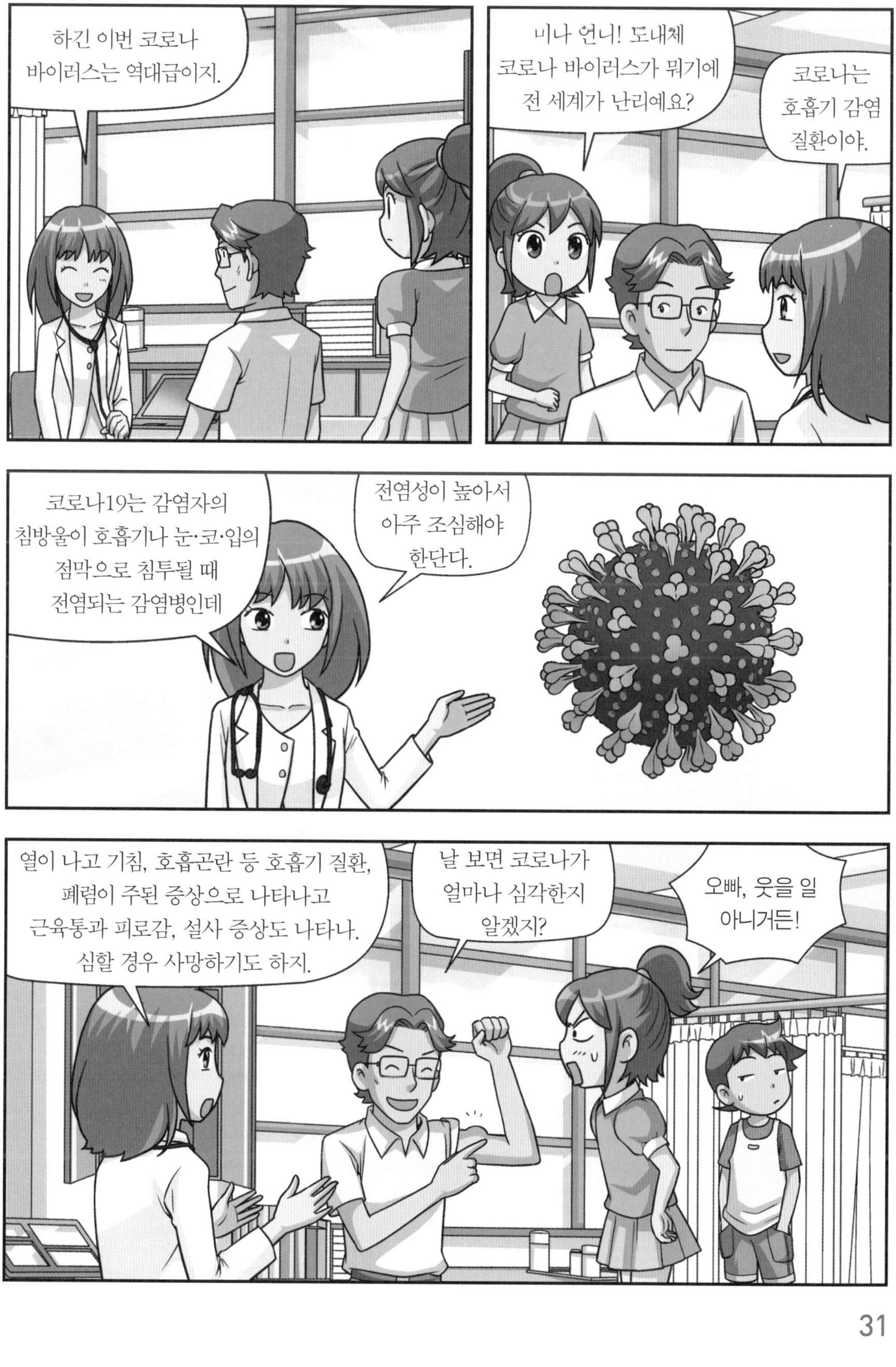
하긴 이번 코로나 바이러스는 역대급이지.
비나 언니! 도대체 코로나 바이러스가 뭐기에 전 세계가 난리예요?
코로나는 호흡기 감염 질환이야.
코로나19는 감염자의 침방울이 호흡기나 눈·코·입의 점막으로 침투될 때 전염되는 감염병인데
전염성이 높아서 아주 조심해야 한단다.
열이 나고 기침, 호흡곤란 등 호흡기 질환, 폐렴이 주된 증상으로 나타나고 근육통과 피로감, 설사 증상도 나타나. 심할 경우 사망하기도 하지.
날 보면 코로나가 얼마나 심각한지 알겠지?
오빠, 웃을 일 아니거든!

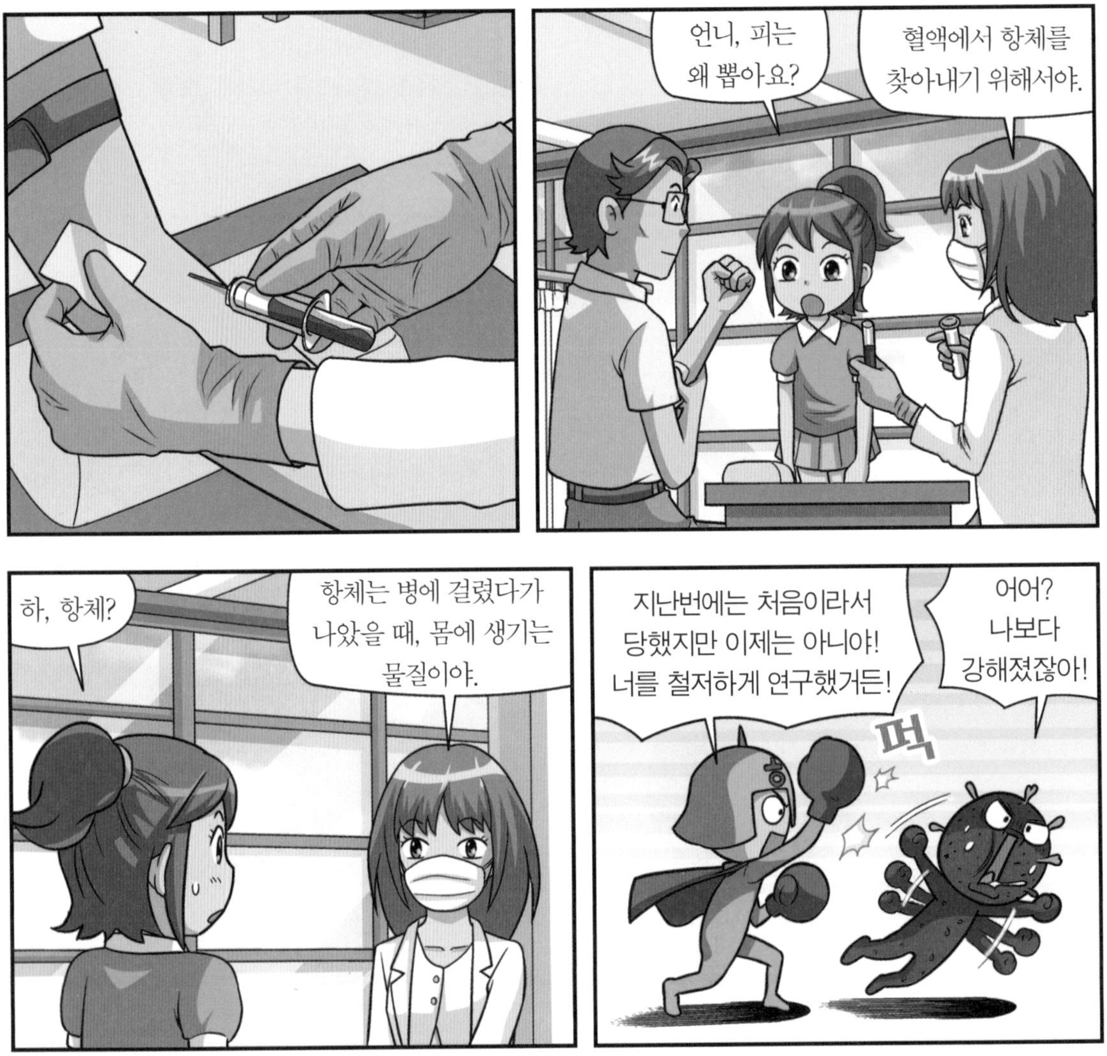
언니, 피는
왜 뽑아요?
혈액에서 항체를
찾아내기 위해서야.
하, 항체?
항체는 병에 걸렸다가
나았을 때, 몸에 생기는
물질이야.
지난번에는 처음이라서
당했지만 이제는 아니야!
너를 철저하게 연구했거든!
어어?
나보다
강해졌잖아!
퍽

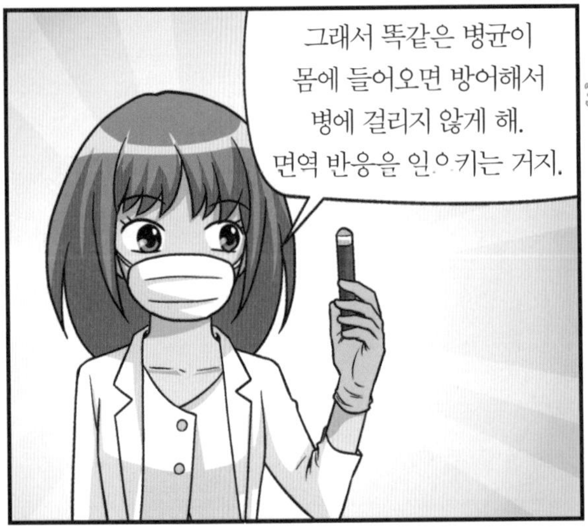
그래서 똑같은 병균이
몸에 들어오면 방어해서
병에 걸리지 않게 해.
면역 반응을 일으키는 거지.

면역

우리 주변에는 수많은 세균과 바이러스가 있습니다. 하지만 그것들이 몸속에 들어온다고 다 병에 걸리는 것은 아닙니다. 우리 몸이 스스로를 보호하는 방어 체계를 갖고 있기 때문입니다. 이것을 '면역'이라고 합니다.

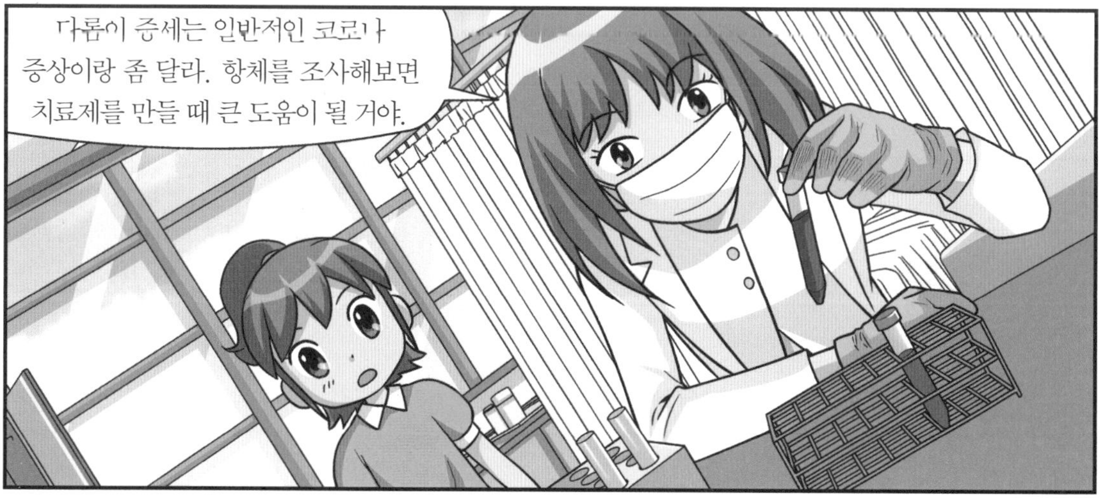
다롬이 증세는 일반적인 코로나 증상이랑 좀 달라. 항체를 조사해보면 치료제를 만들 때 큰 도움이 될 거야.

코로나19 예방 백신

코로나19 예방 백신 및 치료제는 우리 몸의 후천성 면역계를 이용하는 것입니다. 실제로 코로나 바이러스의 예방과 치료를 위해 과학자들은 환자의 B세포에서 만들어진 항체를 분석하고 재조합하는 연구를 진행 중입니다.

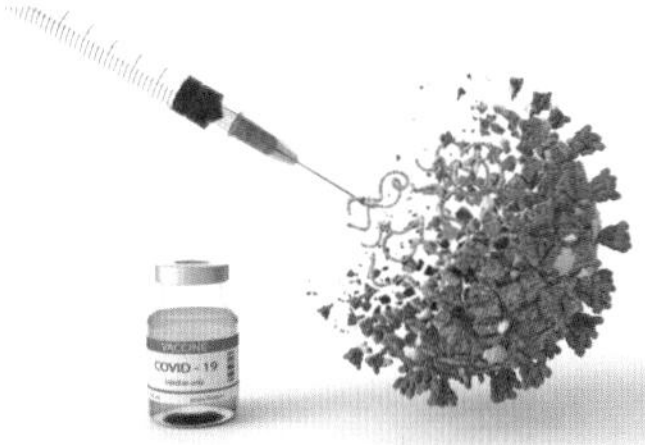

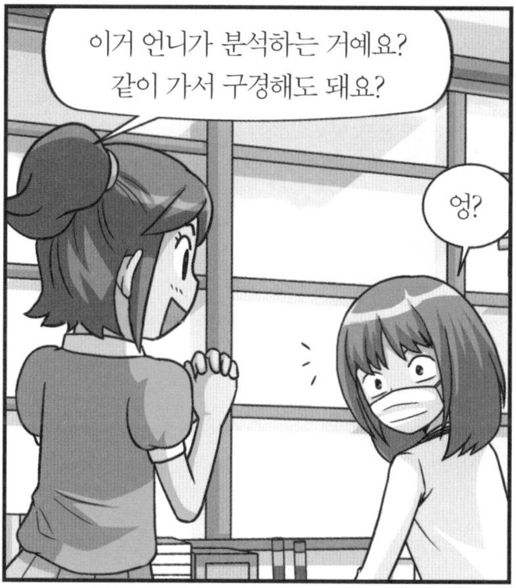
이거 언니가 분석하는 거예요? 같이 가서 구경해도 돼요?
엉?

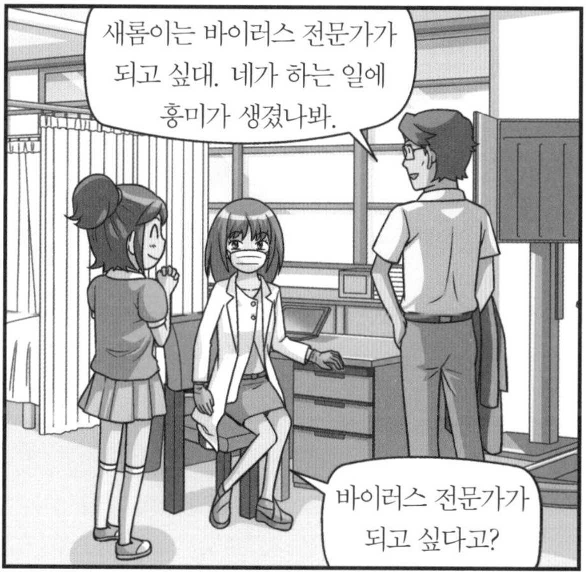
새롬이는 바이러스 전문가가 되고 싶대. 네가 하는 일에 흥미가 생겼나봐.
바이러스 전문가가 되고 싶다고?

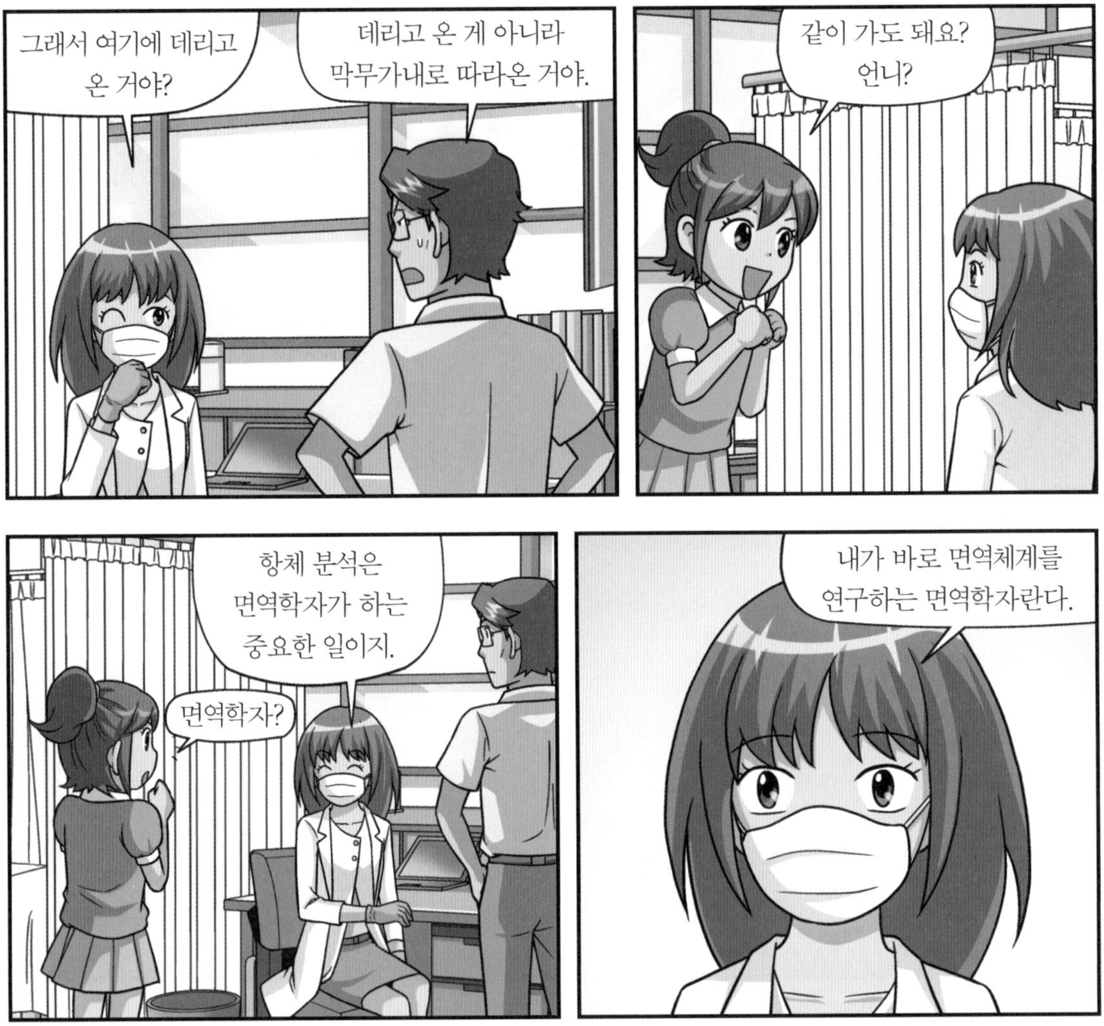
그래서 여기에 데리고
온 거야?
데리고 온 게 아니라
막무가내로 따라온 거야.
같이 가도 돼요?
언니?
항체 분석은
면역학자가 하는
중요한 일이지.
면역학자?
내가 바로 면역체계를
연구하는 면역학자란다.

면역학자

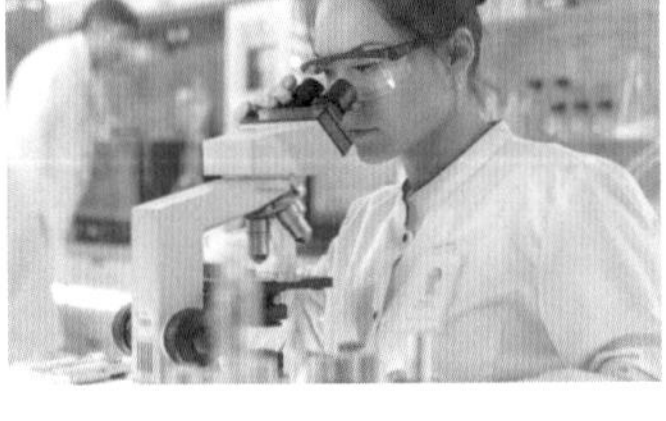

면역학자는 생물의학자의 한 갈래로 건강한 사람이 질병에 걸린 상태에서의 생리적 작용을 연구합니다. 면역학자 역시 질병 연구를 하지만, 질병 자체보다는 면역계의 오류로 인한 인체의 질환을 더 주의 깊게 연구합니다. 연구를 토대로 면역체계에 영향을 미치는 질병의 과정을 방지합니다. 면역은 전염병의 예방이나 백신 개발과도 관련 있기 때문에 전염병이 유행할수록 면역학자의 중요도가 더욱 높아집니다.

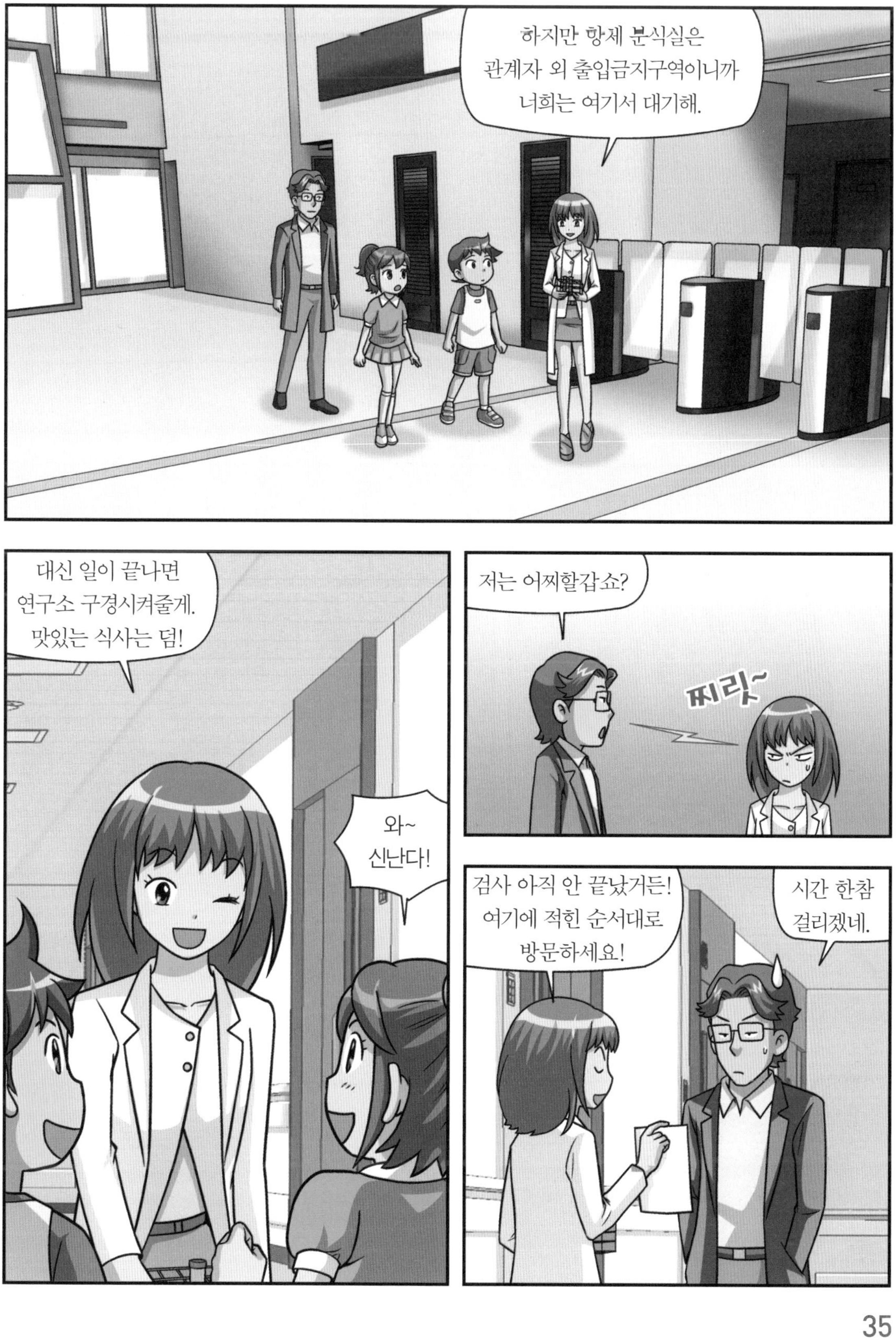
하지만 항체 분석실은 관계자 외 출입금지구역이니까 너희는 여기서 대기해.
대신 일이 끝나면 연구소 구경시켜줄게. 맛있는 식사는 덤!
와~ 신난다!
저는 어찌할갑쇼?
찌릿~
검사 아직 안 끝났거든! 여기에 적힌 순서대로 방문하세요!
시간 한참 걸리겠네.

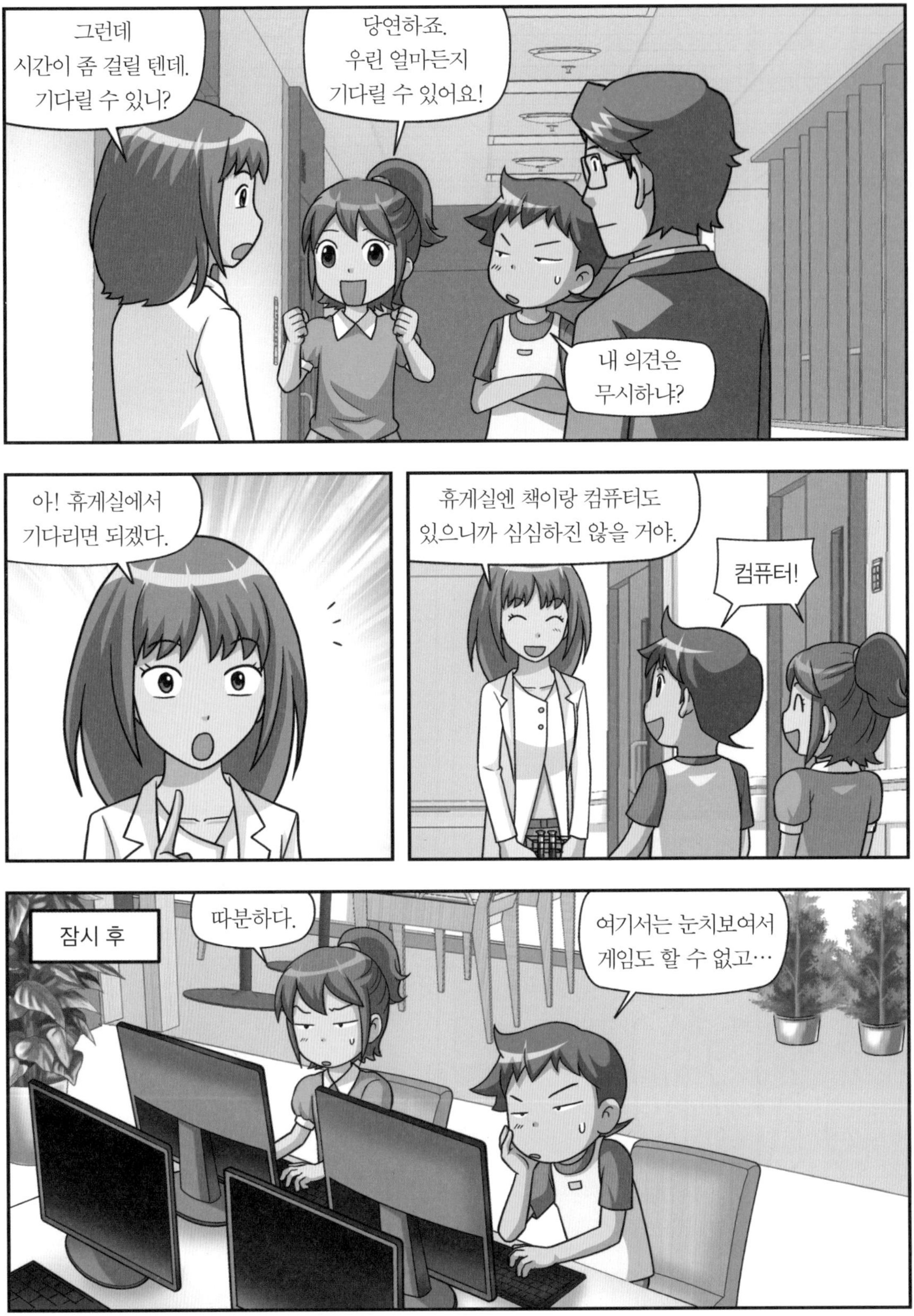
그런데
시간이 좀 걸릴 텐데.
기다릴 수 있니?
당연하죠.
우린 얼마든지
기다릴 수 있어요!
내 의견은
무시하냐?
아! 휴게실에서
기다리면 되겠다.
휴게실엔 책이랑 컴퓨터도
있으니까 심심하진 않을 거야.
컴퓨터!
잠시 후
따분하다.
여기서는 눈치보여서
게임도 할 수 없고…

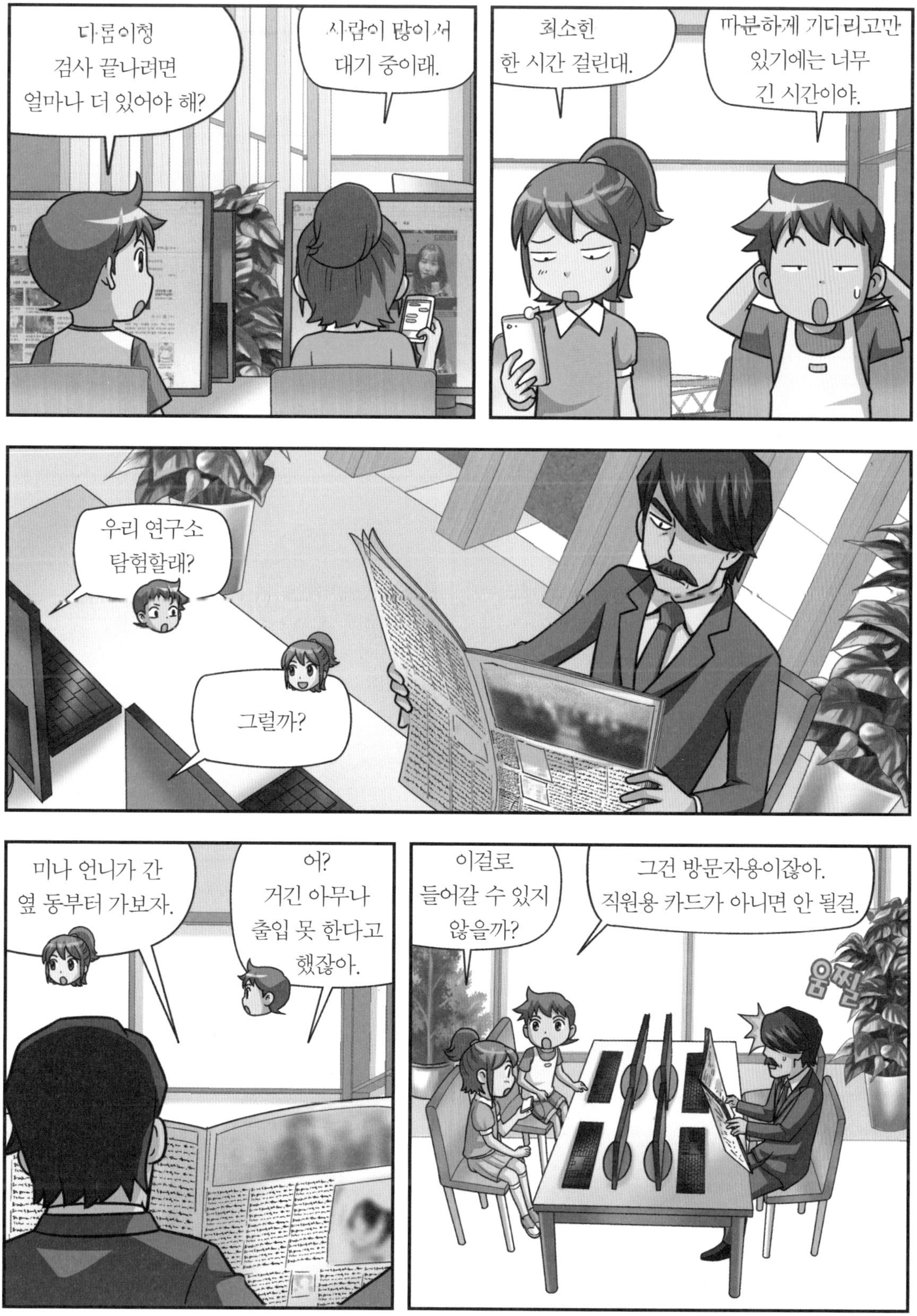

다롬이청
검사 끝나려면
얼마나 더 있어야 해?
사람이 많아서
대기 중이래.
최소한
한 시간 걸린대.
따분하게 기다리고만
있기에는 너무
긴 시간이야.
우리 연구소
탐험할래?
그럴까?
미나 언니가 간
옆 동부터 가보자.
어?
거긴 아무나
출입 못 한다고
했잖아.
이걸로
들어갈 수 있지
않을까?
그건 방문자용이잖아.
직원용 카드가 아니면 안 될걸.
움찔

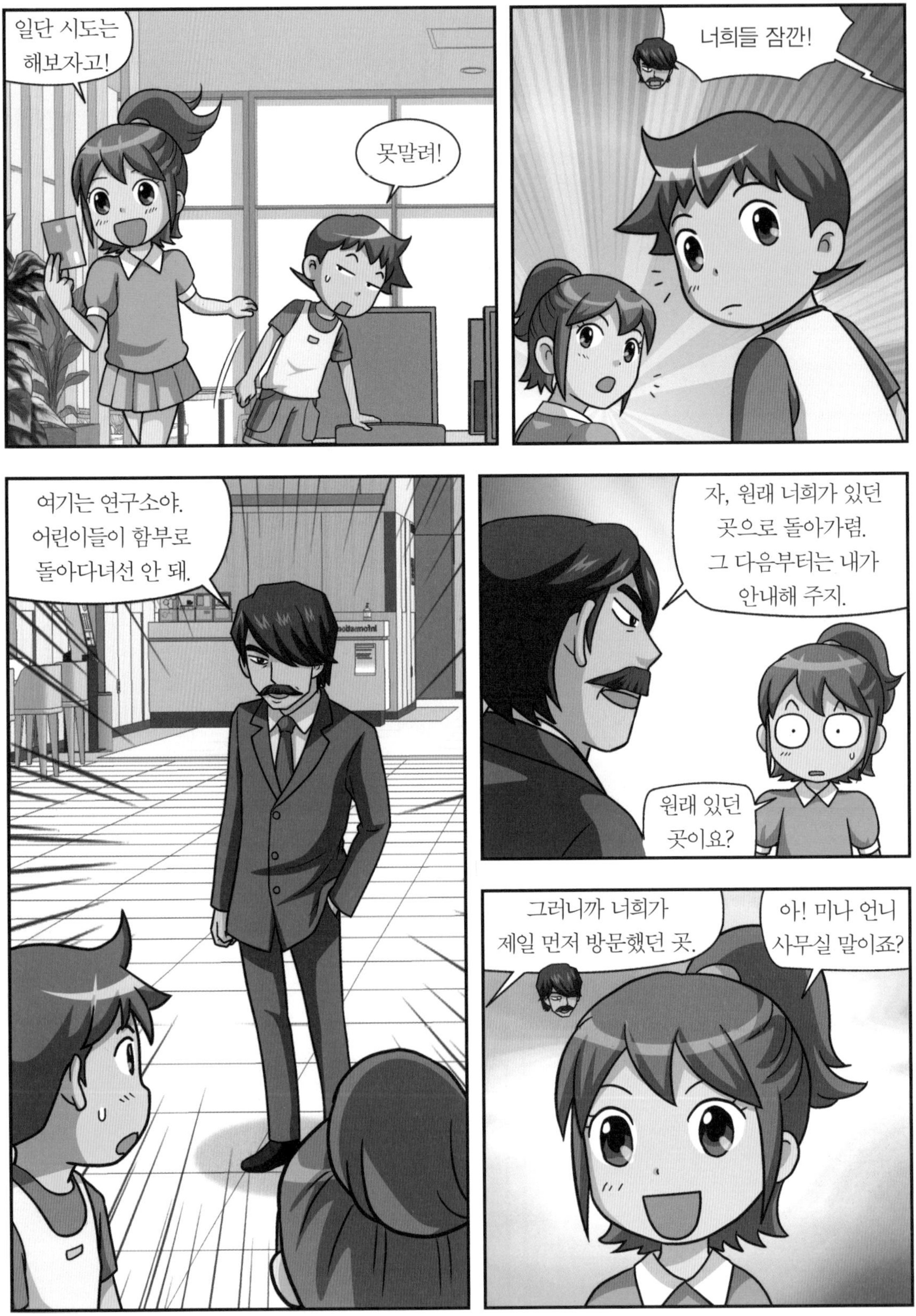
일단 시도는 해보자고!
못말려!
너희들 잠깐!
여기는 연구소야. 어린이들이 함부로 돌아다녀선 안 돼.
자, 원래 너희가 있던 곳으로 돌아가렴. 그 다음부터는 내가 안내해 주지.
원래 있던 곳이요?
그러니까 너희가 제일 먼저 방문했던 곳.
아! 미나 언니 사무실 말이죠?

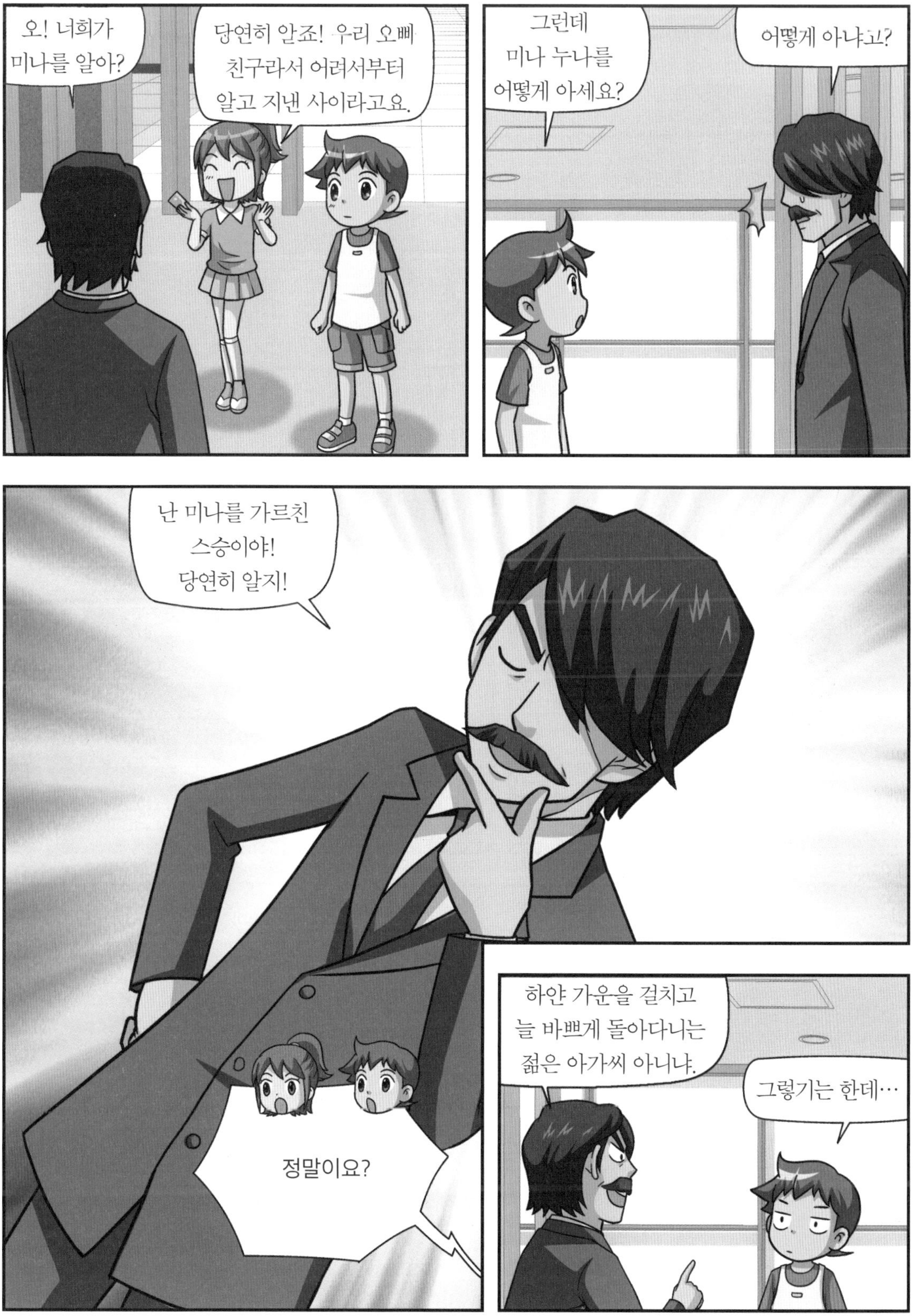
오! 너희가 미나를 알아?
당연히 알죠! 우리 오빠 친구라서 어려서부터 알고 지낸 사이라고요.
그런데 미나 누나를 어떻게 아세요?
어떻게 아냐고?
난 미나를 가르친 스승이야! 당연히 알지!
정말이요?
하얀 가운을 걸치고 늘 바쁘게 돌아다니는 젊은 아가씨 아니냐.
그렇기는 한데…

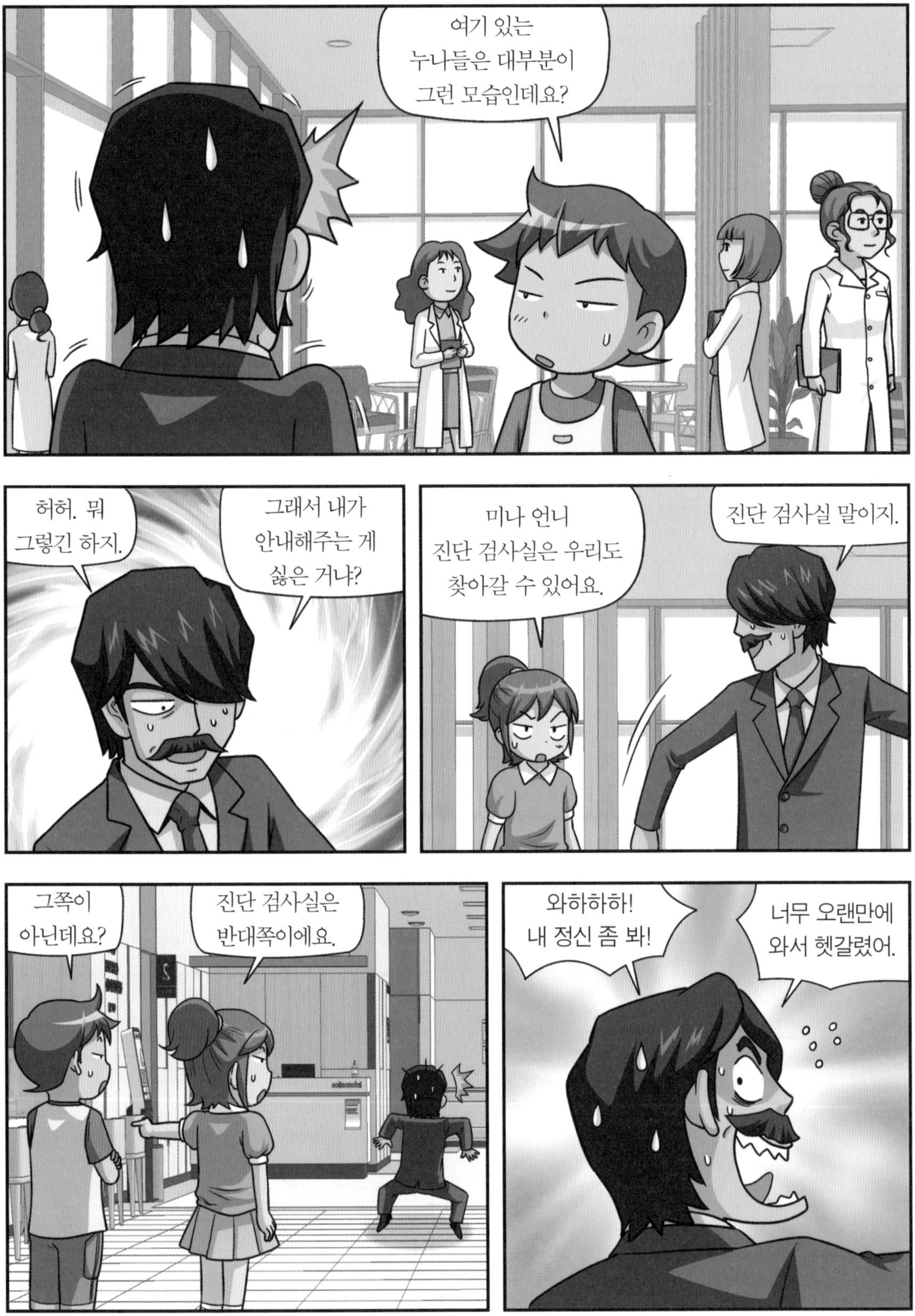
여기 있는
누나들은 대부분이
그런 모습인데요?
허허. 뭐
그렇긴 하지.
그래서 내가
안내해주는 게
싫은 거냐?
미나 언니
진단 검사실은 우리도
찾아갈 수 있어요.
진단 검사실 말이지.
그쪽이
아닌데요?
진단 검사실은
반대쪽이에요.
와하하하!
내 정신 좀 봐!
너무 오랜만에
와서 헷갈렸어.

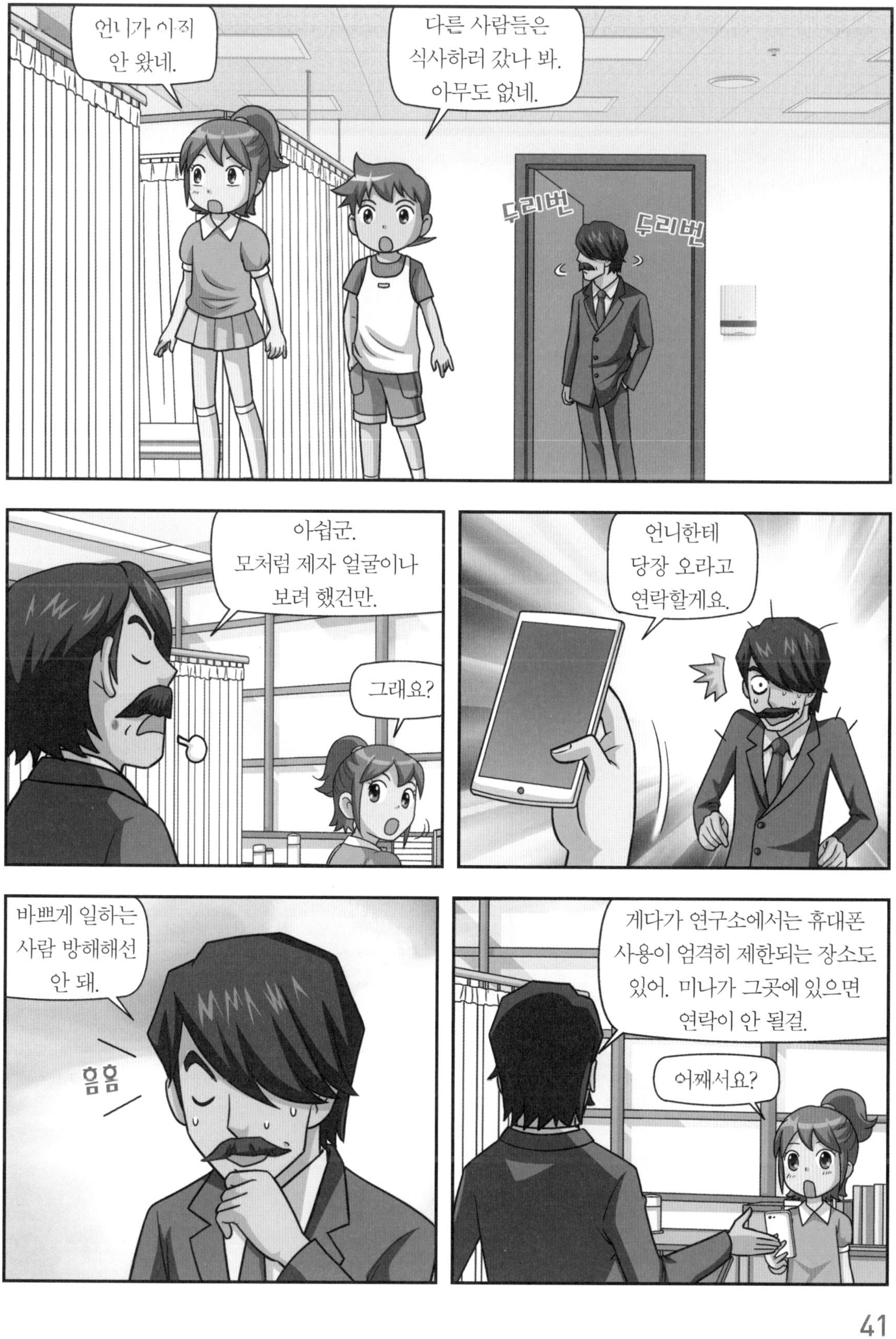
언니가 아직 안 왔네.
다른 사람들은 식사하러 갔나 봐. 아무도 없네.
두리번
두리번
아쉽군. 모처럼 제자 얼굴이나 보러 했건만.
그래요?
언니한테 당장 오라고 연락할게요.
바쁘게 일하는 사람 방해해선 안 돼.
흠흠
게다가 연구소에서는 휴대폰 사용이 엄격히 제한되는 장소도 있어. 미나가 그곳에 있으면 연락이 안 될걸.
어째서요?

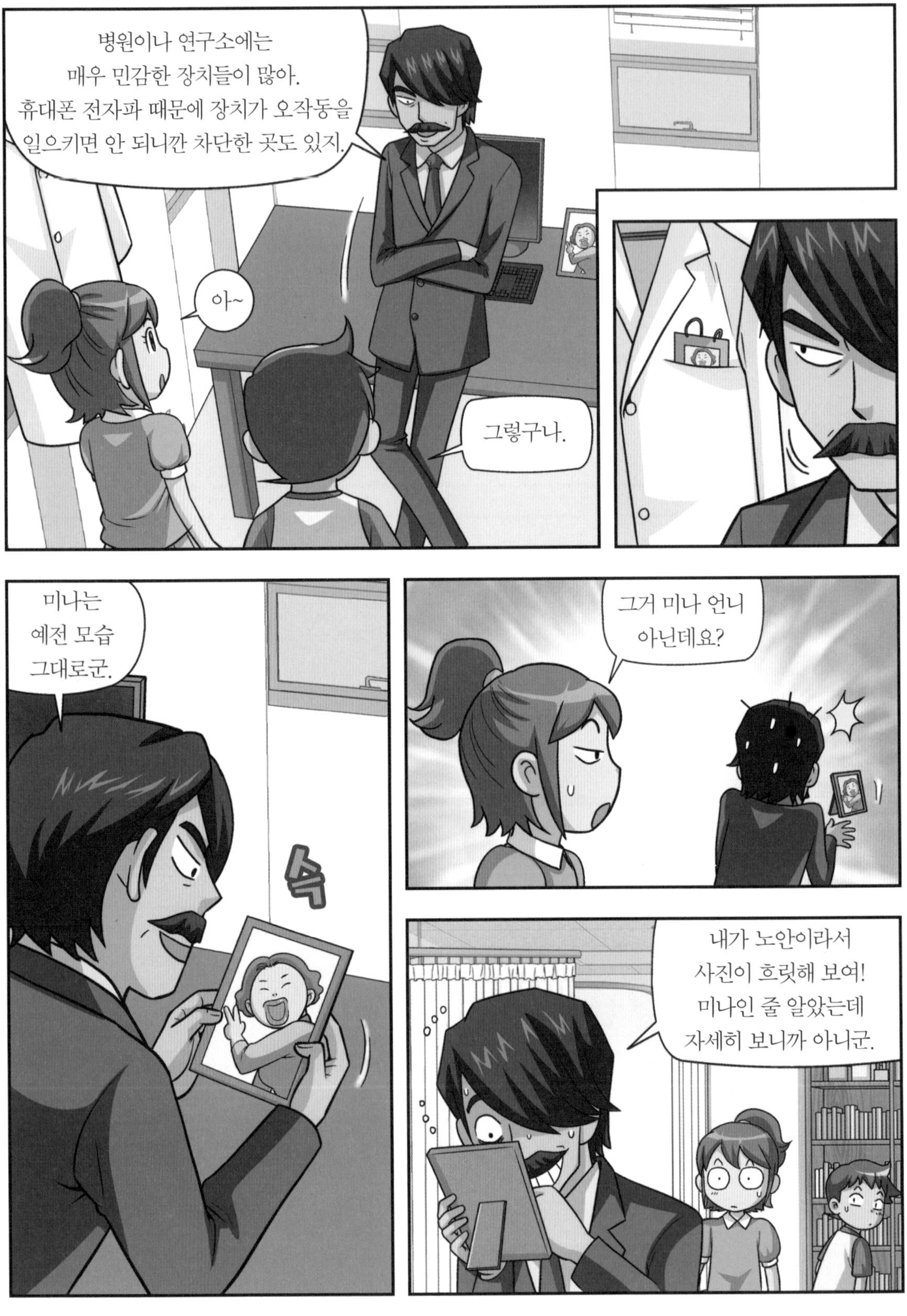
병원이나 연구소에는
매우 민감한 장치들이 많아.
휴대폰 전자파 때문에 장치가 오작동을
일으키면 안 되니깐 차단한 곳도 있지.
아~
그렇구나.
미나는
예전 모습
그대로군.
그거 미나 언니
아닌데요?
내가 노안이라서
사진이 흐릿해 보여!
미나인 줄 알았는데
자세히 보니까 아니군.

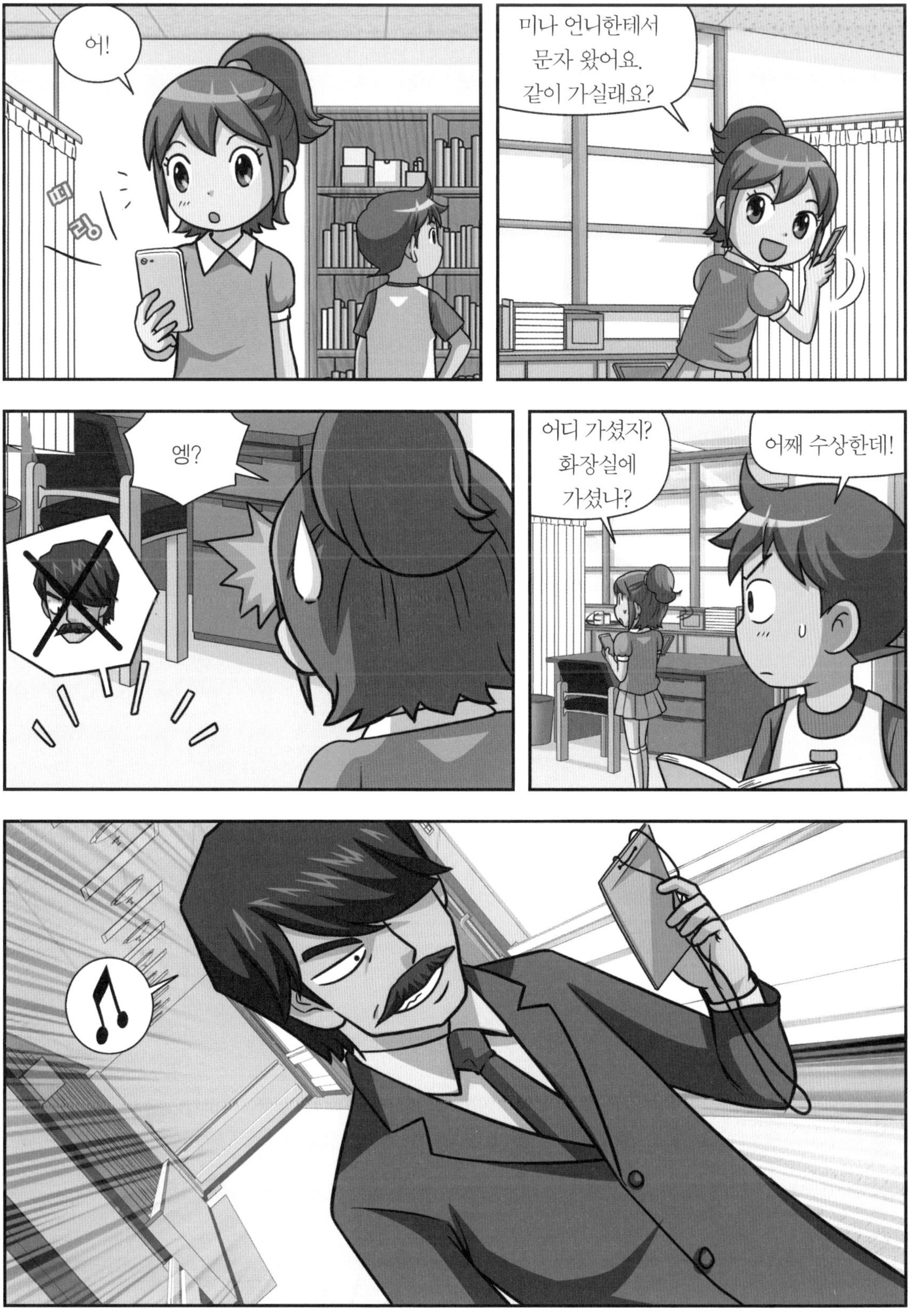
어!
띠링
미나 언니한테서 문자 왔어요. 같이 가실래요?
엥?
어디 가셨지? 화장실에 가셨나?
어째 수상한데!
♪

바이러스의 종류

미국의 생물학자이자 노벨 생리의학상을 수상한 데이비드 볼티모어는 바이러스를 특정 기준에 따라 분류했어요. 유전물질이 DNA인지 RNA인지, 숙주의 유전자에 자신의 유전자를 끼워넣는지에 따라 총 7개의 레벨로 나누었답니다. 레벨에 따른 바이러스의 종류에 대해 알아볼까요?

● 레벨 1, 2

DNA 이중가닥·외가닥 바이러스예요. DNA를 유전체로 쓰기 때문에 변이율(같은 생물 종에서 변이가 존재하거나 발생하는 비율)이 낮아서 항체를 만들기 쉬워요. 대표적으로 인유두종 바이러스를 들 수 있어요. 감염되면 주로 사마귀를 일으키는데, 자궁경부암 같은 심각한 병이 생길 수도 있어요.

DNA 바이러스가 증식하려면 숙주세포가 같이 분열하여야 하기 때문에 세포분열이 일어날 수밖에 없어요. 그런데 사람이 이 바이러스에 감염되면, 바이러스가 세포를 깨고 나오지 않고 세포분열만 촉진하기 때문에 문제가 돼요.

● 레벨 3, 4, 5

RNA 이중가닥·외가닥 sense와 anti-sense 가닥 바이러스예요. RNA는 DNA처럼 핵 내로 들어갈 필요가 없어서 세포 분열을 일으키진 않아요. 하지만 DNA에 비해 변이율이 매우 높아 항체를 만들어도 변이율을 따라갈 수 없어 위험해요. 에볼라와 코로나 바이러스가 여기에 속한답니다.

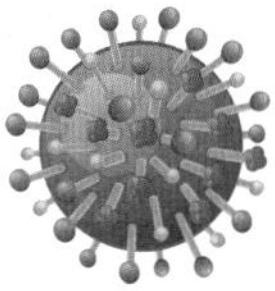
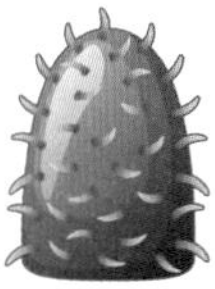
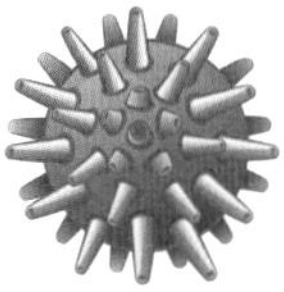

● 레벨 6, 7

RNA・DNA 역전사 바이러스예요. 숙주 세포에 감염되어 증식한 뒤 세포를 깨고 나오는 게 아니라, 숙주 세포의 핵 안에 자기의 유전정보를 집어넣어 계속해서 발현하도록 만들어요. 대표적으로 HIV, B형 간염 바이러스가 있어요. 특히 HIV가 림프구를 감염시키면, 처음에는 조금씩 증식하다가 면역체계가 활성화되면 급격하게 증식하여 면역체계를 무너뜨려요.

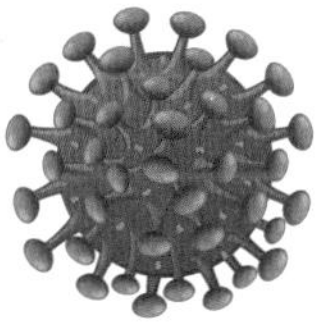
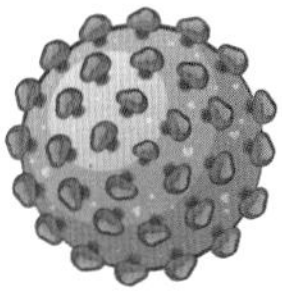
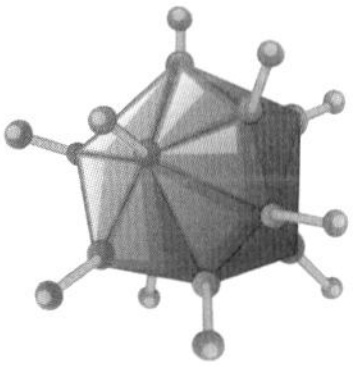

그 외에도 핵산과 기생 장소 등에 따라 분류할 수 있어요.
핵산의 종류에 따라 RNA 바이러스, DNA 바이러스로 나뉘어요. DNA 바이러스는 천연두나 수두를 일으키는 바이러스와 대장균에 기생하는 T파지 바이러스예요. 유행성 이하선염, 홍역, 광견병, 소아마비 등을 일으키는 바이러스는 RNA 바이러스예요.

스스로의 힘으로 자라지 못하고, 사람을 비롯한 동물과 식물 등 다른 생명체에 기생해야만 살아갈 수 있는 바이러스는 감염되는 숙주에 따라 크게 동물 바이러스, 식물 바이러스, 곤충 바이러스, 세균 바이러스로도 나뉜답니다.

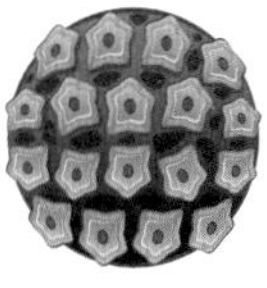
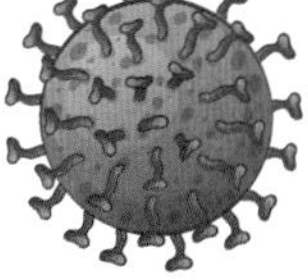
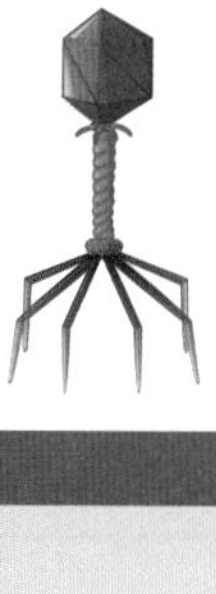
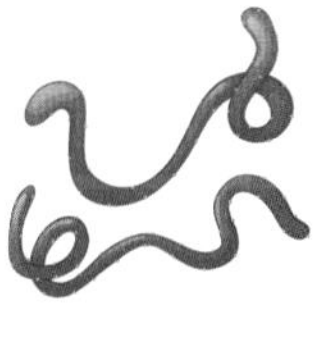

사라진 바이러스 샘플

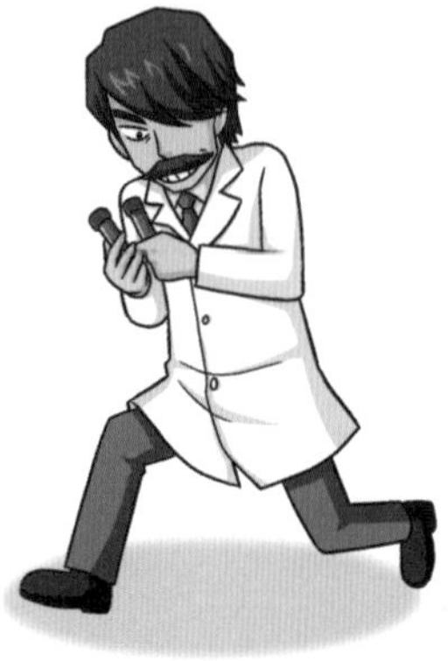

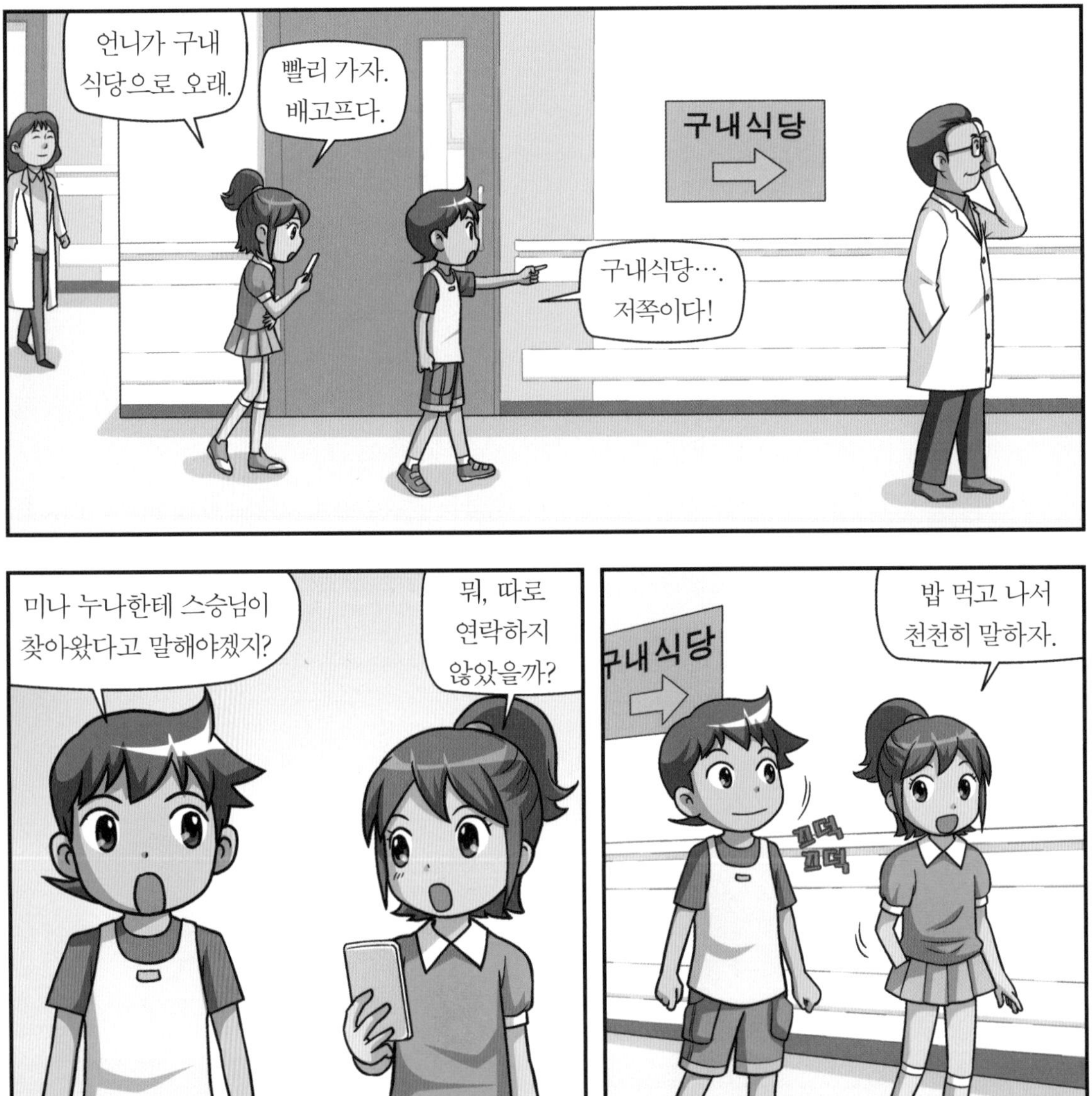

언니가 구내 식당으로 오래.
빨리 가자. 배고프다.
구내식당
구내식당…. 저쪽이다!
미나 누나한테 스승님이 찾아왔다고 말해야겠지?
뭐, 따로 연락하지 않았을까?
구내식당
밥 먹고 나서 천천히 말하자.
끄덕 끄덕

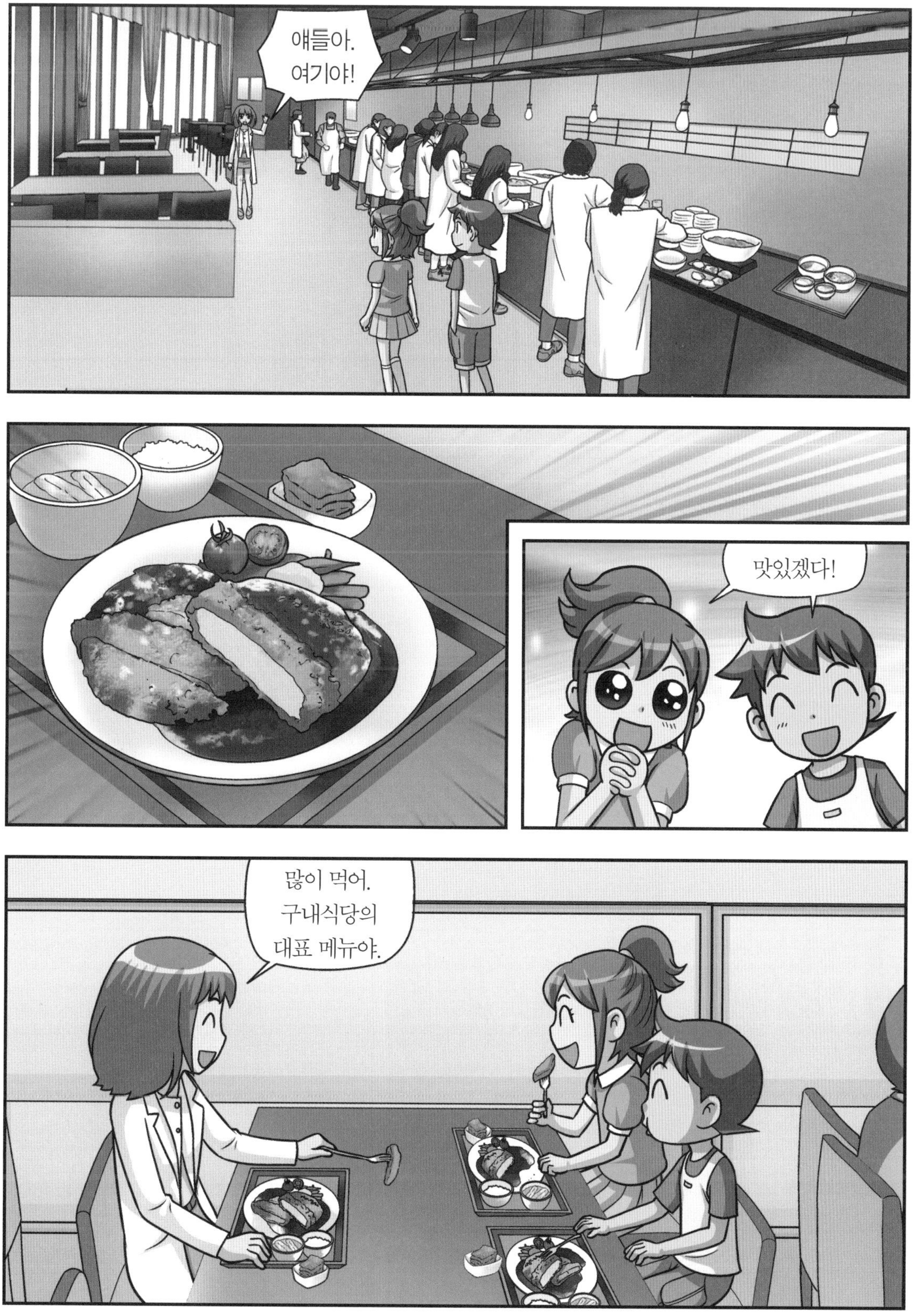
애들아.
여기야!
맛있겠다!
많이 먹어.
구내식당의
대표 메뉴야.

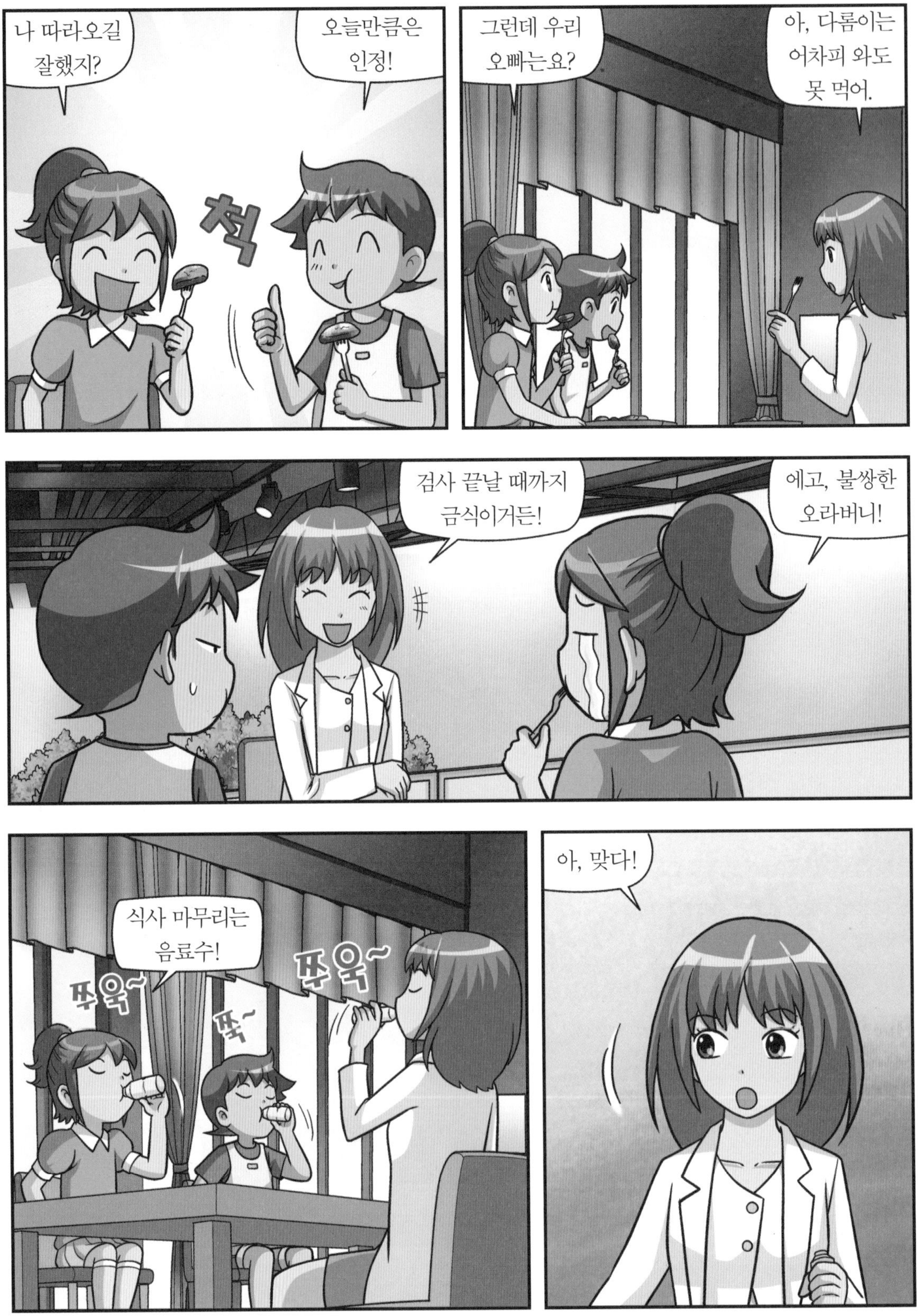

나 따라오길 잘했지?
오늘만큼은 인정!
척
그런데 우리 오빠는요?
아, 다롬이는 어차피 와도 못 먹어.
검사 끝날 때까지 금식이거든!
에고, 불쌍한 오라버니!
식사 마무리는 음료수!
쪼옥~
쪽~
쪼옥~
아, 맞다!

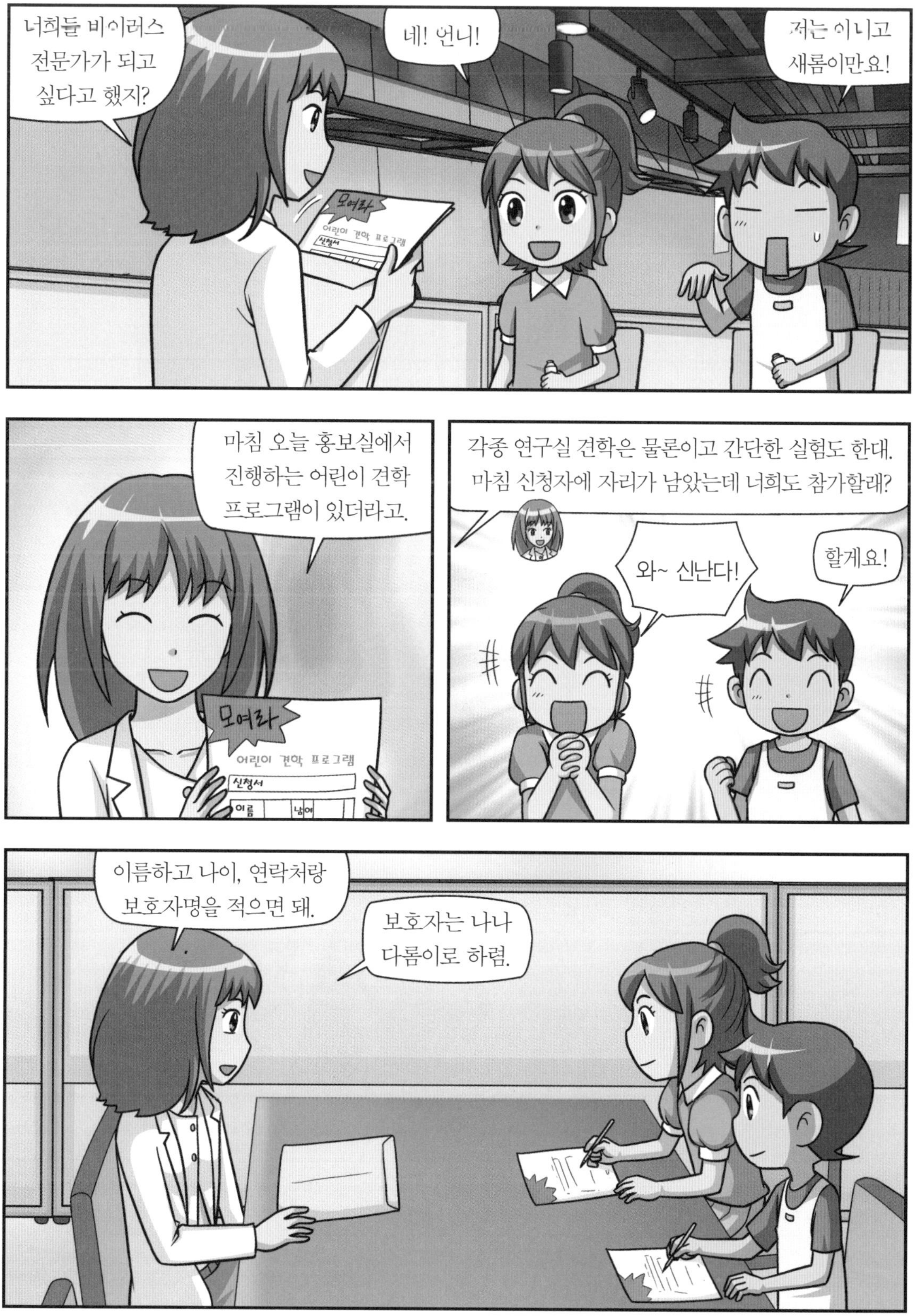
너희들 바이러스 전문가가 되고 싶다고 했지?
네! 언니!
저는 아니고 새롬이만요!
마침 오늘 홍보실에서 진행하는 어린이 견학 프로그램이 있더라고.
각종 연구실 견학은 물론이고 간단한 실험도 한대. 마침 신청자에 자리가 남았는데 너희도 참가할래?
와~ 신난다!
할게요!
이름하고 나이, 연락처랑 보호자명을 적으면 돼.
보호자는 나나 다롬이로 하렴.

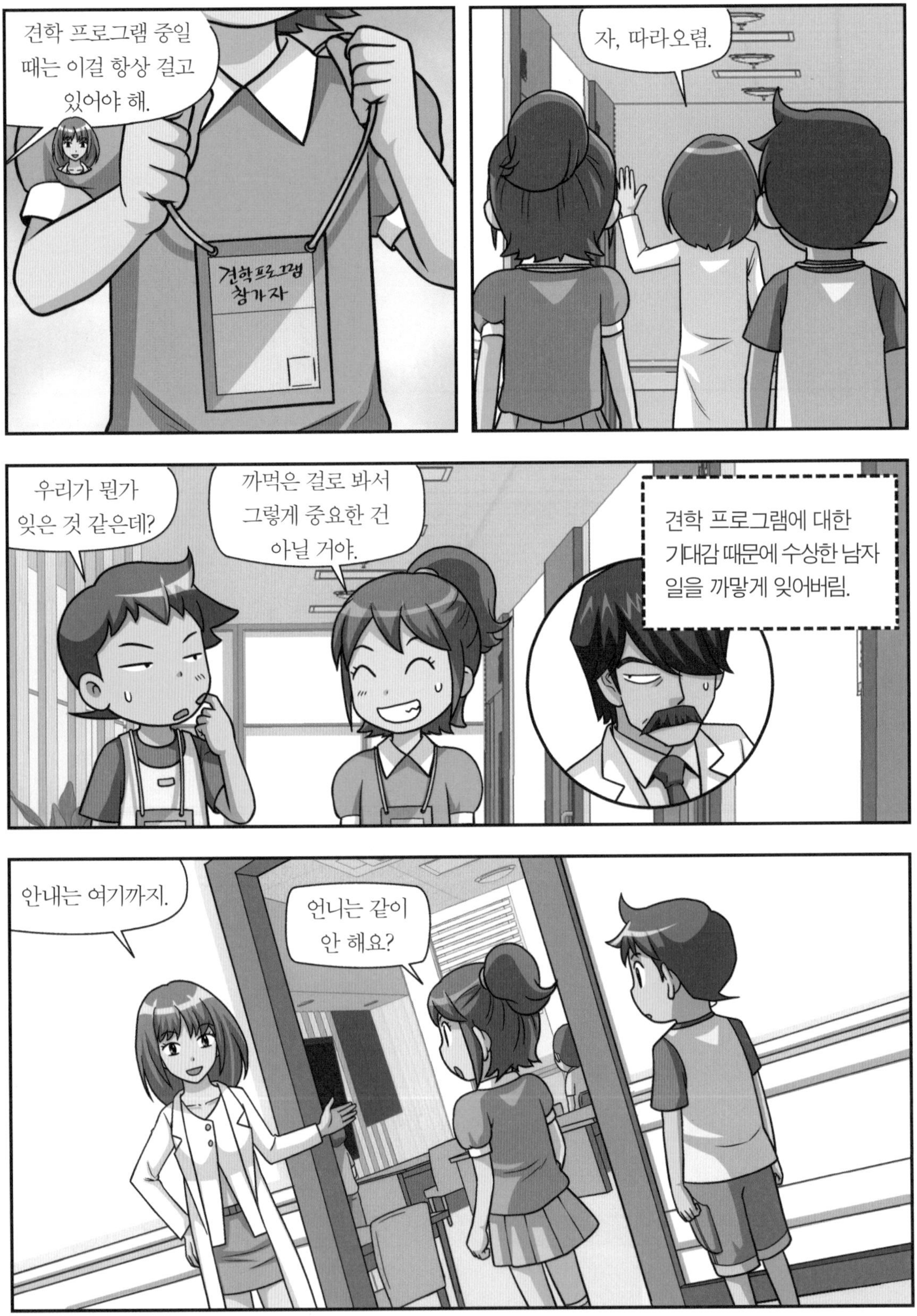
견학 프로그램 중일 때는 이걸 항상 걸고 있어야 해.
견학프로그램 참가자
자, 따라오렴.
우리가 뭔가 잊은 것 같은데?
까먹은 걸로 봐서 그렇게 중요한 건 아닐 거야.
견학 프로그램에 대한 기대감 때문에 수상한 남자 일을 까맣게 잊어버림.
안내는 여기까지.
언니는 같이 안 해요?

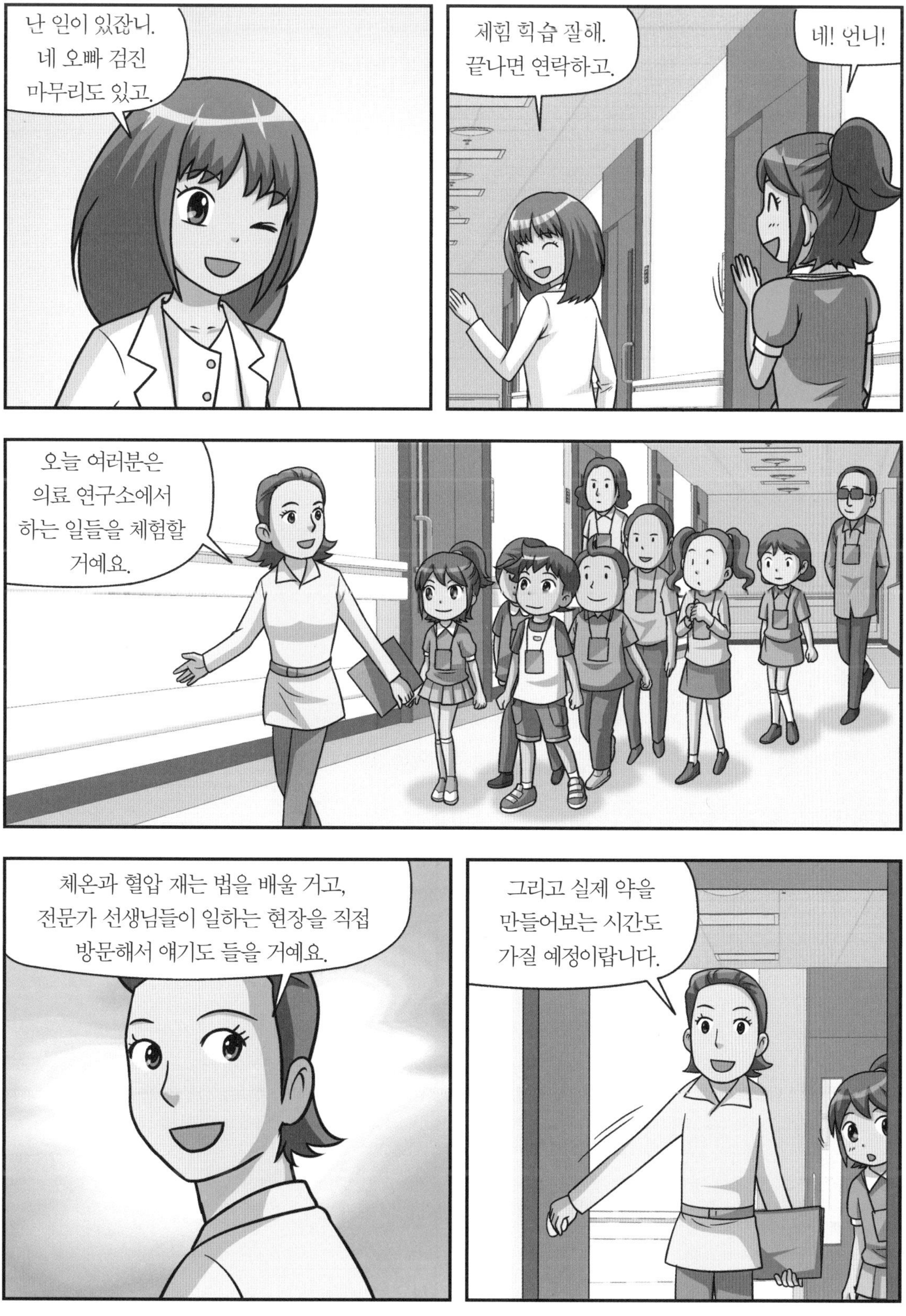
난 일이 있잖니. 네 오빠 검진 마무리도 있고.
체험 학습 잘해. 끝나면 연락하고.
네! 언니!
오늘 여러분은 의료 연구소에서 하는 일들을 체험할 거예요.
체온과 혈압 재는 법을 배울 거고, 전문가 선생님들이 일하는 현장을 직접 방문해서 얘기도 들을 거예요.
그리고 실제 약을 만들어보는 시간도 가질 예정이랍니다.

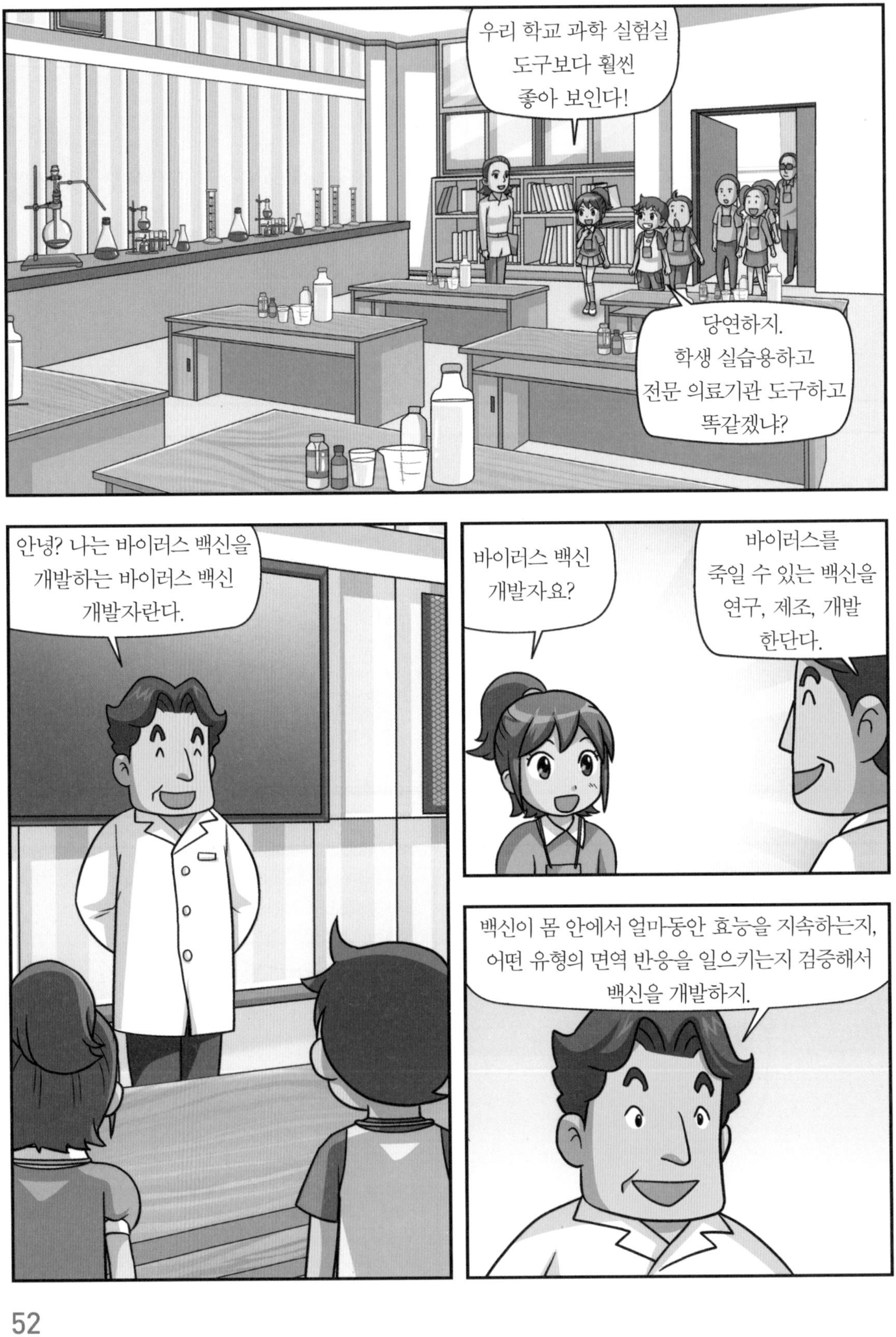

우리 학교 과학 실험실 도구보다 훨씬 좋아 보인다!
당연하지. 학생 실습용하고 전문 의료기관 도구하고 똑같겠냐?
안녕? 나는 바이러스 백신을 개발하는 바이러스 백신 개발자란다.
바이러스 백신 개발자요?
바이러스를 죽일 수 있는 백신을 연구, 제조, 개발 한단다.
백신이 몸 안에서 얼마동안 효능을 지속하는지, 어떤 유형의 면역 반응을 일으키는지 검증해서 백신을 개발하지.

바이러스 백신 개발

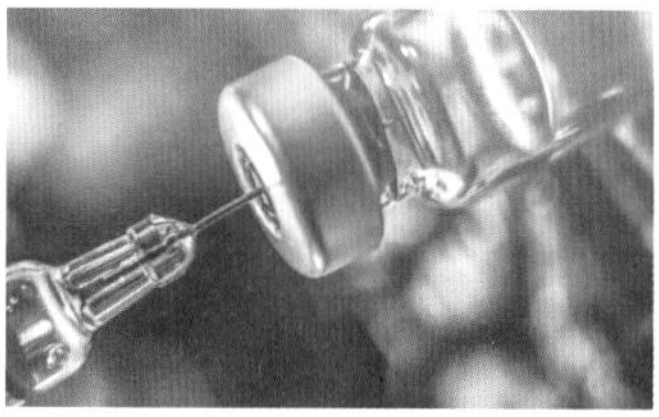

이 세상에 물을 제외하고 백신만큼 사망률 감소와 인구증가에 기여한 것은 없다고 합니다.
백신에는 두 종류가 있습니다. 하나는 병에 걸리기 전에 면역력을 키워 감염을 막는 것이고, 다른 하나는 바이러스에 감염됐지만 면역력을 키워 추가 감염을 막는 것입니다.
어떤 백신이든 목표는 면역기능 생성입니다. 몸 안에 주입한 백신이 신종 바이러스를 인식하면 면역 체계에서는 항체를 생성하게 되고, 바이러스를 발견해 공격할 태세를 갖추게 됩니다.

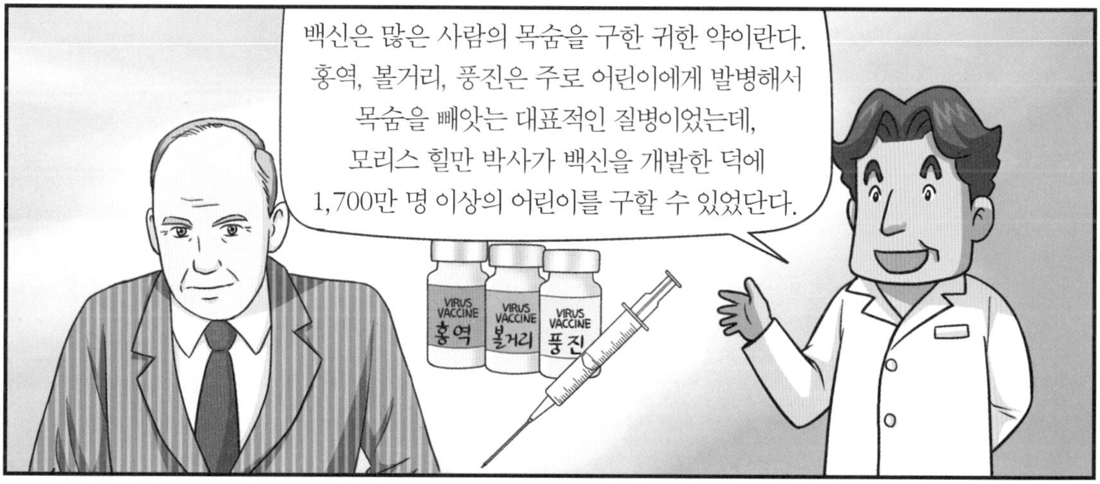
백신은 많은 사람의 목숨을 구한 귀한 약이란다. 홍역, 볼거리, 풍진은 주로 어린이에게 발병해서 목숨을 빼앗는 대표적인 질병이었는데, 모리스 힐만 박사가 백신을 개발한 덕에 1,700만 명 이상의 어린이를 구할 수 있었단다.
VIRUS VACCINE 홍역
VIRUS VACCINE 볼거리
VIRUS VACCINE 풍진

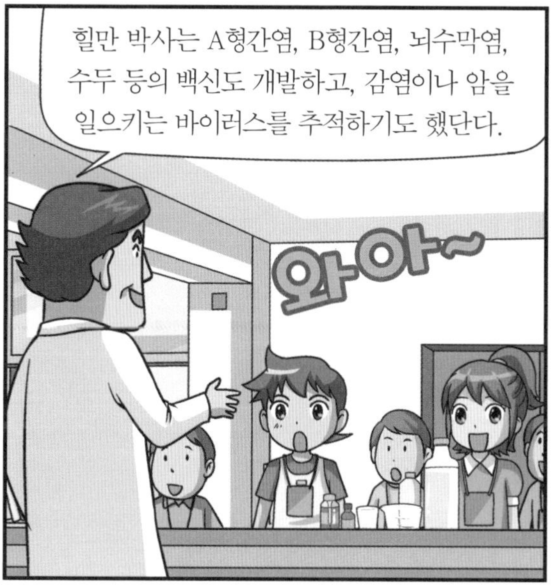
힐만 박사는 A형간염, B형간염, 뇌수막염, 수두 등의 백신도 개발하고, 감염이나 암을 일으키는 바이러스를 추적하기도 했단다.
와아~

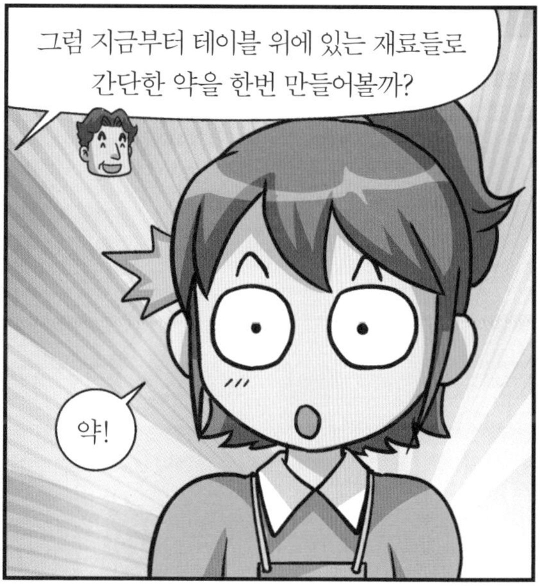
그럼 지금부터 테이블 위에 있는 재료들로 간단한 약을 한번 만들어볼까?
약!

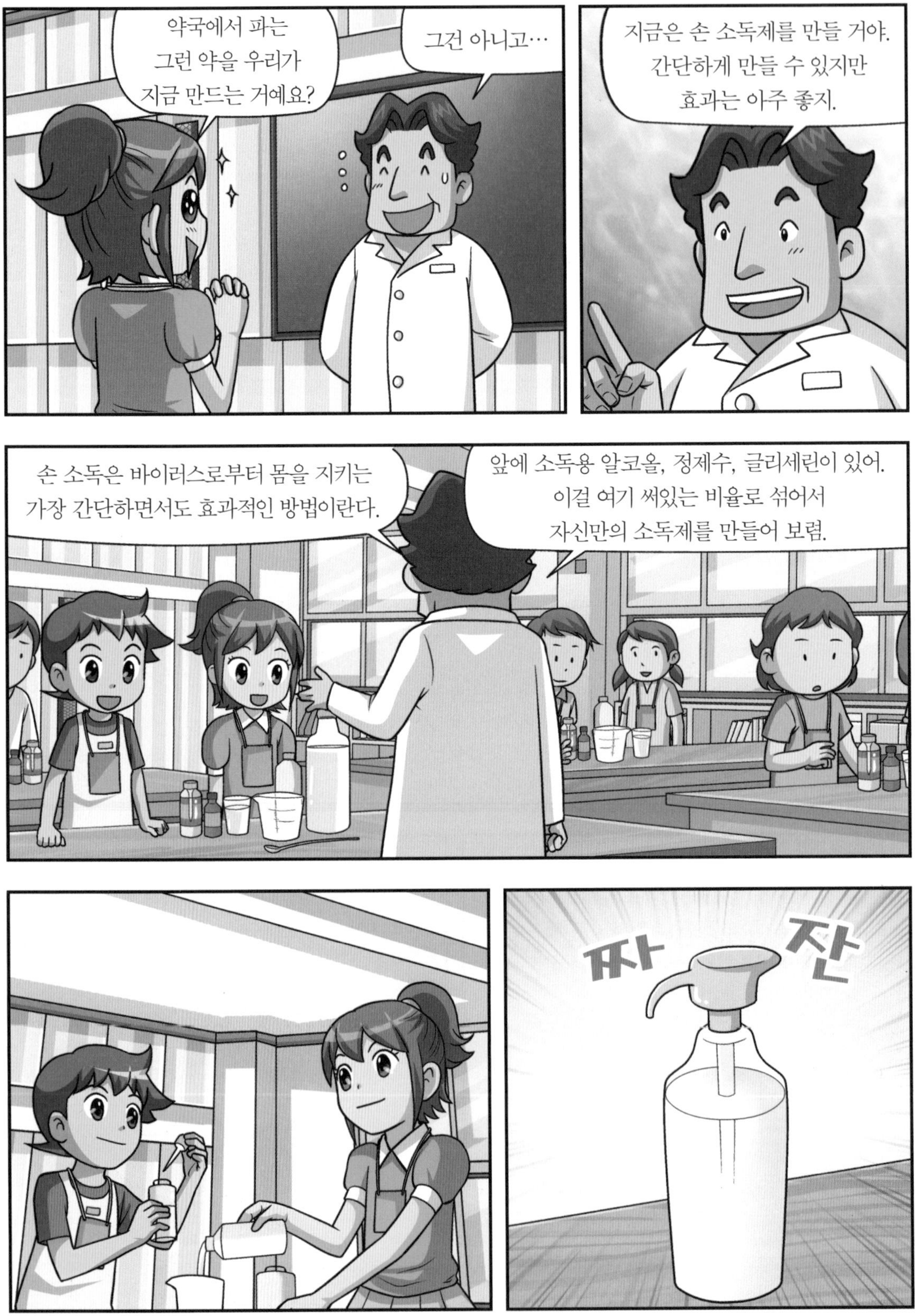
약국에서 파는
그런 약을 우리가
지금 만드는 거예요?
그건 아니고…
지금은 손 소독제를 만들 거야.
간단하게 만들 수 있지만
효과는 아주 좋지.
손 소독은 바이러스로부터 몸을 지키는
가장 간단하면서도 효과적인 방법이란다.
앞에 소독용 알코올, 정제수, 글리세린이 있어.
이걸 여기 써있는 비율로 섞어서
자신만의 소독제를 만들어 보렴.
짜 잔

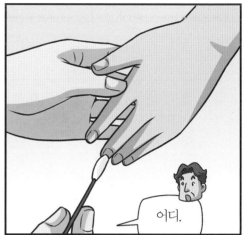

어디.

아주 잘 만들었어.
세균 숫자가 확실하게
줄어든 게 보이지?

35

예에~

짝

저는 바이러스
전문가가 될 거예요!
그리고 백신 개발도
열심히 할래요!

전문가가 되려면
그런 마음가짐이
중요한 거야.

자! 다음 장소로
이동할까요?

네!

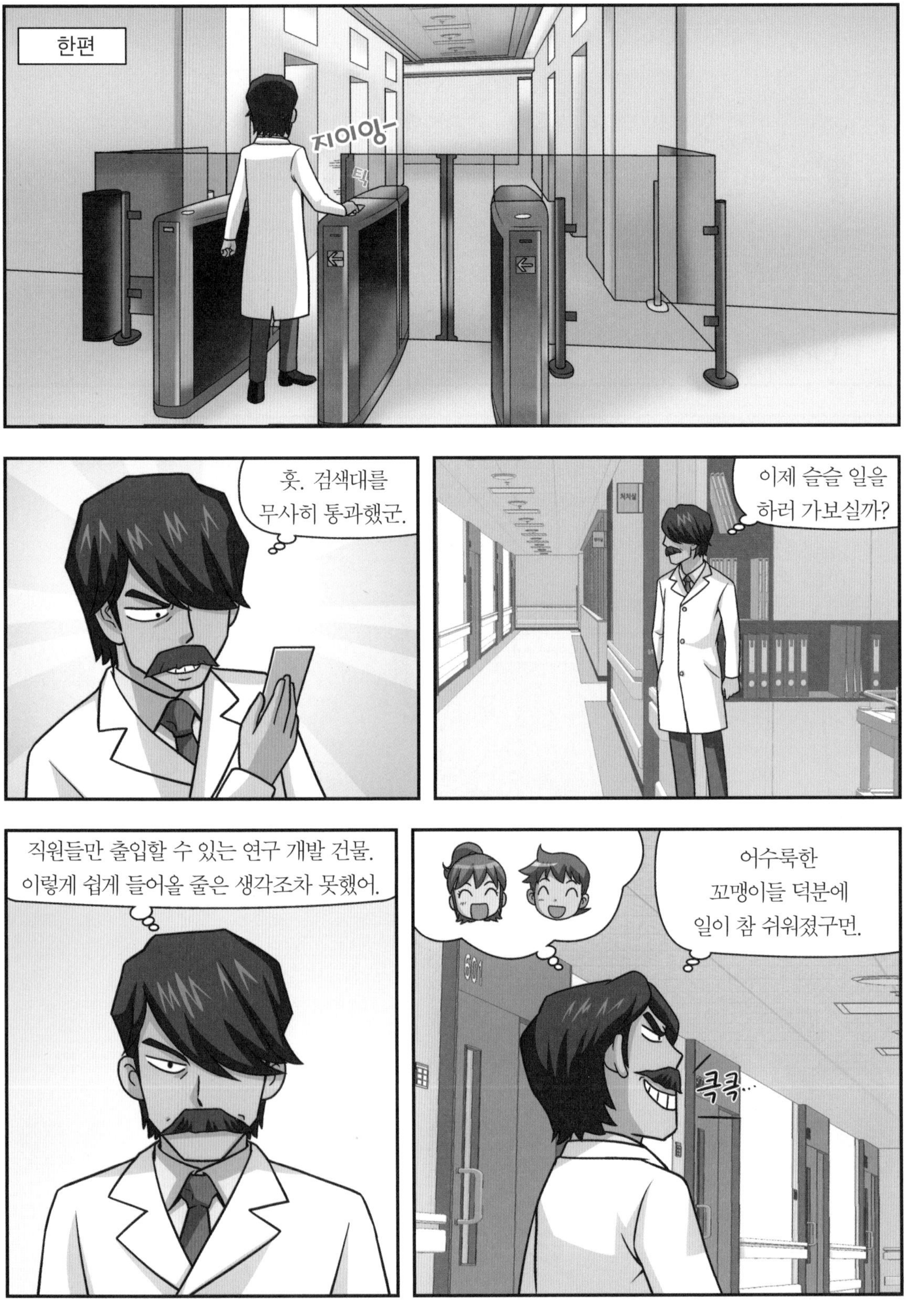
한편
지이잉—
틱
훗. 검색대를 무사히 통과했군.
이제 슬슬 일을 하러 가보실까?
직원들만 출입할 수 있는 연구 개발 건물. 이렇게 쉽게 들어올 줄은 생각조차 못했어.
어수룩한 꼬맹이들 덕분에 일이 참 쉬워졌구먼.
큭큭…

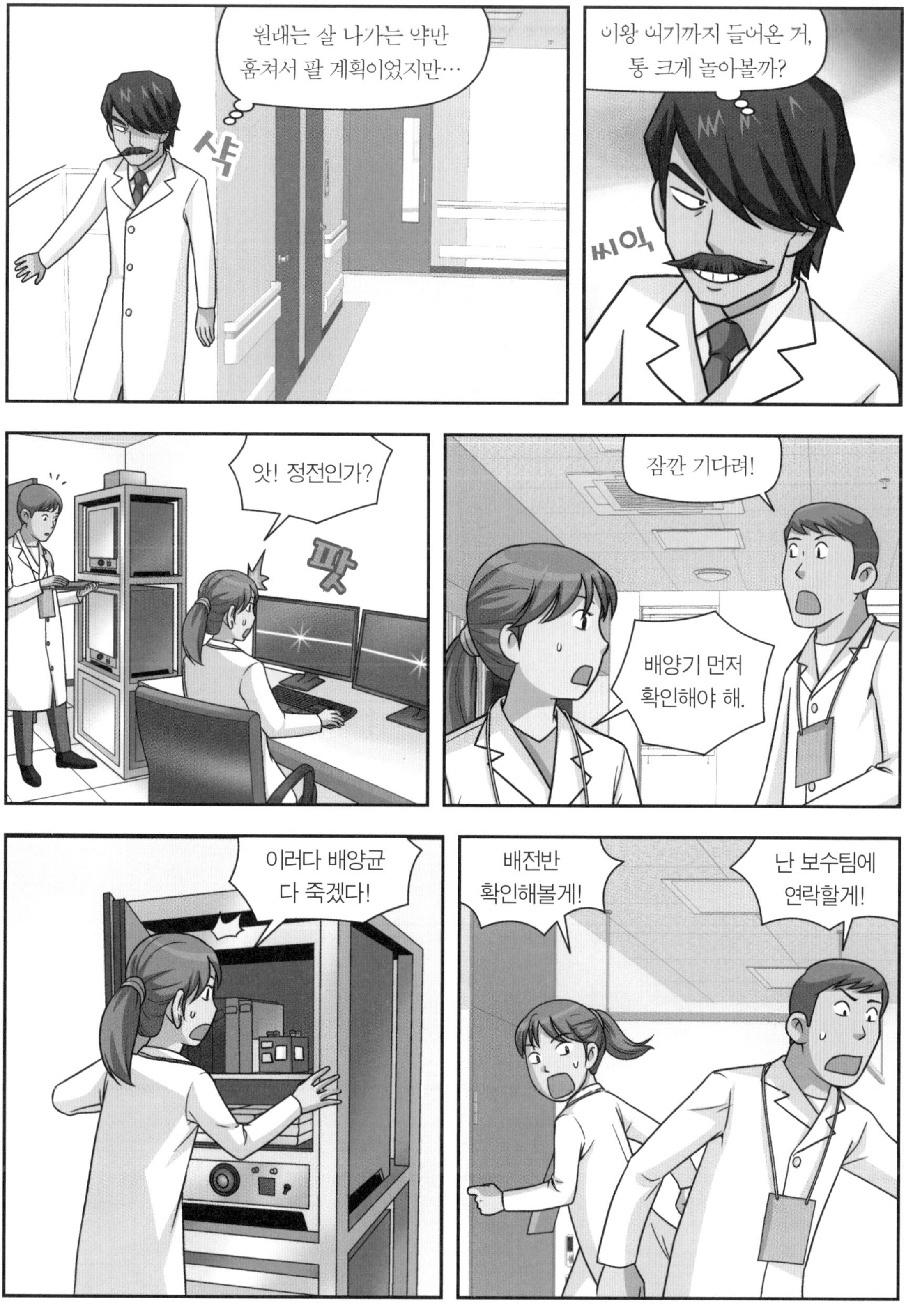
원래는 살 나가는 약만
훔쳐서 팔 계획이었지만…
샥
이왕 여기까지 들어온 거,
통 크게 놀아볼까?
씨익
앗! 정전인가?
팟
잠깐 기다려!
배양기 먼저
확인해야 해.
이러다 배양균
다 죽겠다!
배전반
확인해볼게!
난 보수팀에
연락할게!

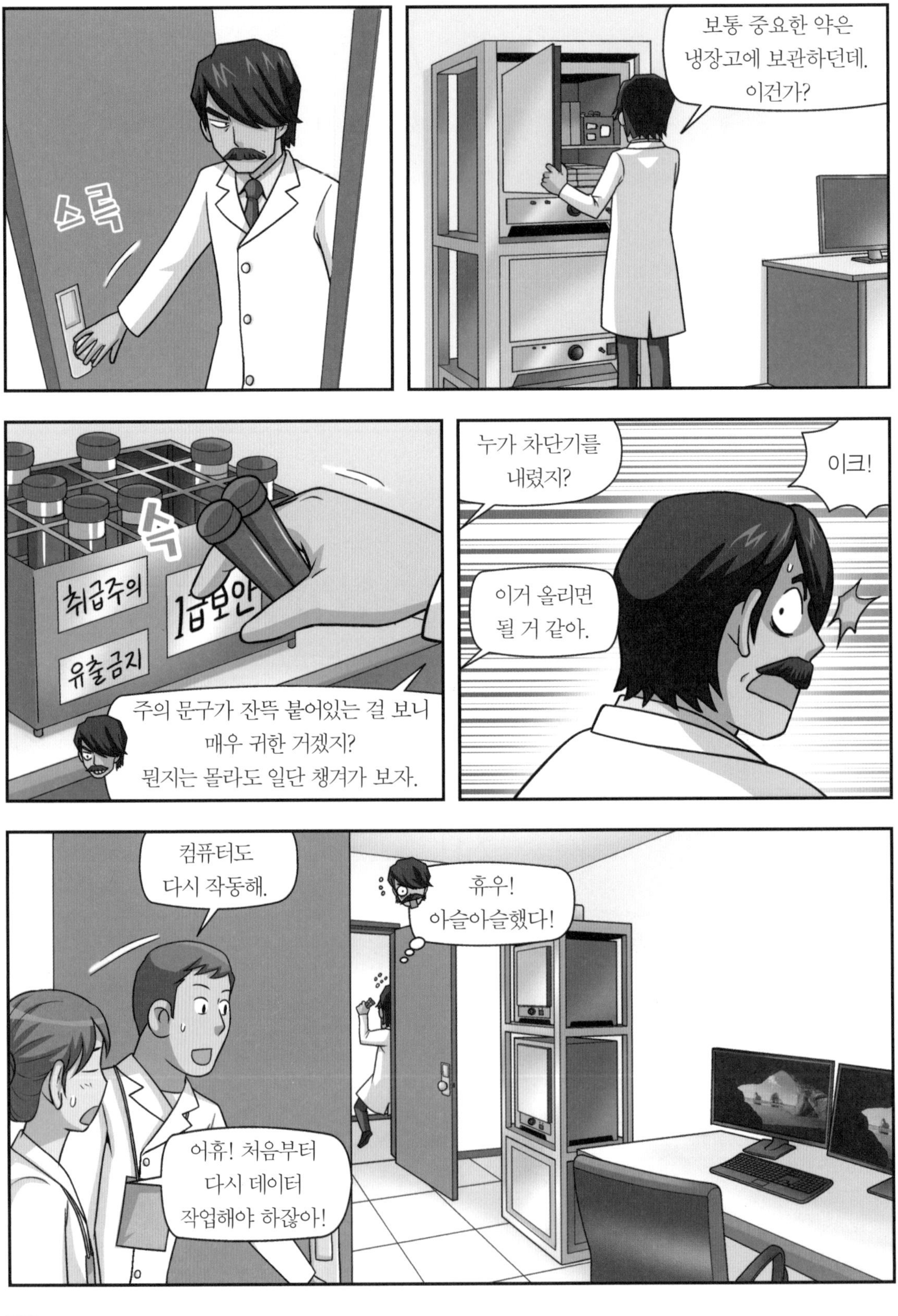
스륵
보통 중요한 약은 냉장고에 보관하던데. 이건가?
속
취급주의
1급보안
유출금지
주의 문구가 잔뜩 붙어있는 걸 보니 매우 귀한 거겠지? 뭔지는 몰라도 일단 챙겨가 보자.
누가 차단기를 내렸지?
이크!
이거 올리면 될 거 같아.
컴퓨터도 다시 작동해.
휴우! 아슬아슬했다!
어휴! 처음부터 다시 데이터 작업해야 하잖아!

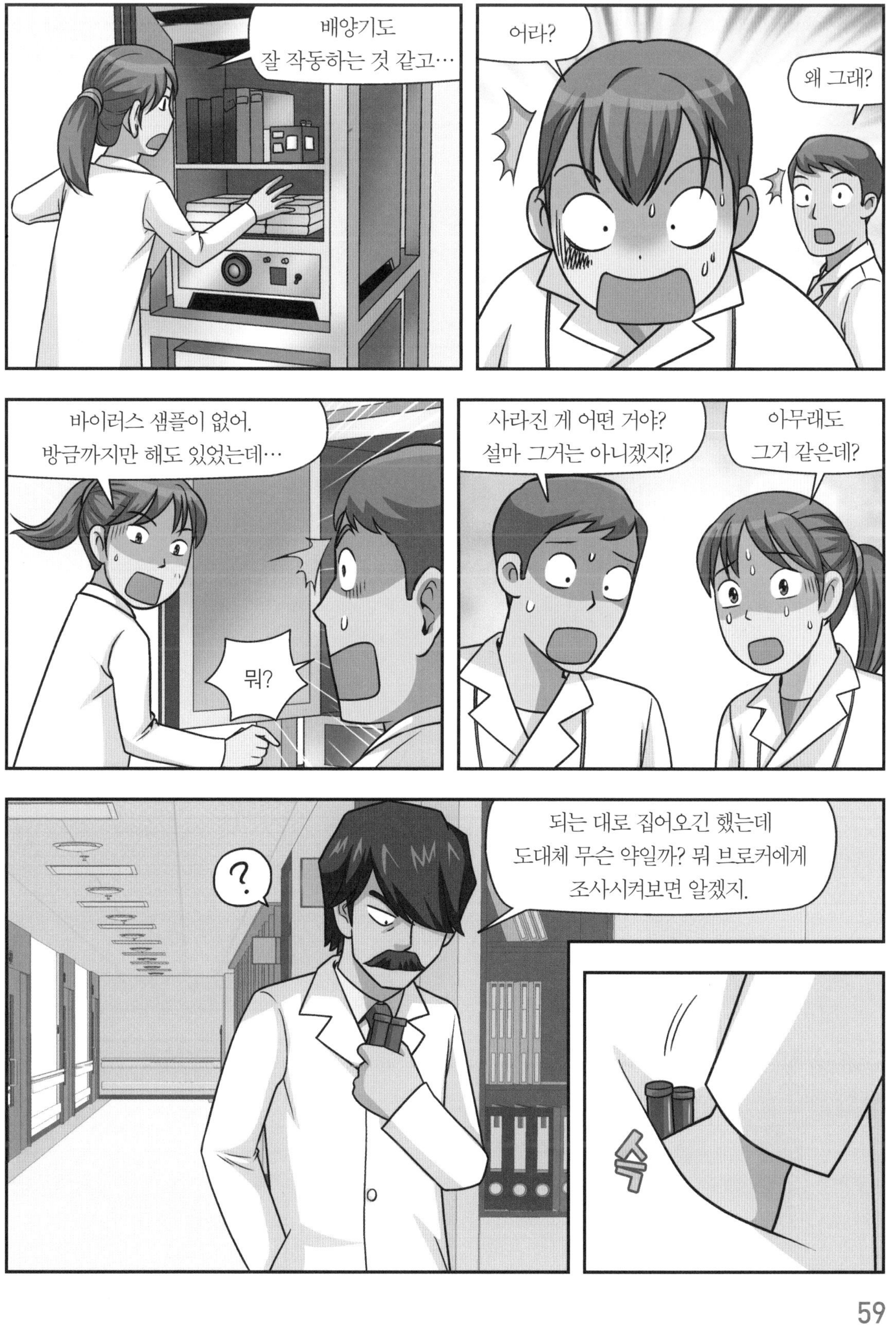
배양기도
잘 작동하는 것 같고…
어라?
왜 그래?
바이러스 샘플이 없어.
방금까지만 해도 있었는데…
뭐?
사라진 게 어떤 거야?
설마 그거는 아니겠지?
아무래도
그거 같은데?
?
되는 대로 집어오긴 했는데
도대체 무슨 약일까? 뭐 브로커에게
조사시켜보면 알겠지.
쏙

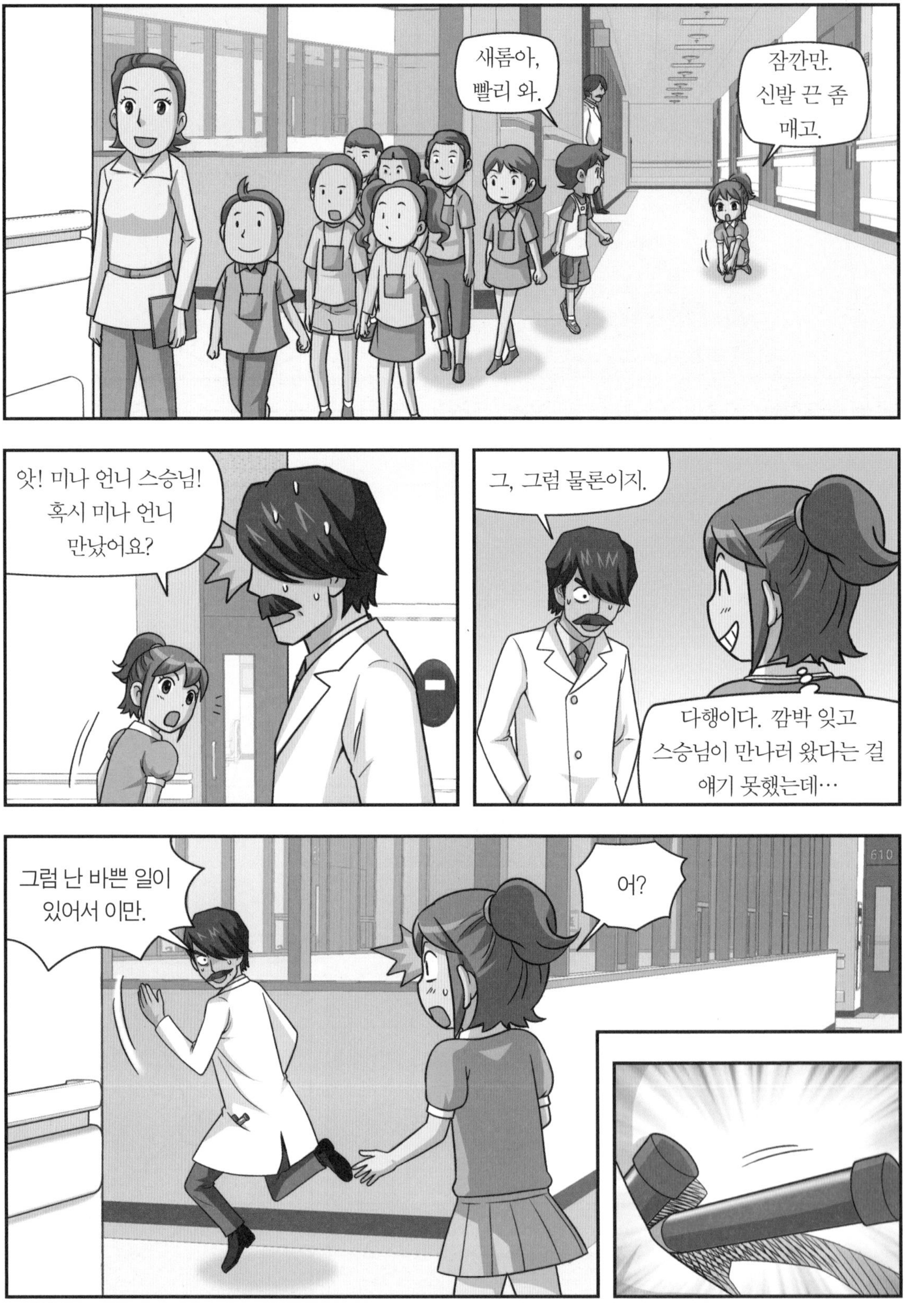
새롬아, 빨리 와.
잠깐만. 신발 끈 좀 매고.
앗! 미나 언니 스승님! 혹시 미나 언니 만났어요?
그, 그럼 물론이지.
다행이다. 깜박 잊고 스승님이 만나러 왔다는 걸 얘기 못했는데…
그럼 난 바쁜 일이 있어서 이만.
어?
610

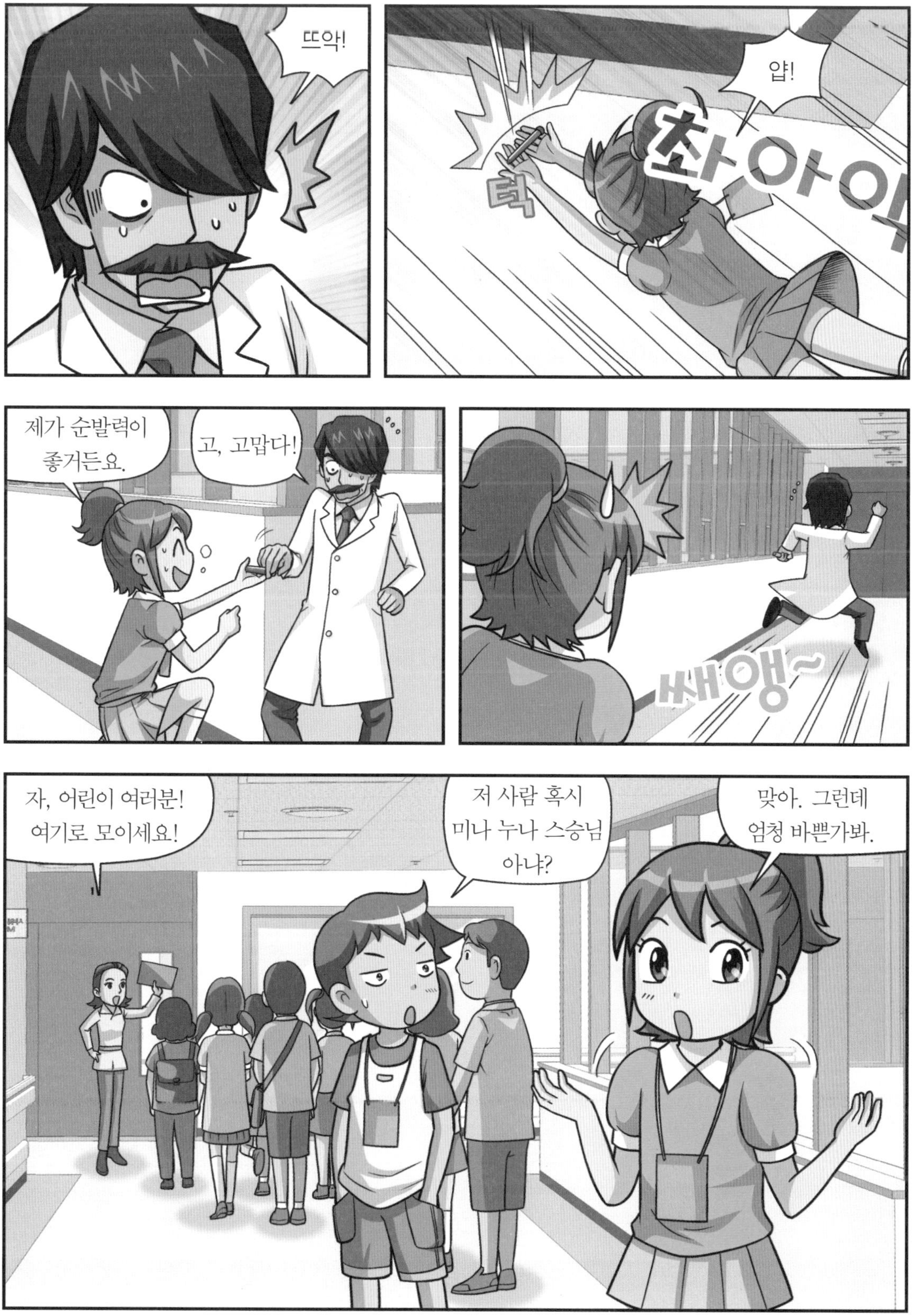

뜨악!
얍!
착아악
턱
제가 순발력이 좋거든요.
고, 고맙다!
쌔앵~
자, 어린이 여러분! 여기로 모이세요!
저 사람 혹시 미나 누나 스승님 아냐?
맞아. 그런데 엄청 바쁜가봐.

세상을 공포에 떨게 한 전염병

전염병은 우리의 일상을 바꾸고 나아가 삶의 태도와 문화까지 바꿔요. 과거 첨단 의료 장비가 없던 시절에는 전염병으로 수많은 사람이 목숨을 잃었답니다. 전쟁보다 더 많은 사망자를 내서 세상을 공포에 떨게 한 전염병들을 알아볼까요?

● 흑사병 (페스트)

쥐에 기생하는 벼룩이 매개하는 감염병으로, 페스트균을 가지고 있는 벼룩이 사람을 물면 전파된답니다. 급성 열성 감염병으로 증상에 따라 가래톳 흑사병, 패혈증형 흑사병, 폐렴형 흑사병 등으로 구분해요. 14세기 유럽에서 크게 유행하여  많은 사망자가 발생한 인류 역사상 최악의 유행 질병 중 하나예요.

● 콜레라

인도의 갠지스 강 유역을 중심으로 한 인도의 풍토병이었던 콜레라는 1826년경 중앙아시아를 휩쓸고 러시아로 퍼져나간 후 영국, 신대륙까지 확산되었어요. 콜레라는 오염된 식수로 인해 창궐했  어요. 감염되면 설사와 구토로 몸에서 많은 수분이 빠져나가고 피부가 검푸른색으로 변하면서 목숨을 잃게 돼요.

● 스페인독감

인플루엔자 바이러스에 의한 감염병으로 1918년 처음 발병했어요. 1920년까지 2년 동안 전 세계적으로 약 5억 명이 감염되었으며, 이 중 5천만 명 ~1억 명이 사망했어요. 미국 시카고에서 창궐한 스페인독감은 역사상 가장 막대한 인적 피해와 경제적 손실을 초래한 독감으로 20세기 최악의 감염병으로 인식돼요.

● 에볼라

1976년 영국의 미생물학자 피터 피옷(Peter Piot)이 콩고민주공화국의 에볼라 강에서 처음 발견했어요. 괴질바이러스의 일종으로 혈액이나 분비물을 통해 감염된다고 해요. 감염되면 오한, 심한 두통, 근육통, 고열 증세를 보이고 장기가 손상되어 유행성 출혈열 증세를 보이다가 일주일 이내에 50~90%가 사망해요.

● 신종 인플루엔자 A

신종 인플루엔자 바이러스는 돼지독감 바이러스의 유전자가 재조합된 인플루엔자 A 바이러스에 의해 생겼어요. 감염되면 고열, 근육통, 두통, 마른기침, 인후통 등의 증상이 나타나요. 2009년 미국 캘리포니아의 10세 소아에게서 처음 검출된 이후 214개국 이상으로 퍼져나가 약 20만 명의 사망자가 발생했어요.

사기꾼을 찾아라

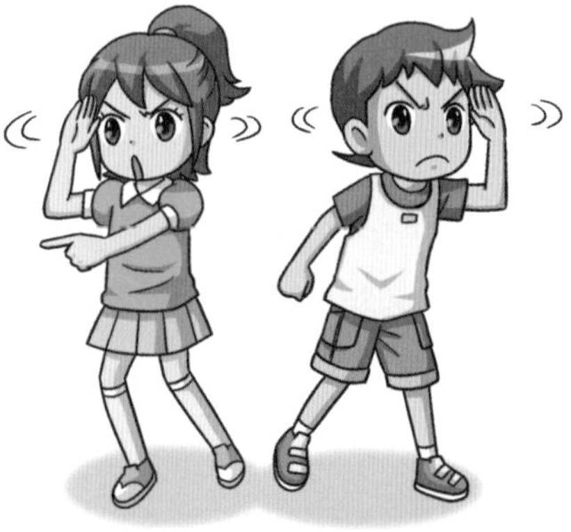

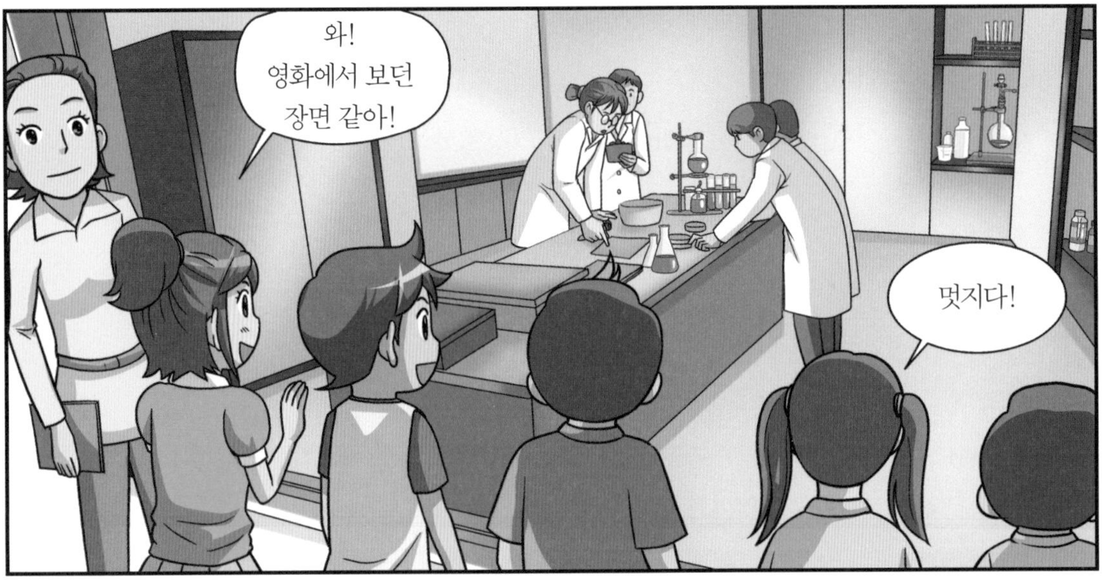

와!
영화에서 보던
장면 같아!
멋지다!

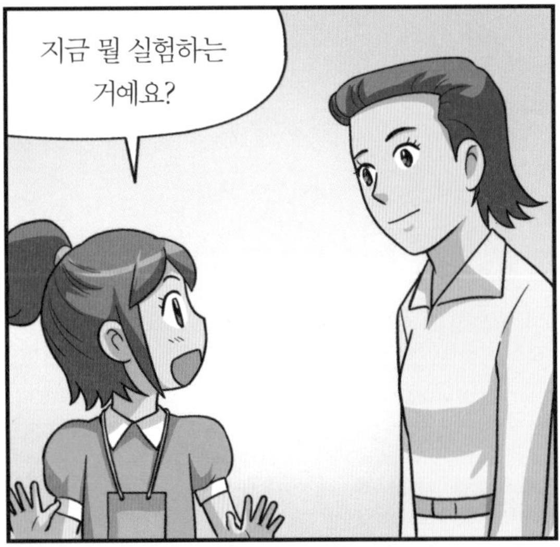

지금 뭘 실험하는
거예요?

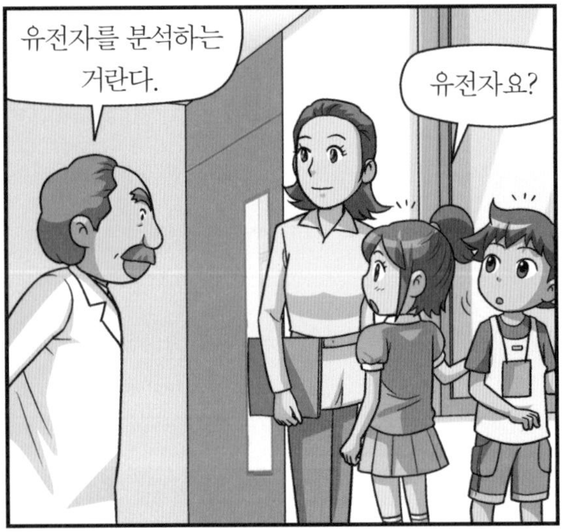

유전자를 분석하는
거란다.
유전자요?

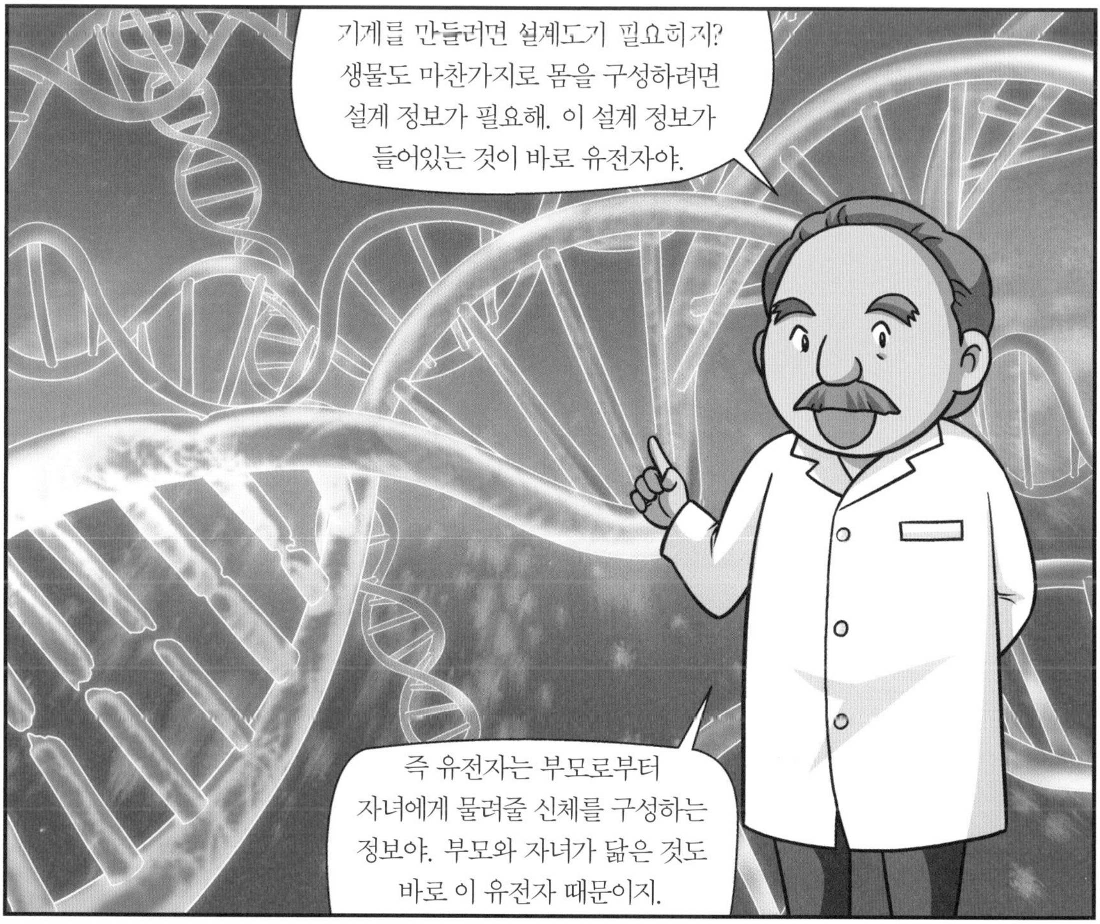
기계를 만들려면 설계도가 필요하지? 생물도 마찬가지로 몸을 구성하려면 설계 정보가 필요해. 이 설계 정보가 들어있는 것이 바로 유전자야.
즉 유전자는 부모로부터 자녀에게 물려줄 신체를 구성하는 정보야. 부모와 자녀가 닮은 것도 바로 이 유전자 때문이지.

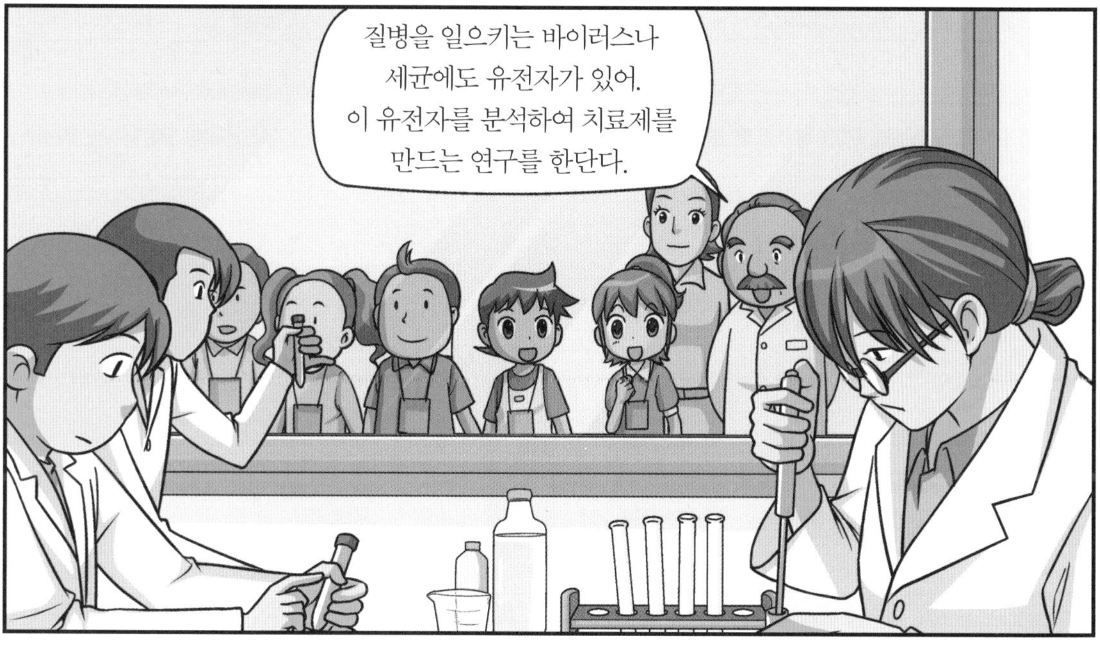
질병을 일으키는 바이러스나 세균에도 유전자가 있어. 이 유전자를 분석하여 치료제를 만드는 연구를 한단다.

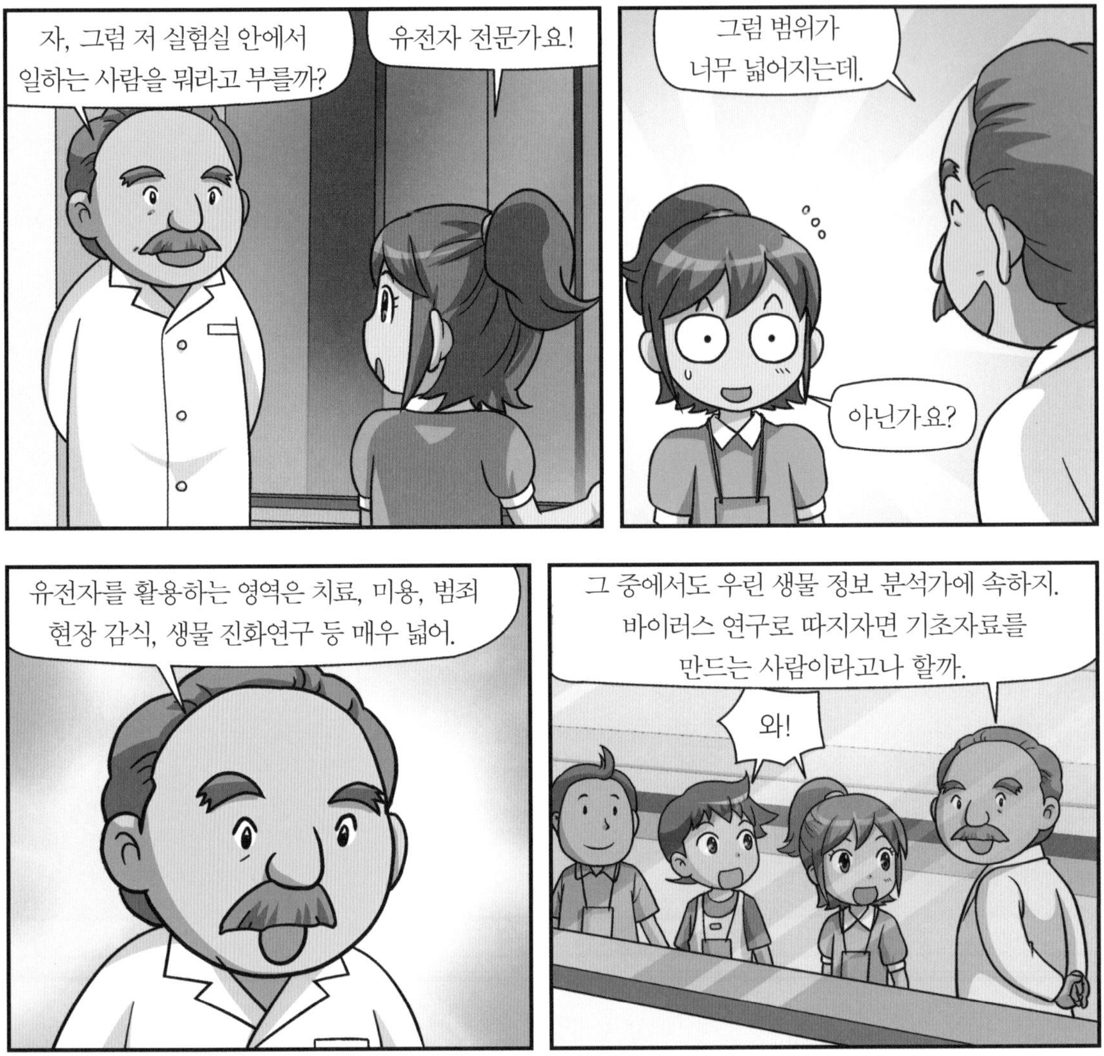

자, 그럼 저 실험실 안에서 일하는 사람을 뭐라고 부를까?
유전자 전문가요!
그럼 범위가 너무 넓어지는데.
아닌가요?
유전자를 활용하는 영역은 치료, 미용, 범죄 현장 감식, 생물 진화연구 등 매우 넓어.
그 중에서도 우린 생물 정보 분석가에 속하지. 바이러스 연구로 따지자면 기초자료를 만드는 사람이라고나 할까.
와!

생물 정보 분석가

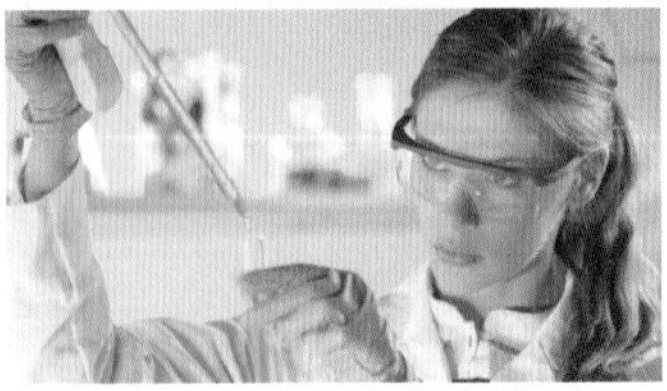

생물 정보 분석가는 생물의 유전자를 분석하여 나오는 정보를 데이터로 만드는 사람입니다. 생물 정보 분석가는 이렇게 수집한 데이터를 비교하기 좋게 정리해서 다른 연구자들이 신약 연구나 의료기기를 개발할 수 있도록 도움을 줍니다.
생물 정보 분석가는 데이터를 분석하는 일을 하기 때문에 유전자 연구에 관심이 많고, 논리적이며, 컴퓨터 프로그래밍 언어를 이해할 줄 알아야 합니다.

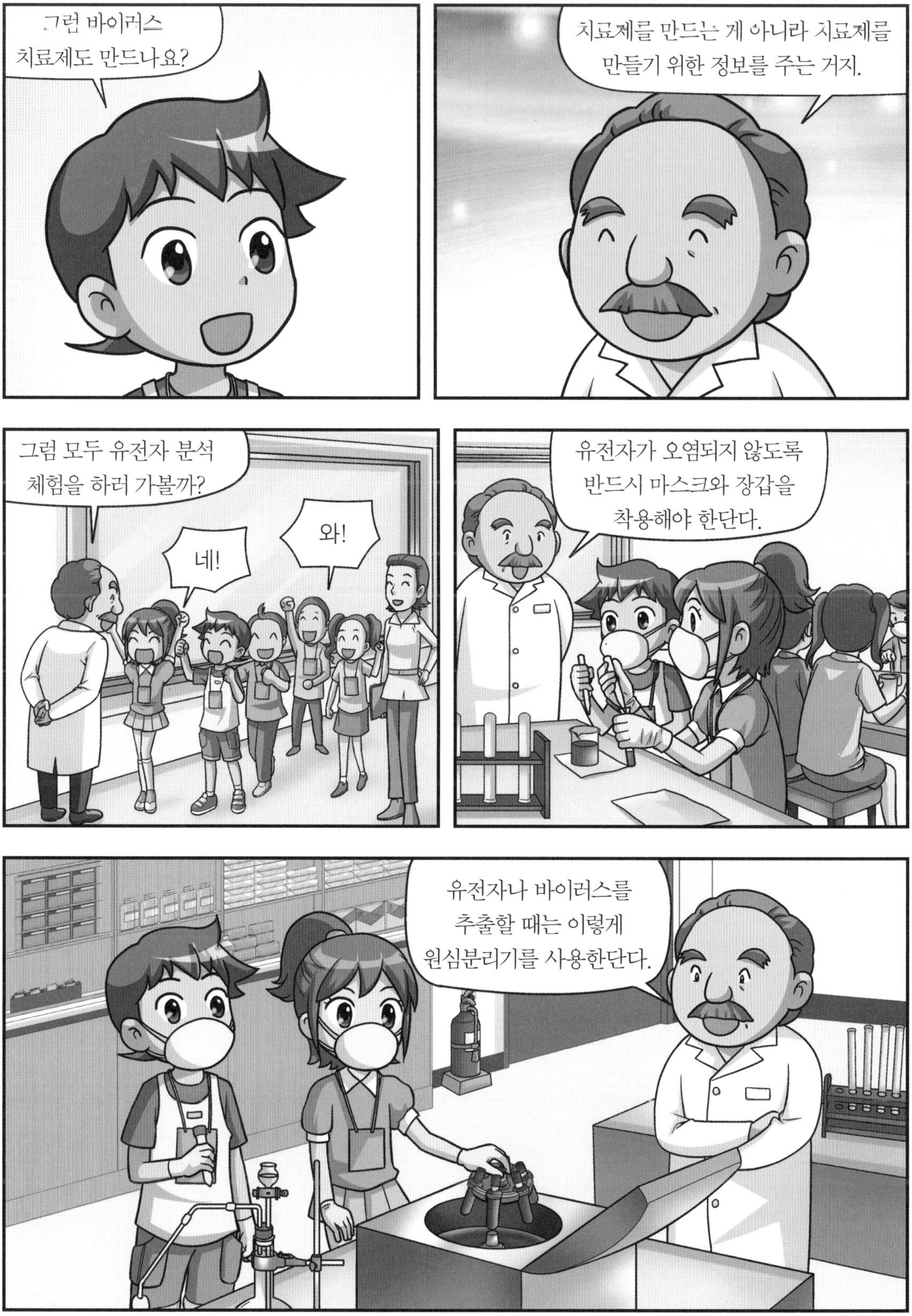
그런 바이러스 치료제도 만드나요?
치료제를 만드는 게 아니라 치료제를 만들기 위한 정보를 주는 거지.
그럼 모두 유전자 분석 체험을 하러 가볼까?
네!
와!
유전자가 오염되지 않도록 반드시 마스크와 장갑을 착용해야 한단다.
유전자나 바이러스를 추출할 때는 이렇게 원심분리기를 사용한단다.

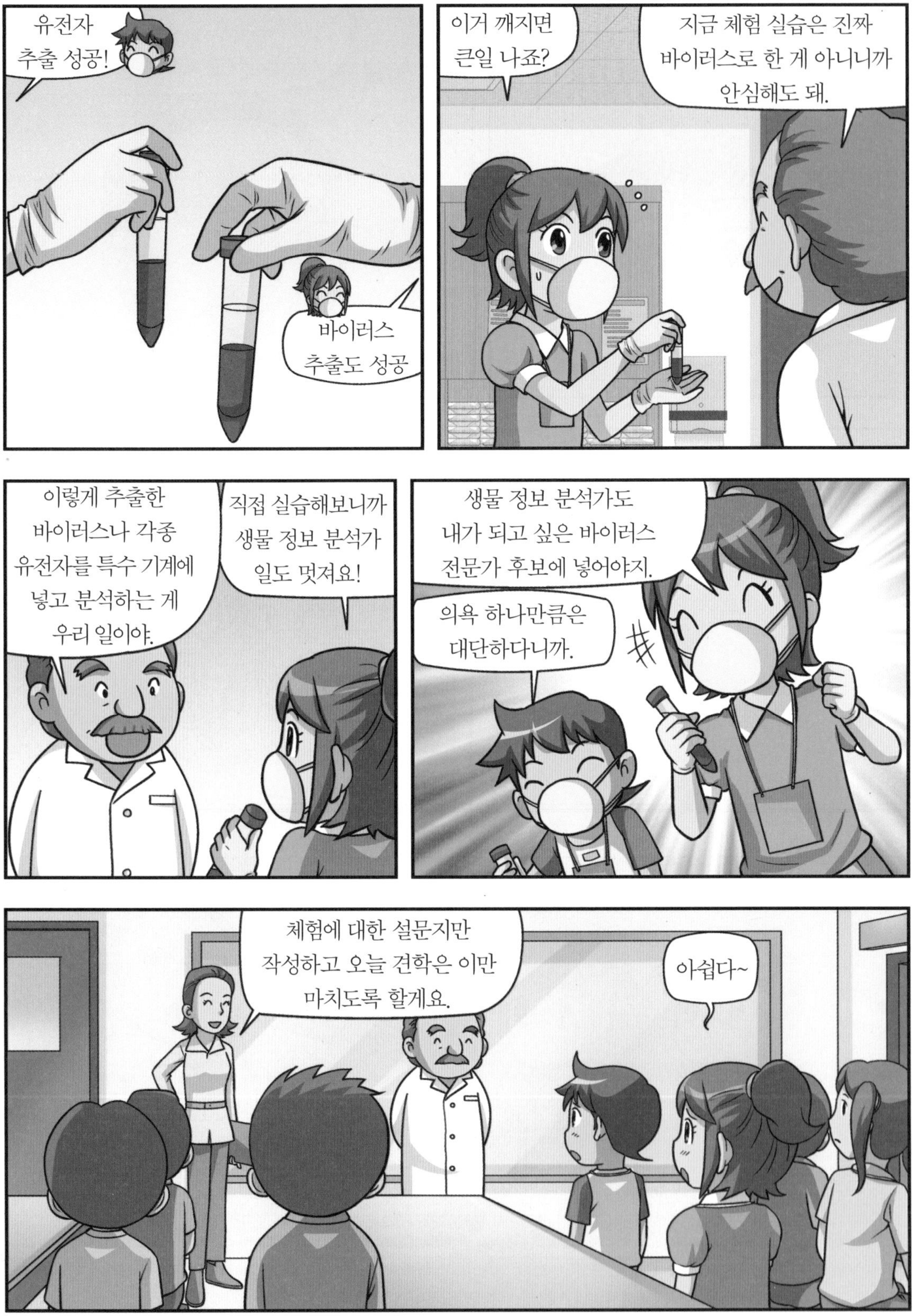
유전자
추출 성공!
바이러스
추출도 성공
이거 깨지면
큰일 나죠?
지금 체험 실습은 진짜
바이러스로 한 게 아니니까
안심해도 돼.
이렇게 추출한
바이러스나 각종
유전자를 특수 기계에
넣고 분석하는 게
우리 일이야.
직접 실습해보니까
생물 정보 분석가
일도 멋져요!
생물 정보 분석가도
내가 되고 싶은 바이러스
전문가 후보에 넣어야지.
의욕 하나만큼은
대단하다니까.
체험에 대한 설문지만
작성하고 오늘 견학은 이만
마치도록 할게요.
아쉽다~

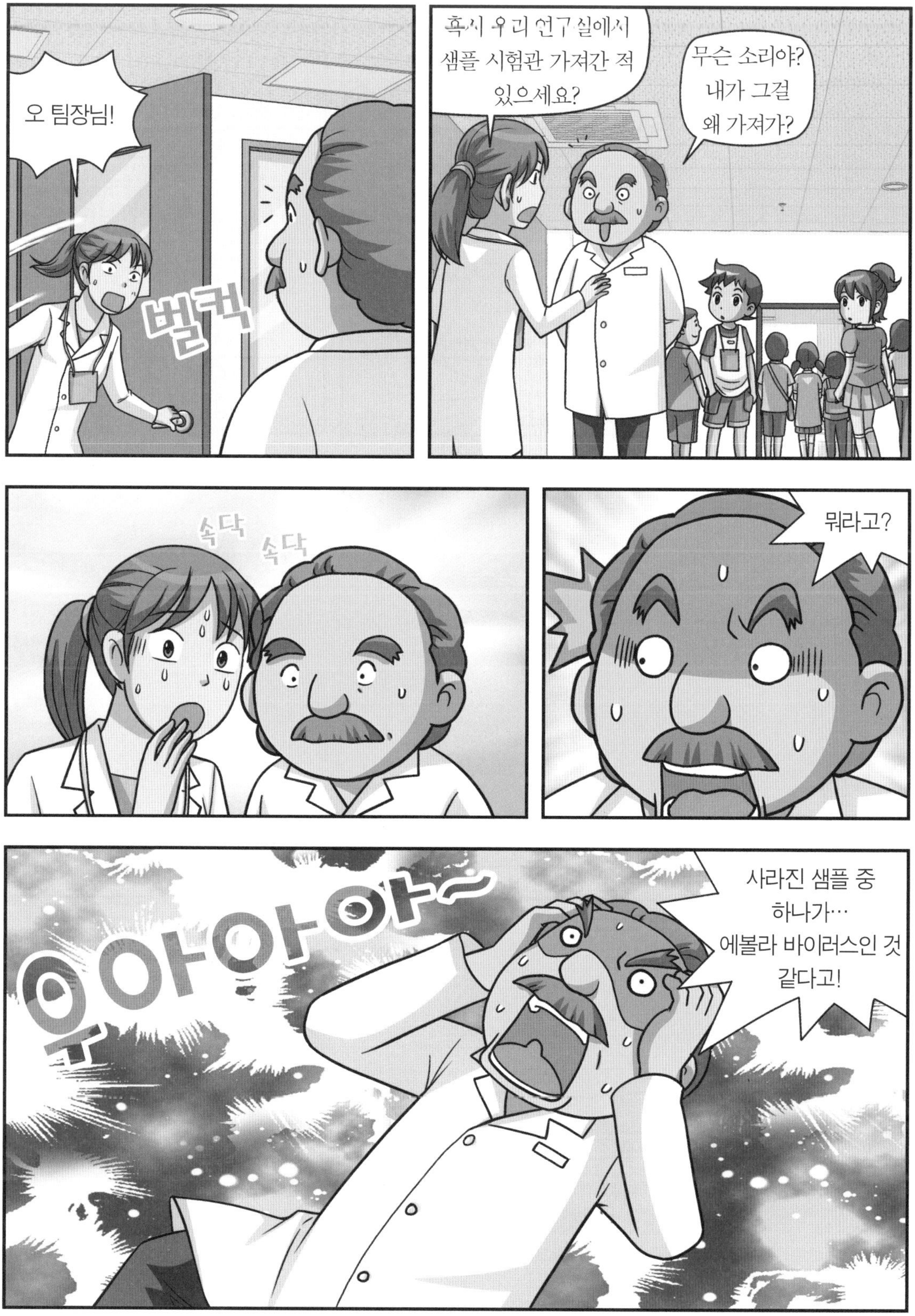
오 팀장님!
벌컥
혹시 우리 연구실에서 샘플 시험관 가져간 적 있으세요?
무슨 소리야? 내가 그걸 왜 가져가?
속닥 속닥
뭐라고?
사라진 샘플 중 하나가… 에볼라 바이러스인 것 같다고!
우아아아~

에볼라 바이러스가 뭐예요?

흭!

에볼라는 말이지…

에볼라는 감염된 10명 중 6명이 사망할 정도로 치사율이 매우 높은 바이러스성 전염병이란다.

에볼라는 몸속의 혈관이나 장기를 파괴하는 무서운 증상을 일으키지.

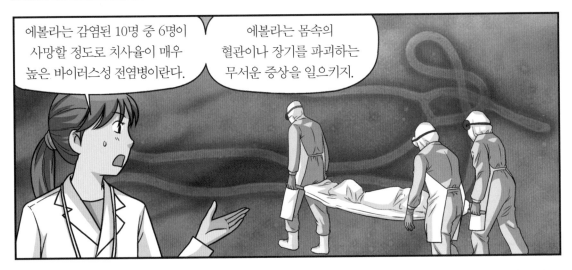

에볼라는 아직까지 특별한 치료제나 백신이 없어서 더욱 위험해.

2019년에 아프리카 콩고에서 에볼라 바이러스가 발병했을 때 세계보건기구가 국제 비상상태를 선포했을 정도로 위험한 바이러스야.

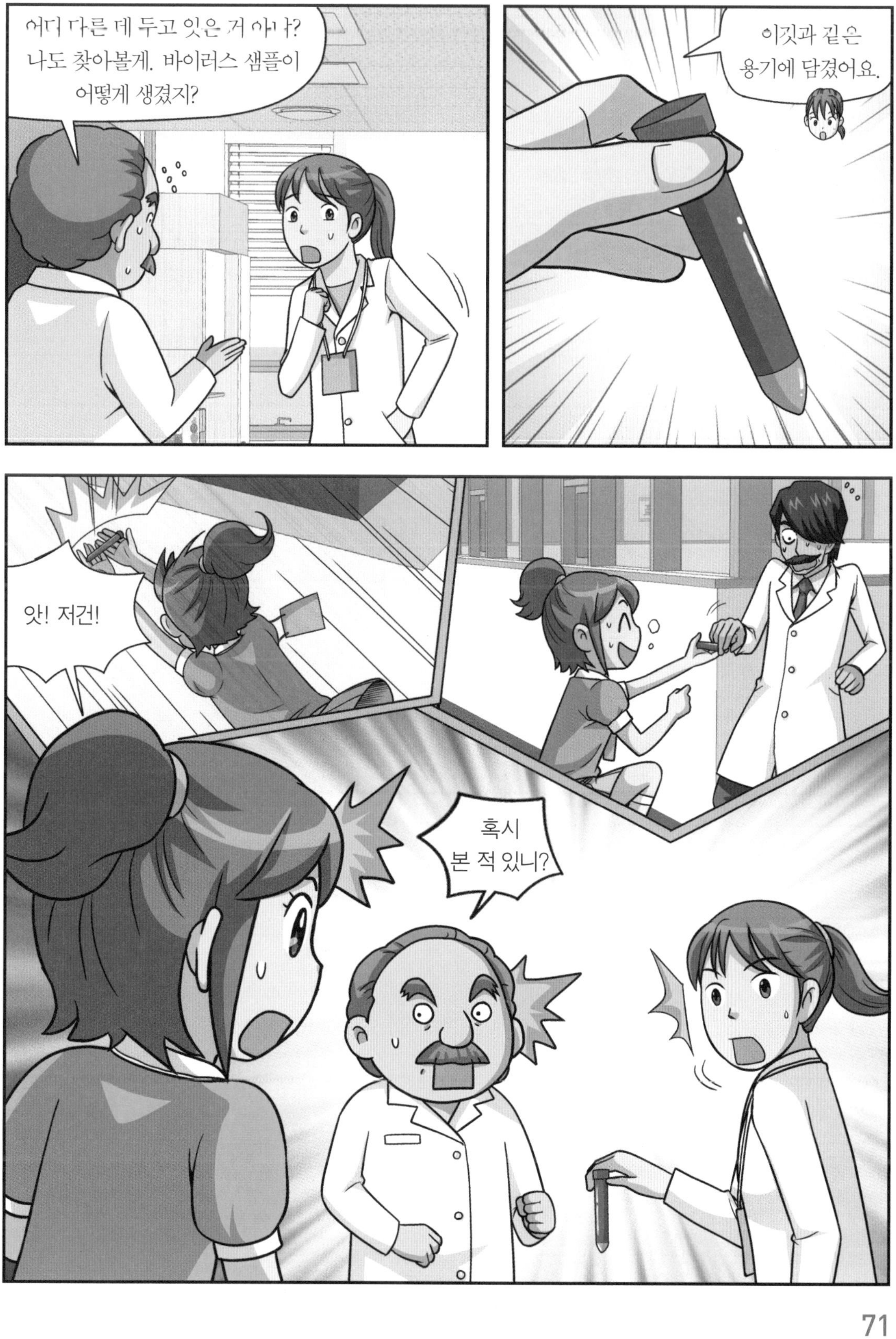
어디 다른 데 두고 잊은 거 아냐?
나도 찾아볼게. 바이러스 샘플이
어떻게 생겼지?
이것과 같은
용기에 담겼어요.
앗! 저건!
혹시
본 적 있니?

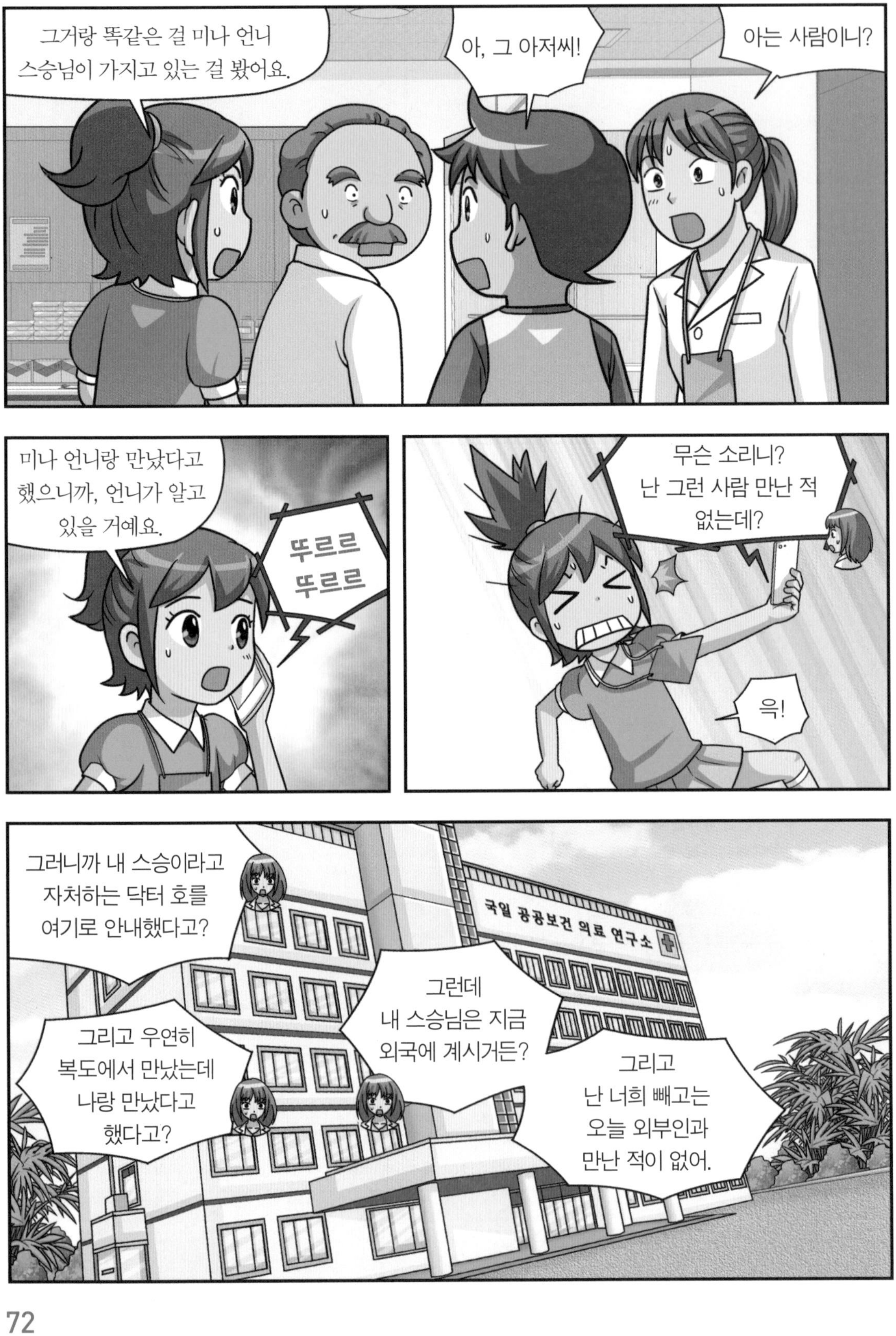
그거랑 똑같은 걸 미나 언니 스승님이 가지고 있는 걸 봤어요.
아, 그 아저씨!
아는 사람이니?
미나 언니랑 만났다고 했으니까, 언니가 알고 있을 거예요.
뚜르르 뚜르르
무슨 소리니? 난 그런 사람 만난 적 없는데?
윽!
그러니까 내 스승이라고 자처하는 닥터 호를 여기로 안내했다고?
국일 공공보건 의료 연구소
그리고 우연히 복도에서 만났는데 나랑 만났다고 했다고?
그런데 내 스승님은 지금 외국에 계시거든?
그리고 난 너희 빼고는 오늘 외부인과 만난 적이 없어.

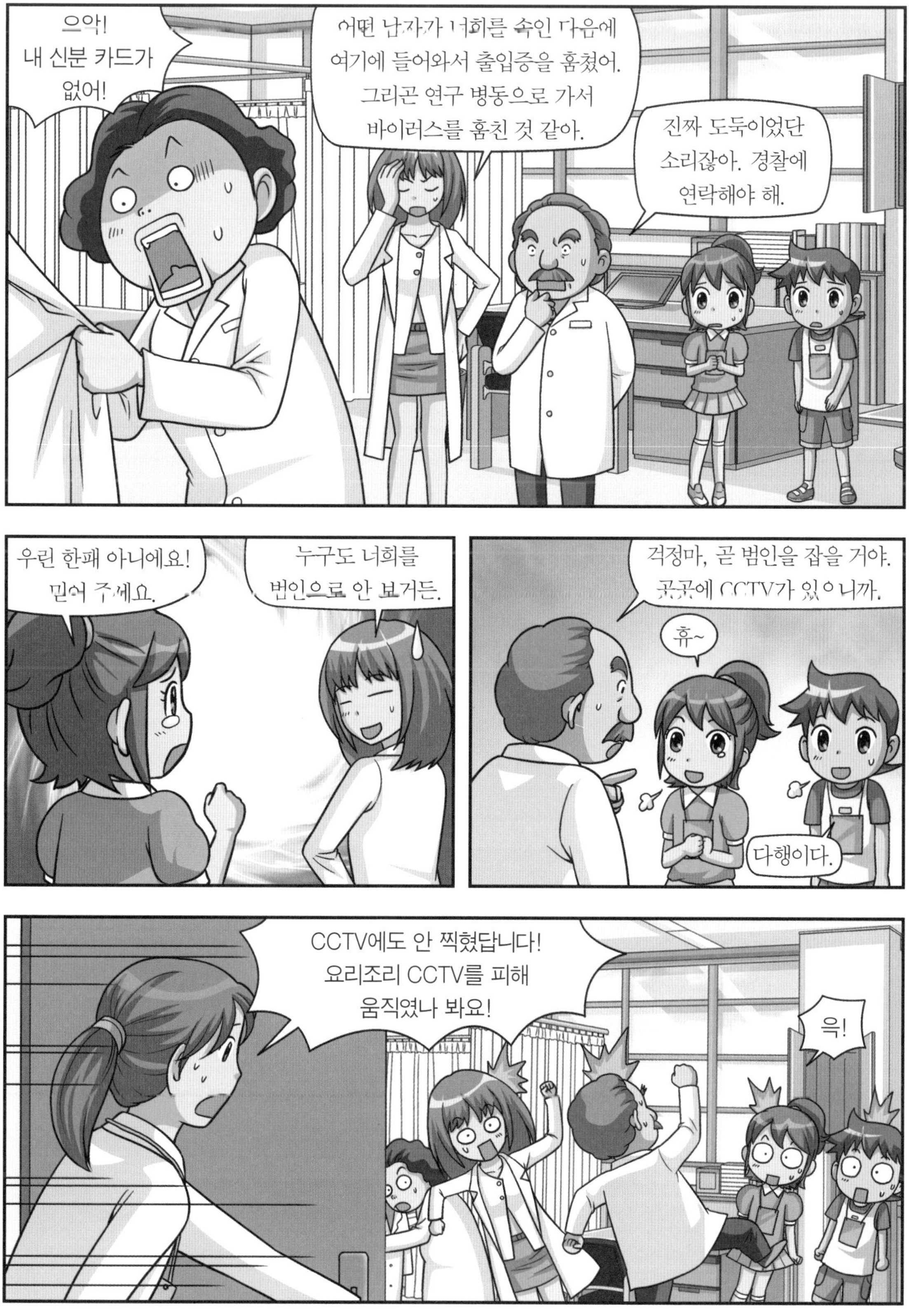
으악!
내 신분 카드가
없어!
어떤 남자가 너희를 속인 다음에
여기에 들어와서 출입증을 훔쳤어.
그리곤 연구 병동으로 가서
바이러스를 훔친 것 같아.
진짜 도둑이었단
소리잖아. 경찰에
연락해야 해.
우린 한패 아니에요!
믿어 주세요.
누구도 너희를
범인으로 안 보거든.
걱정마, 곧 범인을 잡을 거야.
곳곳에 CCTV가 있으니까.
휴~
다행이다.
CCTV에도 안 찍혔답니다!
요리조리 CCTV를 피해
움직였나 봐요!
윽!

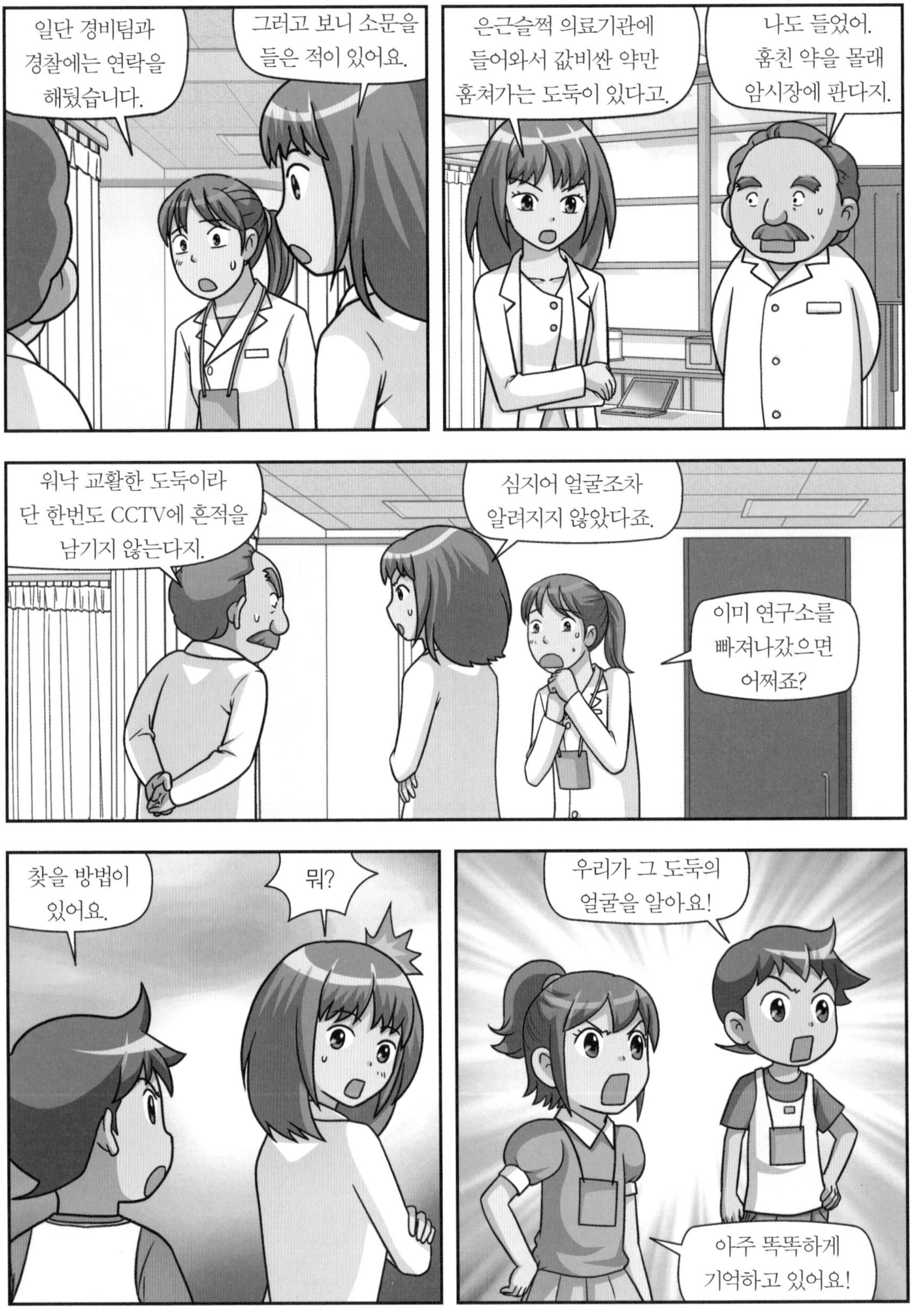
일단 경비팀과
경찰에는 연락을
해뒀습니다.
그러고 보니 소문을
들은 적이 있어요.
은근슬쩍 의료기관에
들어와서 값비싼 약만
훔쳐가는 도둑이 있다고.
나도 들었어.
훔친 약을 몰래
암시장에 판다지.
워낙 교활한 도둑이라
단 한번도 CCTV에 흔적을
남기지 않는다지.
심지어 얼굴조차
알려지지 않았다죠.
이미 연구소를
빠져나갔으면
어쩌죠?
찾을 방법이
있어요.
뭐?
우리가 그 도둑의
얼굴을 알아요!
아주 똑똑하게
기억하고 있어요!

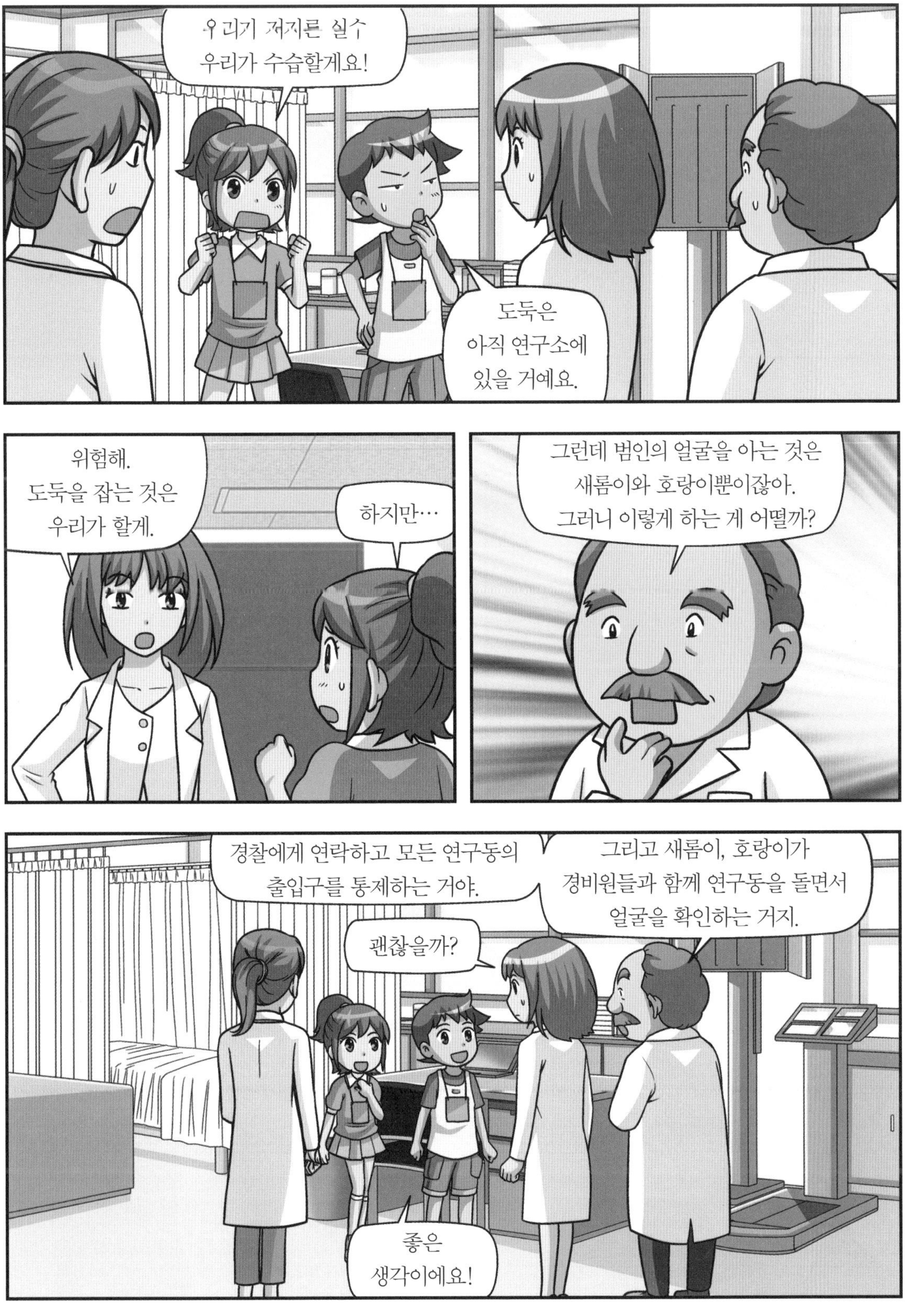
우리가 저지른 실수 우리가 수습할게요!
도둑은 아직 연구소에 있을 거예요.
위험해. 도둑을 잡는 것은 우리가 할게.
하지만…
그런데 범인의 얼굴을 아는 것은 새롬이와 호랑이뿐이잖아. 그러니 이렇게 하는 게 어떨까?
경찰에게 연락하고 모든 연구동의 출입구를 통제하는 거야.
그리고 새롬이, 호랑이가 경비원들과 함께 연구동을 돌면서 얼굴을 확인하는 거지.
괜찮을까?
좋은 생각이에요!

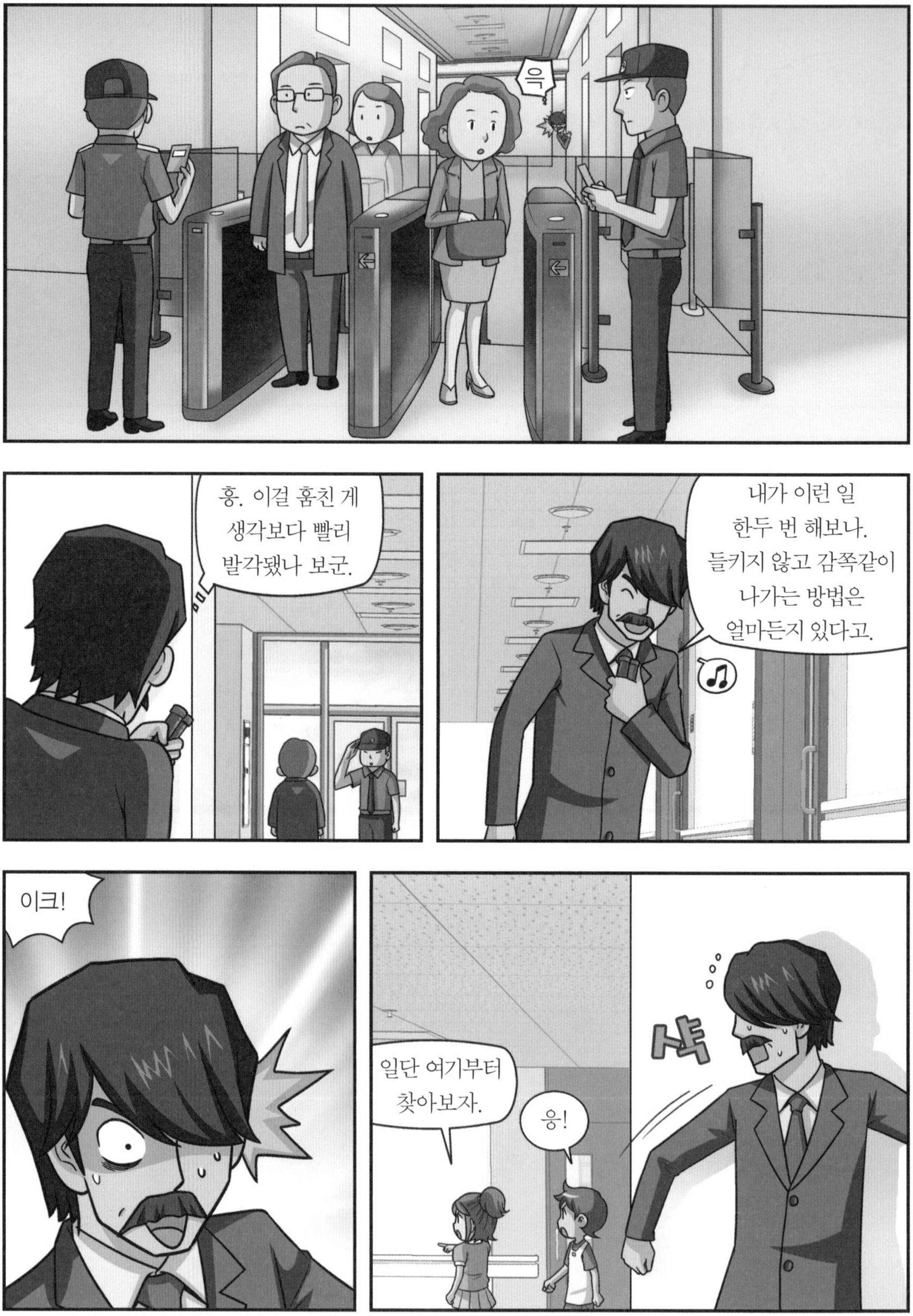
윽
흥. 이걸 훔친 게 생각보다 빨리 발각됐나 보군.
내가 이런 일 한두 번 해보나. 들키지 않고 감쪽같이 나가는 방법은 얼마든지 있다고.
이크!
일단 여기부터 찾아보자.
응!
샥

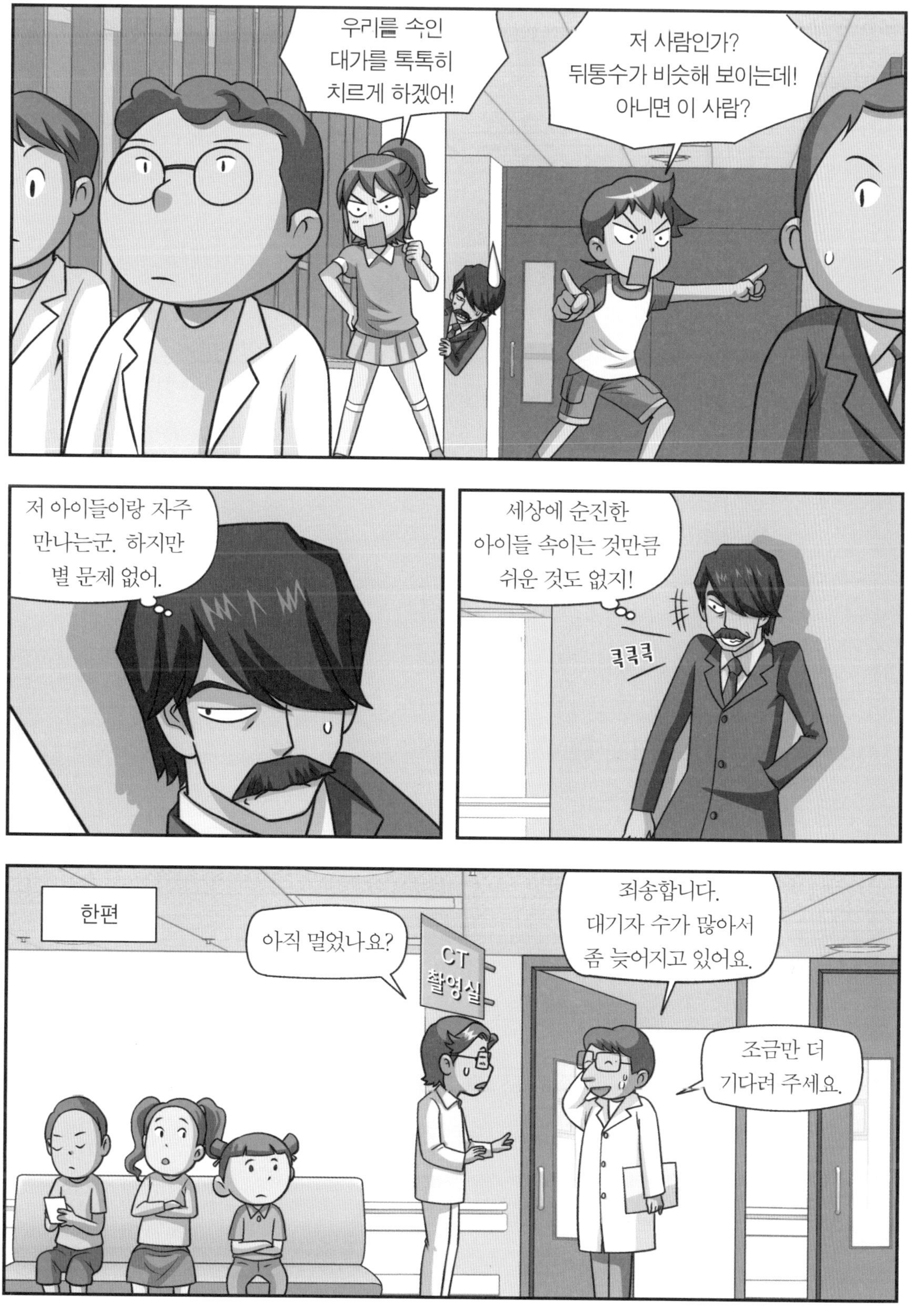

우리를 속인 대가를 톡톡히 치르게 하겠어!
저 사람인가? 뒤통수가 비슷해 보이는데! 아니면 이 사람?
저 아이들이랑 자주 만나는군. 하지만 별 문제 없어.
세상에 순진한 아이들 속이는 것만큼 쉬운 것도 없지!
킥킥킥
한편
아직 멀었나요?
CT 촬영실
죄송합니다. 대기자 수가 많아서 좀 늦어지고 있어요.
조금만 더 기다려 주세요.

대기근을 일으키는 식물 바이러스

유엔은 2020년을 '국제 식물 건강의 해'로 지정했어요. 유엔은 덧붙여 "건강한 식물은 지구상의 모든 생명체, 생태계, 식량 안보의 근간이며, 식물 건강을 지키기 위한 범세계적인 노력이 필요하다"고 강조했어요. 바이러스 중에는 식물을 병들게 하는 바이러스도 있어요. 식물 바이러스에 대해 알아볼까요?

● 식물 바이러스

식물 바이러스는 바이러스의 감염 숙주 대상이 식물인 바이러스를 말해요. 식물 바이러스도 숙주 없이는 증식하지 못하는 특성을 가져요. 고등식물에 감염됐을 때 병원성을 나타내기 때문에 농작물 생산에 피해를 주는 병충해로 간주돼요.

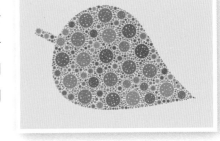

식물 바이러스에 의한 병징으로는 괴저, 모자이크, 황화, 축엽, 입말림, 점무늬, 반점, 변형 등을 들 수 있어요.

가장 연구가 많이 된 식물 바이러스는 담배모자이크바이러스(tobacco mosaic virus, TMV)예요. TMV를 포함한 식물 바이러스는 세계 연간 작물 수확량에서 600억 달러 이상의 손실을 끼치고 있다고 추정돼요. 유엔 식량농업기구(FAO)에 따르면 각종 병해충으로 매년 전 세계 주요 작물 수확량의 20~40%가 피해를 입는다고 해요. 만약 밀, 벼, 감자 등 사람이 주식으로 먹는 식량에 바이러스가 퍼질 경우, 세계적으로 대기근이 올 수도 있어요.

● 아일랜드 대기근

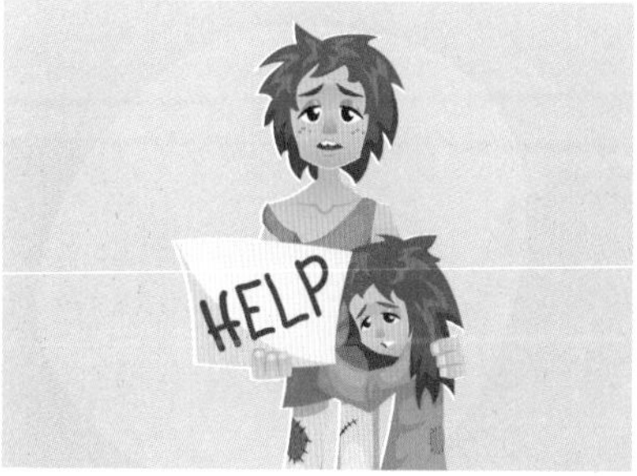
HELP

1847년 대기근으로 아일랜드 인구의 20~25%가 줄었어요. 전체 800만 명의 인구 중에서 백만 명이 사망하고 백만 명은 해외로 이주했어요. 당시 아일랜드인들은 영국의 지배 하에 수확하는 많은 곡식들을 빼앗겼고, 그 중 감자만 조금 남아 있었지만, 식물 바이러스인 감자잎마름병(potato leaf roll)이 아일랜드 전역으로 퍼지면서 이조차도 구할 수 없게 되었어요.

아일랜드인들은 영국에 도움을 요청했지만, 영국에서는 대기근은 신은 섭리라며 도움을 거절했어요. 결국 수많은 아일랜드인들이 굶주림으로 목숨을 잃었어요. 안타깝게도 이 대기근은 19세기에 발생한 인류 최대의 재앙 중 하나로 기록되고 있어요. 한편 감자잎마름병은 진딧물에 의해서 전염이 되었으며, 20세기가 되어서야 감자잎마름병이 바이러스에 의한 것이라는 게 밝혀졌어요.

무시무시한
에볼라 바이러스

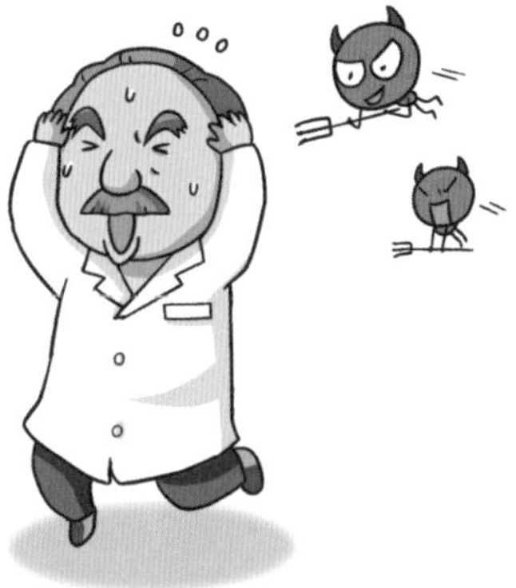

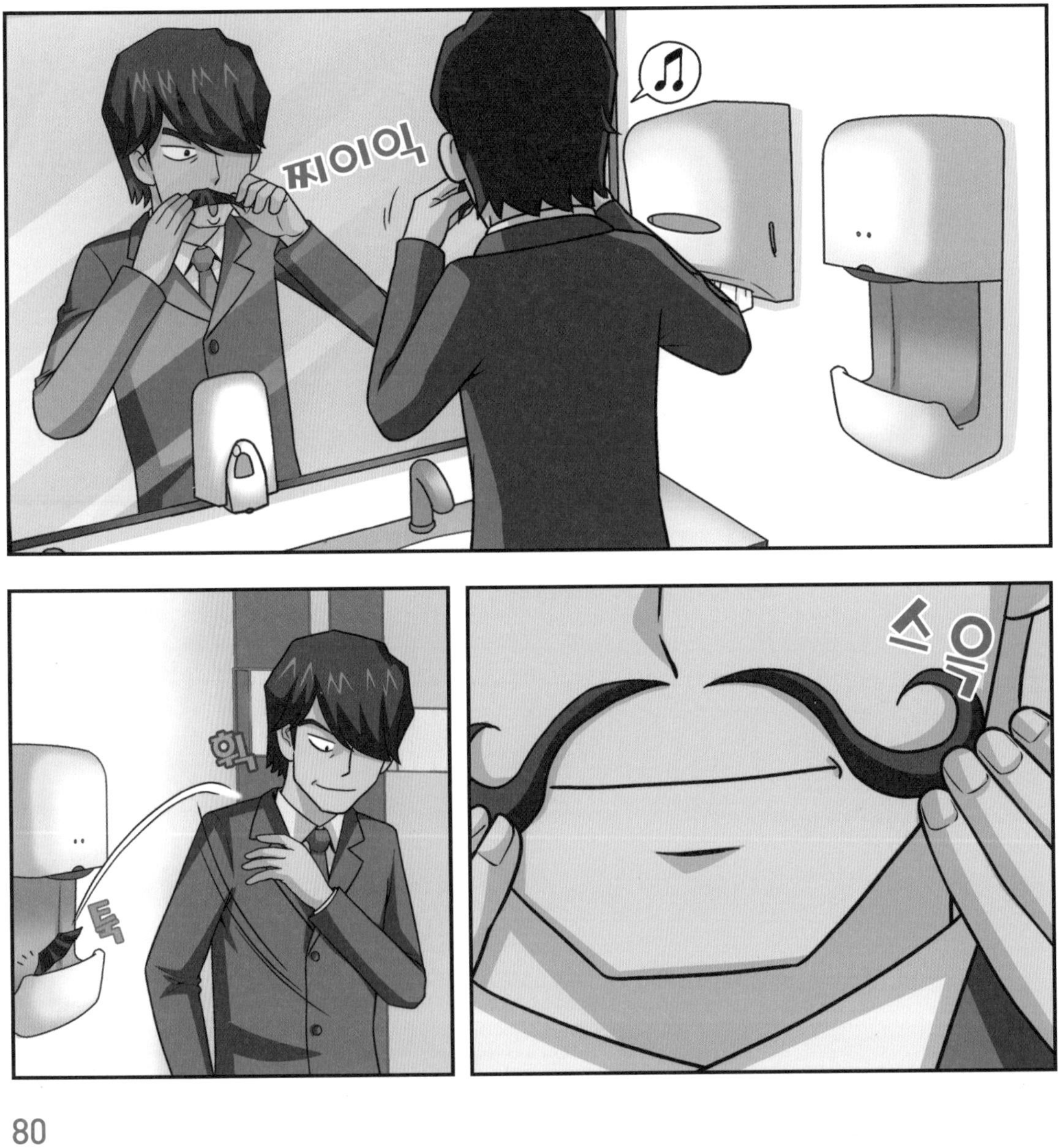
찌이익
휙
툭
스윽

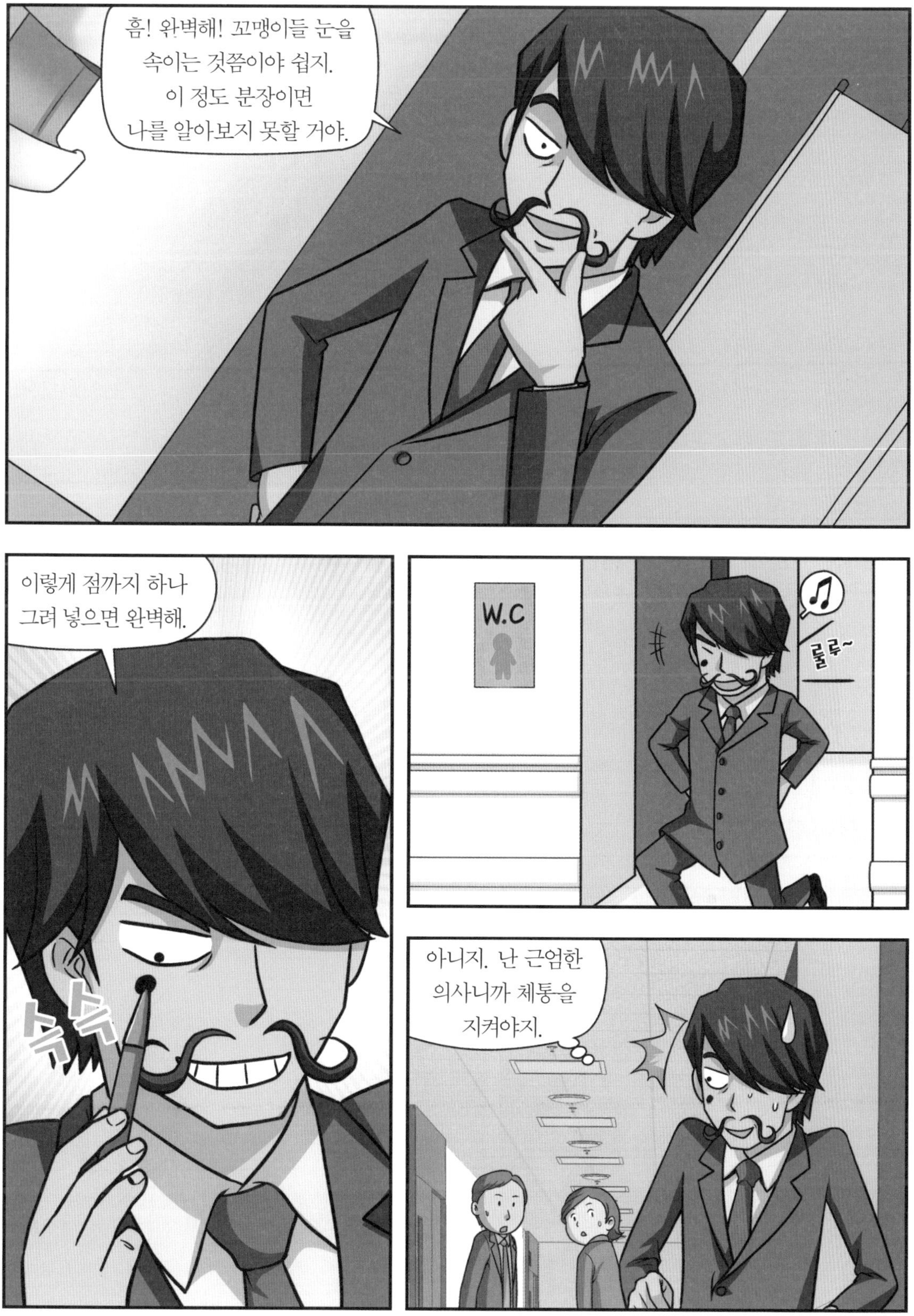

흠! 완벽해! 꼬맹이들 눈을 속이는 것쯤이야 쉽지. 이 정도 분장이면 나를 알아보지 못할 거야.
이렇게 점까지 하나 그려 넣으면 완벽해.
슥슥
W.C
룰루~
아니지. 난 근엄한 의사니까 체통을 지켜야지.

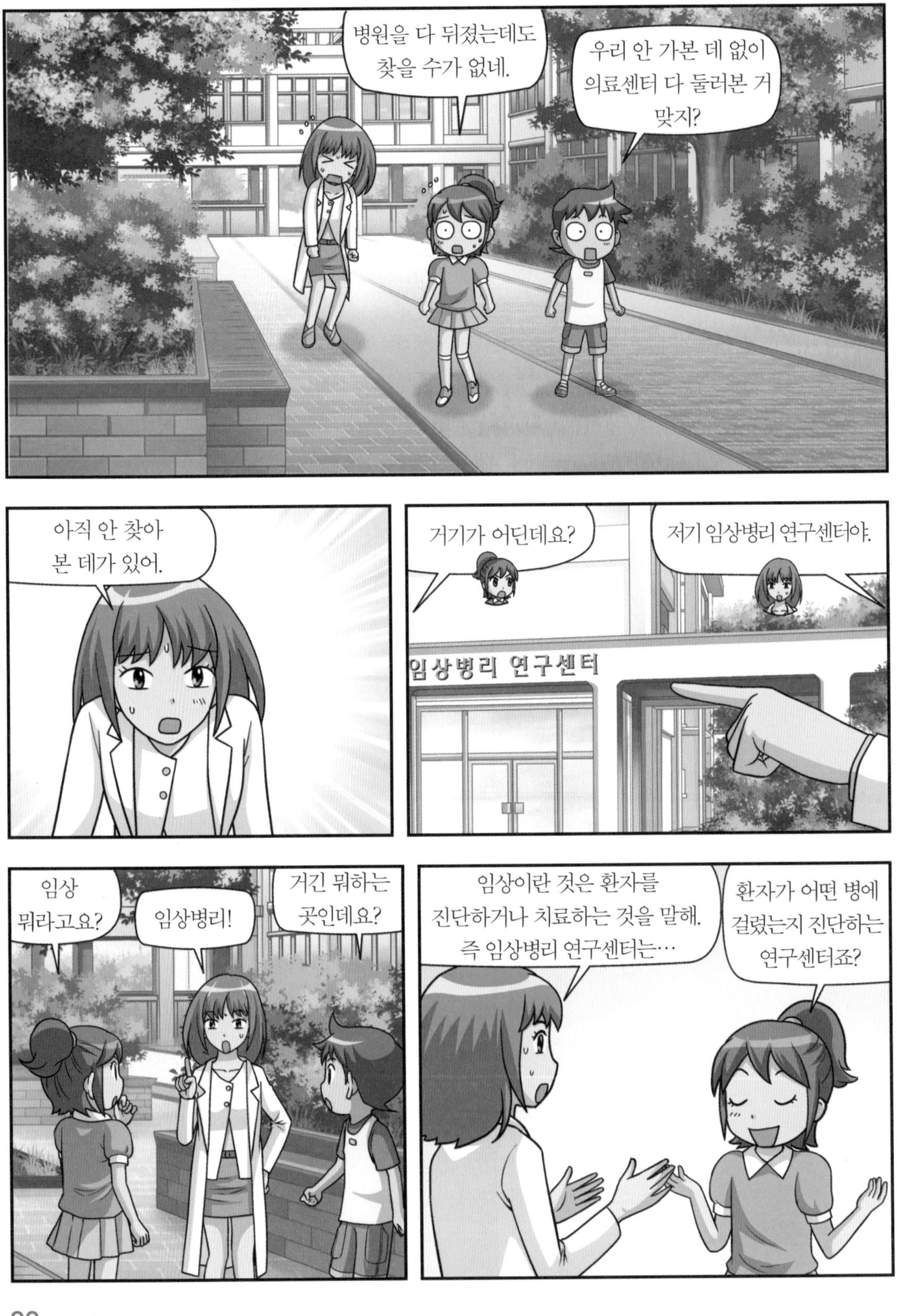
병원을 다 뒤졌는데도 찾을 수가 없네.
우리 안 가본 데 없이 의료센터 다 둘러본 거 맞지?
아직 안 찾아 본 데가 있어.
거기가 어딘데요?
저기 임상병리 연구센터야.
임상병리 연구센터
임상 뭐라고요?
임상병리!
거긴 뭐하는 곳인데요?
임상이란 것은 환자를 진단하거나 치료하는 것을 말해. 즉 임상병리 연구센터는…
환자가 어떤 병에 걸렸는지 진단하는 연구센터죠?

임상병리사

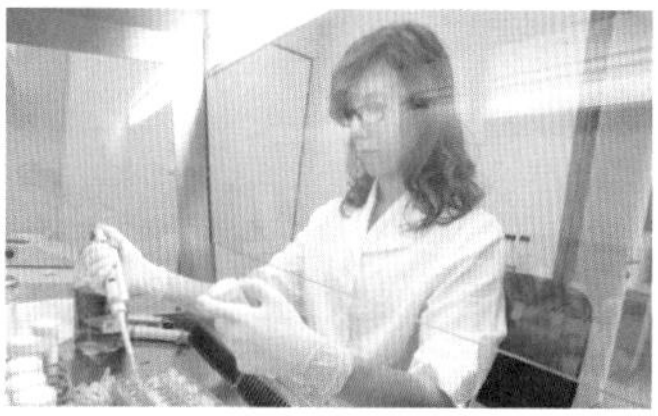

임상병리사는 환자의 혈액, 소변, 신체 조직을 조사해서 병의 원인을 찾아 치료를 돕는 사람입니다. 임상병리사는 검사에 필요한 여러 가지 검사시약을 조제해서 검사 과정을 정확하게 기록해야 합니다.

임상병리사는 반복되는 작업이 많기 때문에 집중력이 높고 평소 규칙적인 생활을 하는 사람에게 알맞습니다. 또 정밀한 검사 기계를 다루기 때문에 기계에 대한 이해도도 필요합니다.

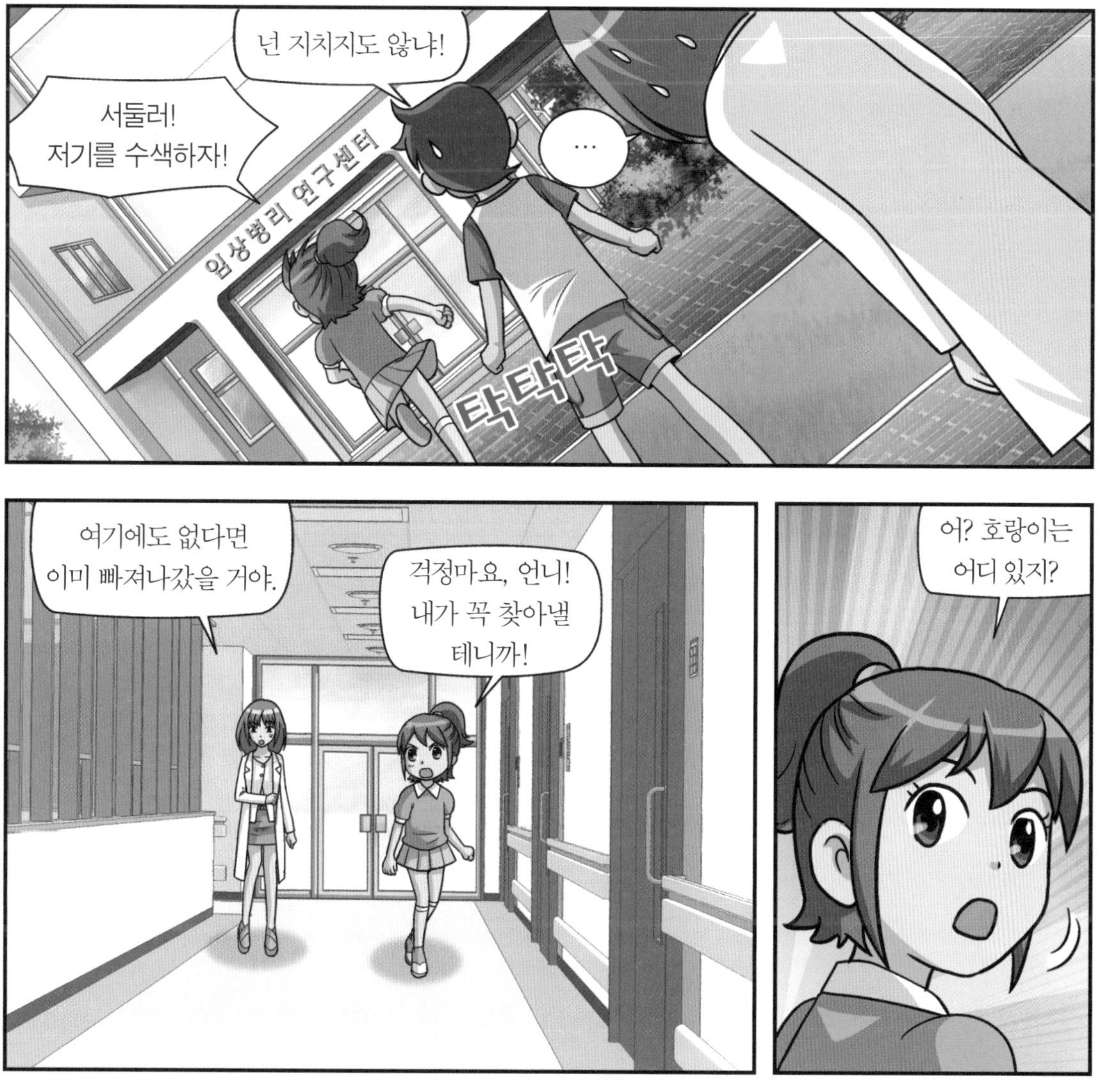
서둘러!
저기를 수색하자!
넌 지치지도 않냐!
…
임상병리 연구센터
탁탁탁
여기에도 없다면
이미 빠져나갔을 거야.
걱정마요, 언니!
내가 꼭 찾아낼
테니까!
어? 호랑이는
어디 있지?

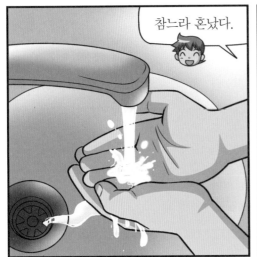

참느라 혼났다.

흐르는 물에
비누로 30초 이상
씻어야지.

새롬이는
자신만만 하지만
우리가 그 아저씨를
찾을 수 있을까?

위잉

어? 이건?

새롬아!

어디 갔다 왔어?
말도 없이 사라지면
어떡해.

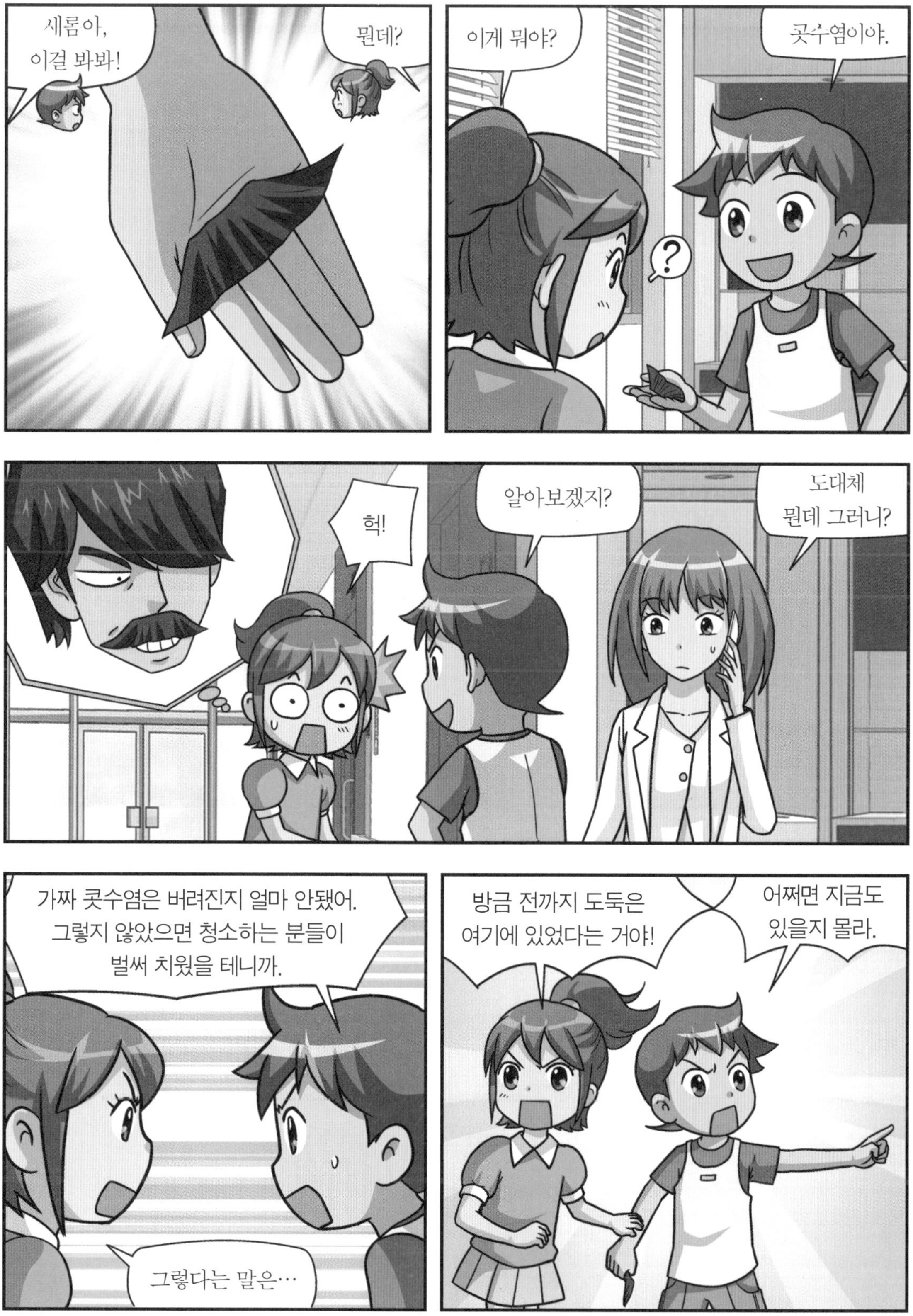
새롬아,
이걸 봐봐!
뭔데?
이게 뭐야?
콧수염이야.
헉!
알아보겠지?
도대체
뭔데 그러니?
가짜 콧수염은 버려진지 얼마 안됐어.
그렇지 않았으면 청소하는 분들이
벌써 치웠을 테니까.
그렇다는 말은…
방금 전까지 도둑은
여기에 있었다는 거야!
어쩌면 지금도
있을지 몰라.

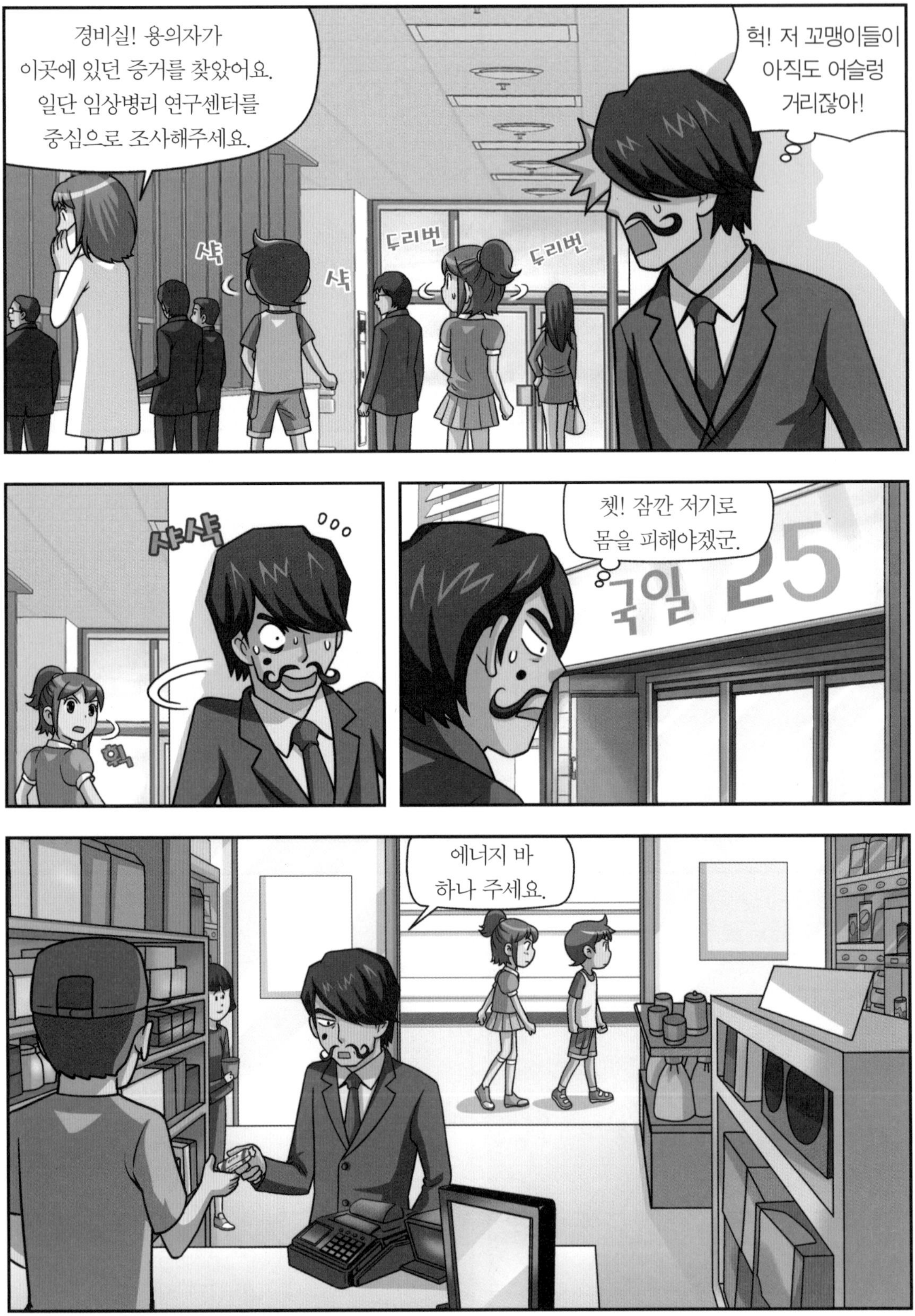
경비실! 용의자가 이곳에 있던 증거를 찾았어요. 일단 임상병리 연구센터를 중심으로 조사해주세요.
헉! 저 꼬맹이들이 아직도 어슬렁 거리잖아!
샥
샥
두리번
두리번
샤샥
헉
쳇! 잠깐 저기로 몸을 피해야겠군.
에너지 바 하나 주세요.

가짜 수염을 뗐으니까
분명 이런 얼굴일 거야.
찾았다!
이 사기꾼 도둑!
어? 무슨 일이니?
어라라?

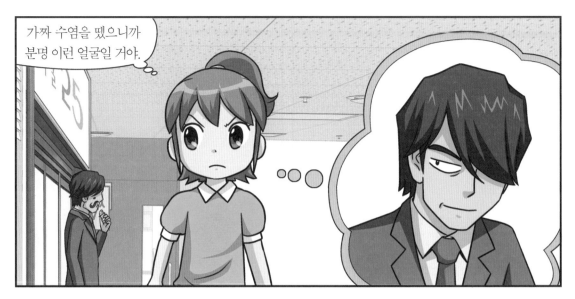

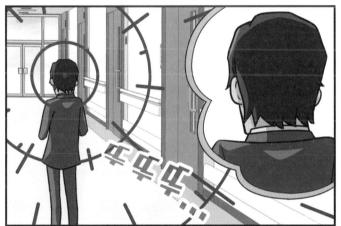

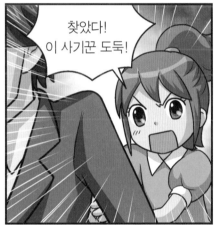

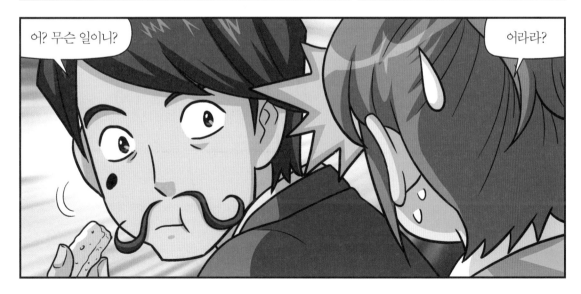

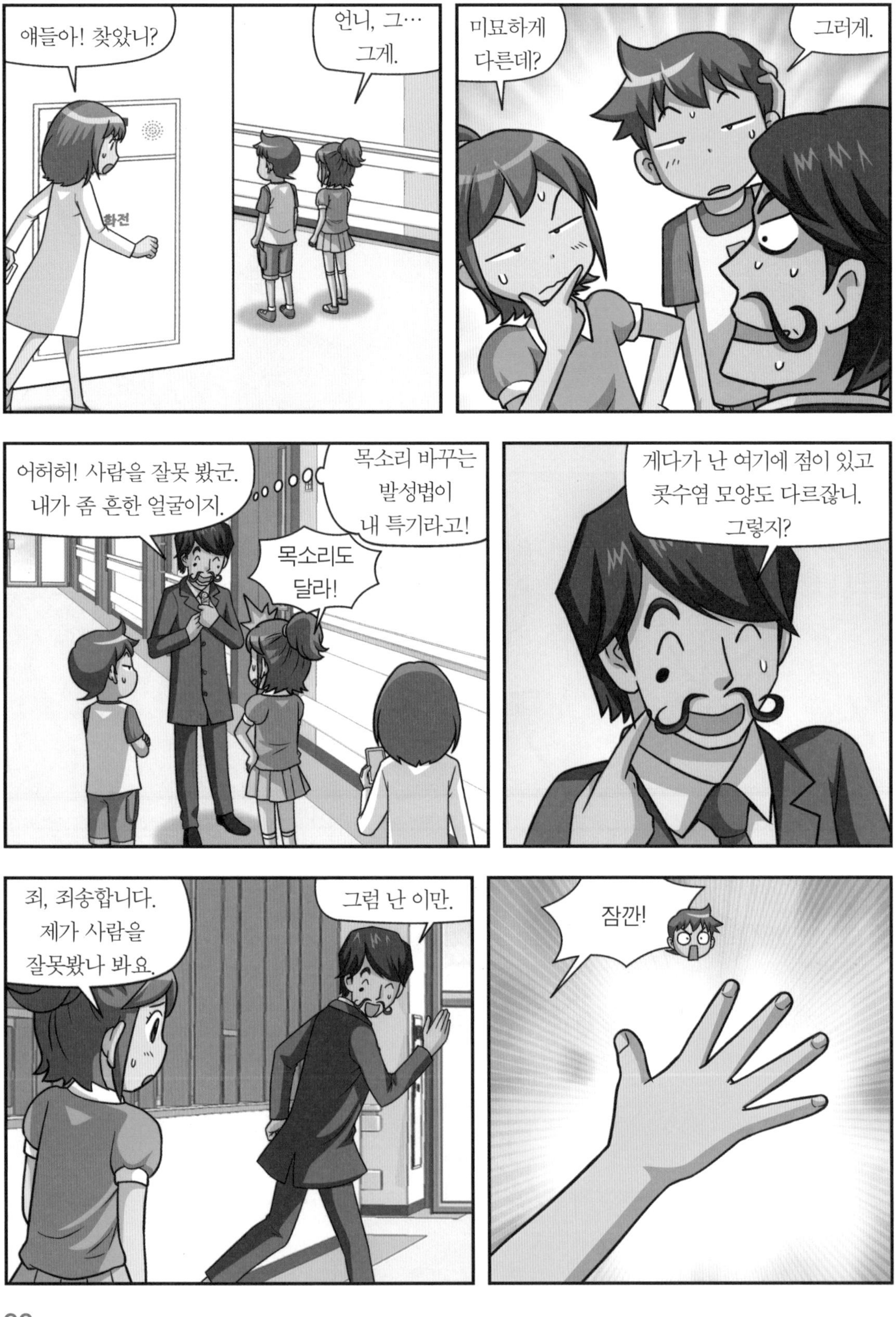
얘들아! 찾았니?
언니, 그…
그게.
미묘하게
다른데?
그러게.
어허허! 사람을 잘못 봤군.
내가 좀 흔한 얼굴이지.
목소리 바꾸는
발성법이
내 특기라고!
목소리도
달라!
게다가 난 여기에 점이 있고
콧수염 모양도 다르잖니.
그렇지?
죄, 죄송합니다.
제가 사람을
잘못봤나 봐요.
그럼 난 이만.
잠깐!

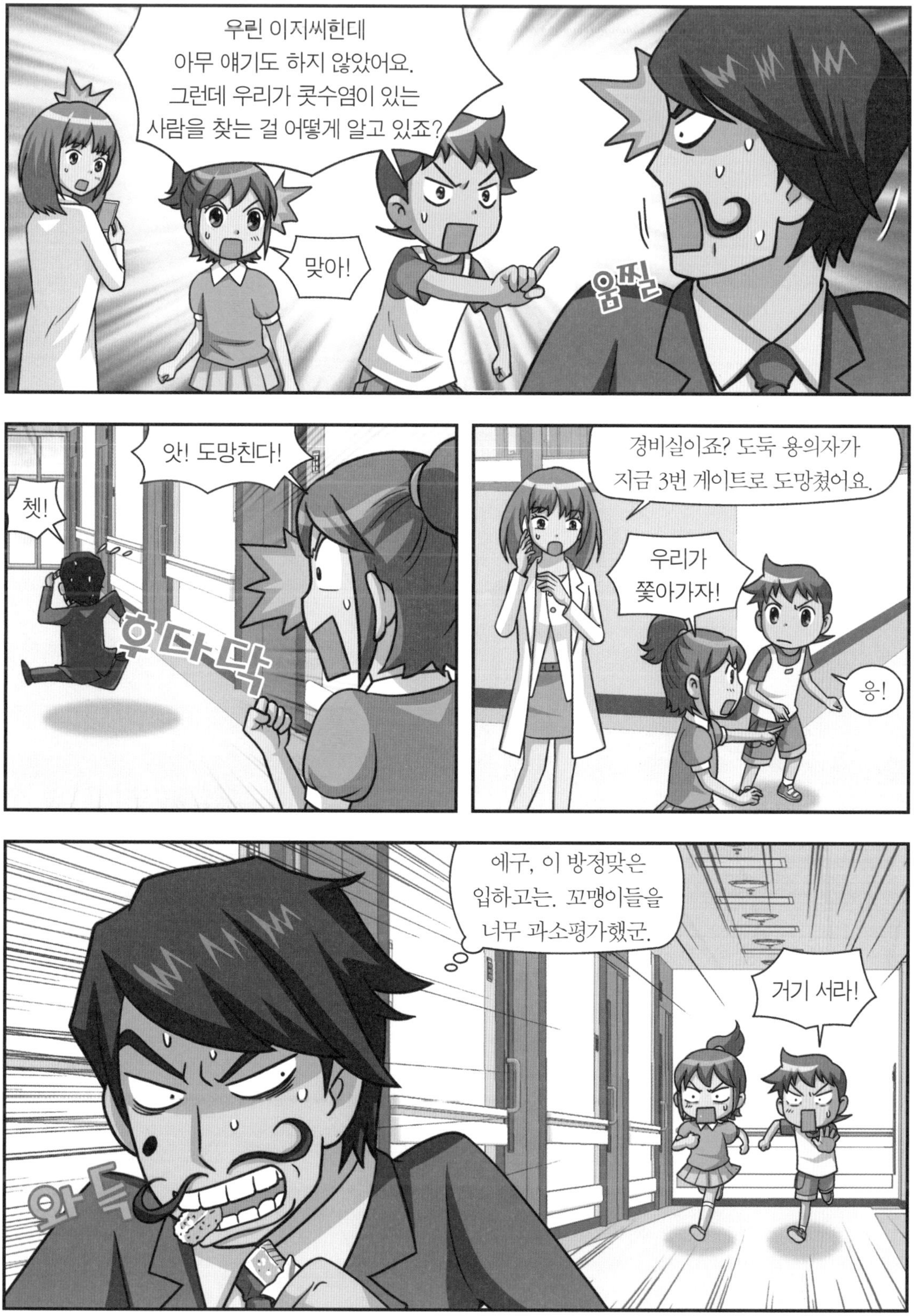

우린 이지씨한테 아무 얘기도 하지 않았어요. 그런데 우리가 콧수염이 있는 사람을 찾는 걸 어떻게 알고 있죠?
맞아!
움찔
앗! 도망친다!
쳇!
후다닥
경비실이죠? 도둑 용의자가 지금 3번 게이트로 도망쳤어요.
우리가 쫓아가자!
응!
에구, 이 방정맞은 입하고는. 꼬맹이들을 너무 과소평가했군.
거기 서라!
와득

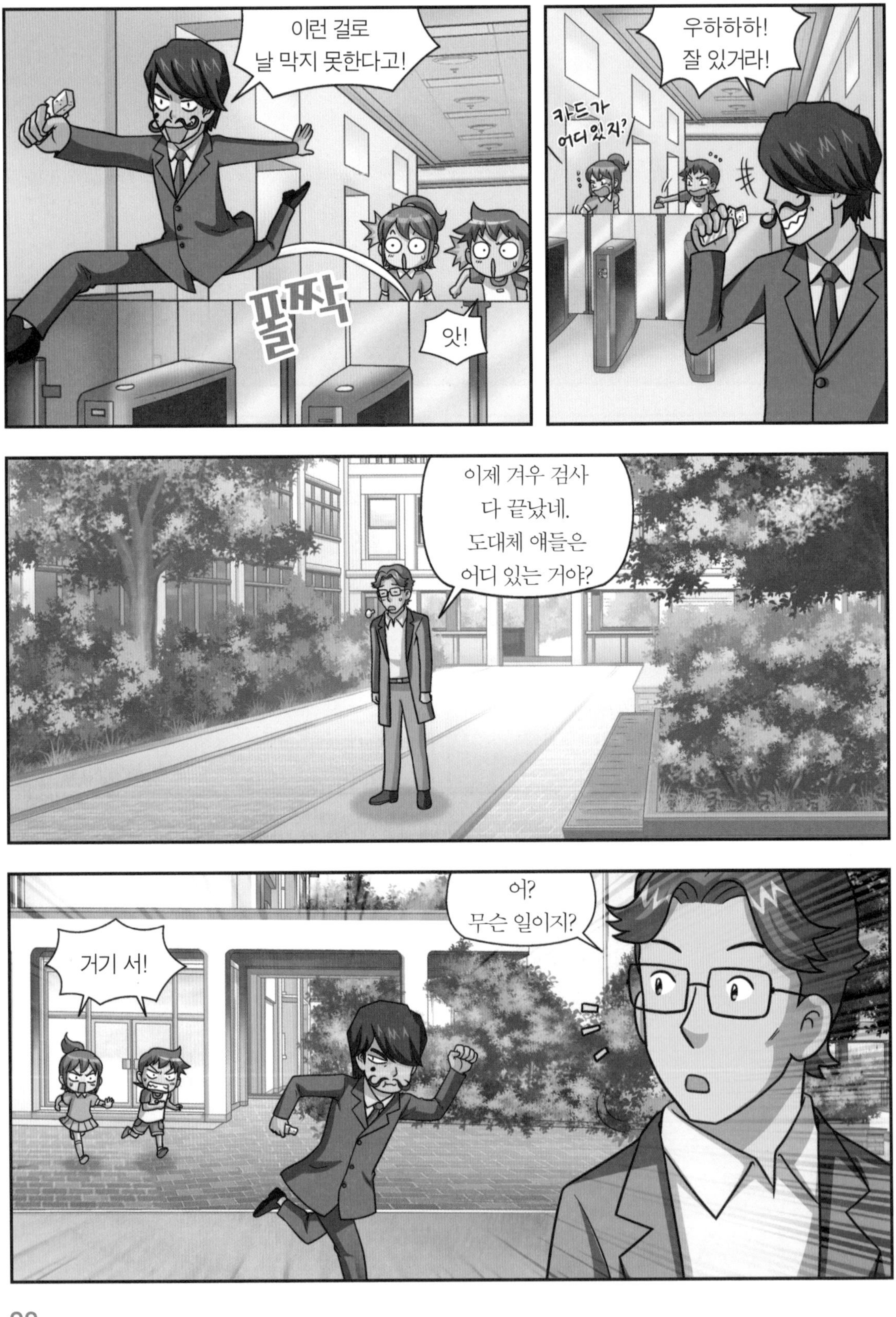
이런 걸로
날 막지 못한다고!
폴짝
앗!
우하하하!
잘 있거라!
카드가
어디 있지?
이제 겨우 검사
다 끝났네.
도대체 얘들은
어디 있는 거야?
거기 서!
어?
무슨 일이지?

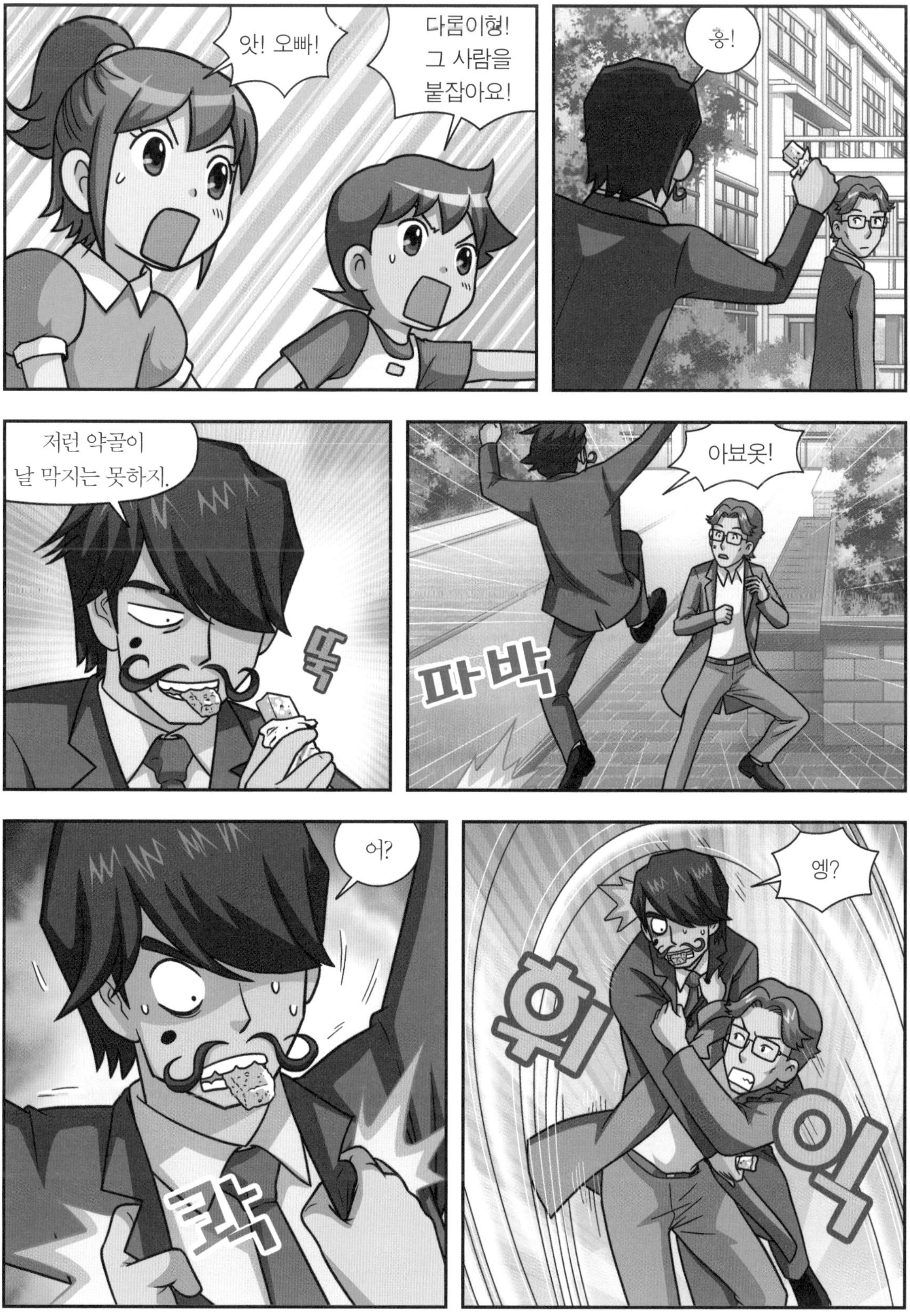

앗! 오빠!
다롬이형!
그 사람을
붙잡아요!
흥!
저런 약골이
날 막지는 못하지.
뚝
아뵤옷!
파박
어?
콱
엥?
휘익

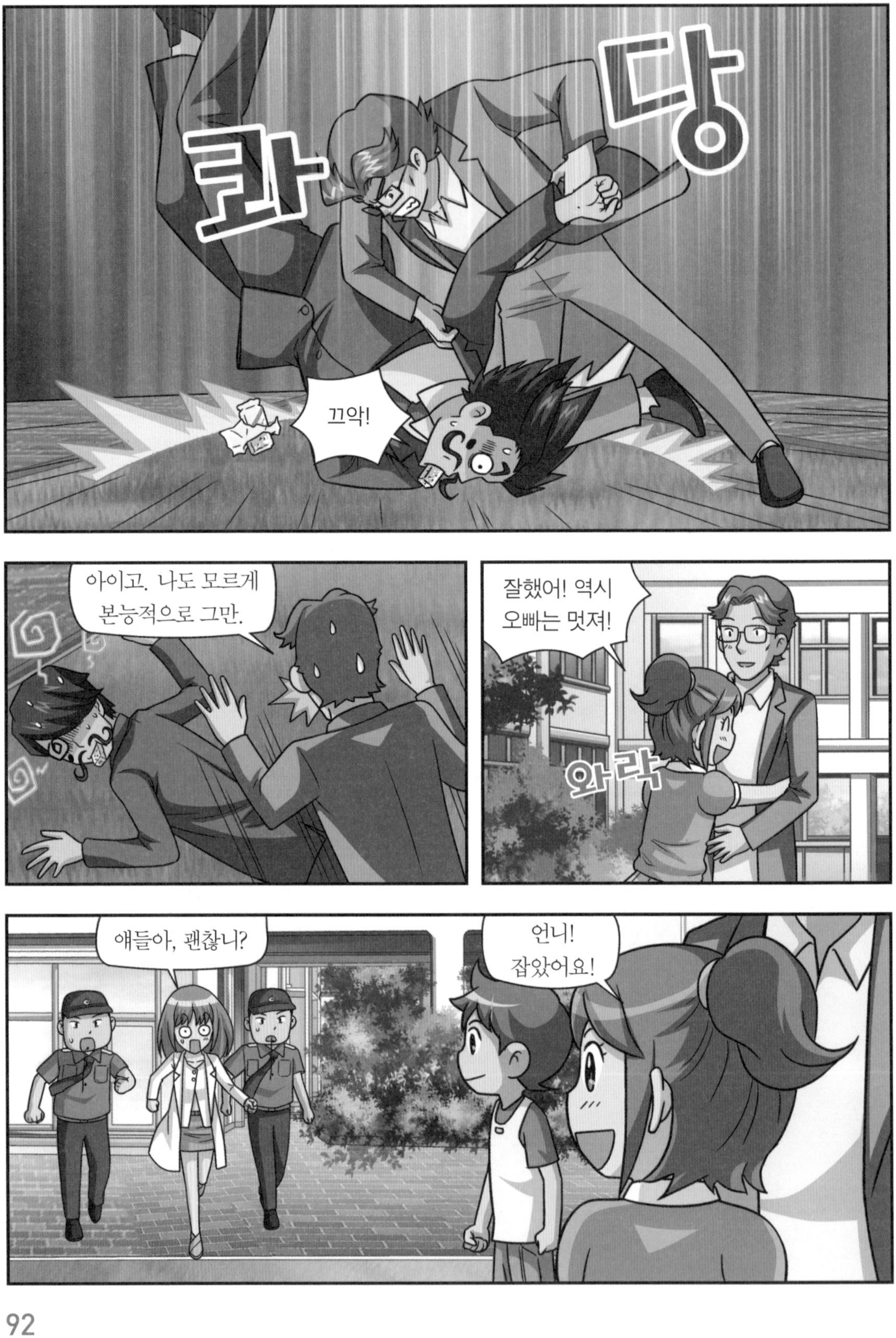
콰당
끄악!
아이고. 나도 모르게 본능적으로 그만.
잘했어! 역시 오빠는 멋져!
와락
얘들아, 괜찮니?
언니! 잡았어요!

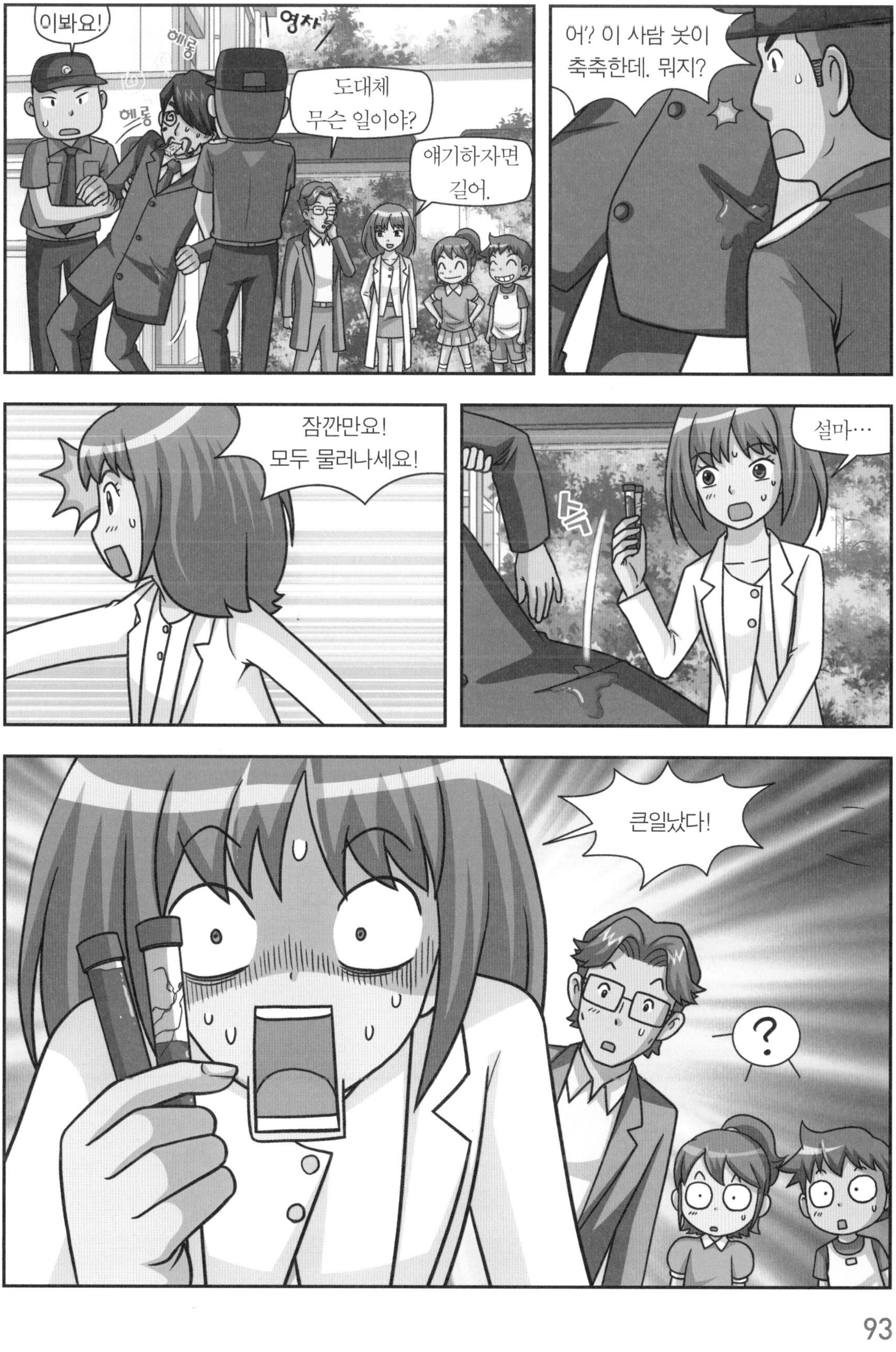
이봐요!
영차
헤롱
헤롱
도대체 무슨 일이야?
얘기하자면 길어.
어? 이 사람 옷이 축축한데. 뭐지?
잠깐만요! 모두 물러나세요!
설마…
큰일났다!
?

정보
더하기

역사 속 바이러스 전문가

바이러스를 연구하여 우리의 삶을 더 건강하고 안전하게 만들어 준 위인들이 있어요.
바이러스를 연구하여 전염병으로부터 우리를 지켜 준 역사 속 인물은 누가 있는지 살
펴볼까요?

● 천연두를 예방한 면역학자, 에드워드 제너

에드워드 제너(Edward Jenner) 는 사람들을 공포에 떨
게 했던 질병인 천연두를 예방한 면역학자의 대가에
요. 제너는 13세부터 의학을 공부하기 시작했어요.
그는 소에게서 볼 수 있는 전염병의 일종인 우두를
앓았던 사람은 일생동안 천연두에 걸리지 않는다는
속설을 바탕으로, 최초로 우두법 실험을 했어요.
1796년 우두농을 한 소년의 팔에 접종하고 그로부
터 6주 후에 천연두농을 접종했는데도 소년이 천연
두에 걸리지 않는 것을 확인했어요.

에드워드 제너는 1798년 〈우두의 원인과 효과에 관한 연구〉라는 소책자를 발표했고
백신을 연구하여 천연두로 인한 사망자 수를 격감시켰어요. 또한 가난한 사람에게는
무료로 접종해 주었어요. 우두는 라틴어 '바리올라에 바키나에(variolae vaccinae)'라고
표현했는데 여기서 백신(vaccine)이라는 단어가 유래되었답니다.

● 바이러스 연구의 아버지, 이호왕

이호왕 박사가 전염병 공부를 해야겠다고 마음먹은 것은 병원에서 실습 중 전염병 환자들을 목도한 후였어요. 1969년 휴전선 근처에 정체 모를 전염병이 돌자, 미군의 지원을 받아 이를 연구하기 시작해요. 연구는 쉽지 않았고 5년간 실패를 거듭했어요. 등줄쥐가 유력한 매개체로 지목되면서 등줄쥐에 대한 실험을 했는데 실험 도중 아홉 명의 연구원이 바이러스로 죽다 살아나는 일도 있었어요. 하지만 끝까지 포기하지 않고 시도한 끝에 등줄쥐의 폐조직에서 환자의 항체가 있는 혈청과 반응하는 바이러스를 발견했어요. 또한 등줄쥐의 타액과 대변에 있는 바이러스가 호흡기를 통해 인체에 감염된다는 사실을 밝혀냈어요.

연구 결과를 인정받아 이호왕 박사는 미국 시민권자가 아닌 사람 중 처음으로 '미 육군 최고시민 공로훈장'을 받았어요.

게다가 1990년대 초에는 한탄바이러스의 원인을 발견하고 예방 면역 백신까지 개발했어요. 지금도 휴전선 일대에 근무하는 군인과 주민은 이 예방 주사를 맞고 있어요.

팬데믹 공포

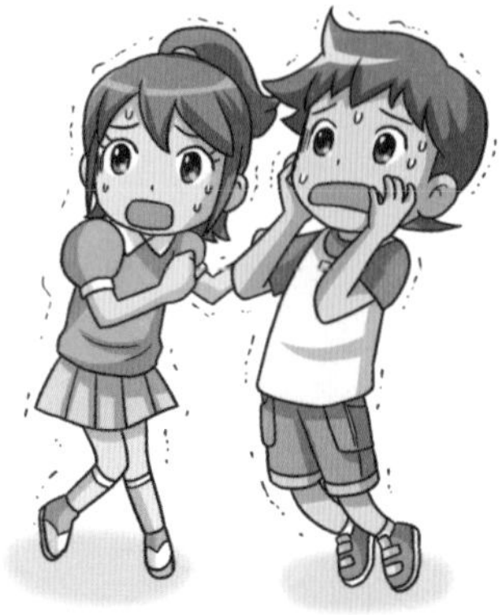

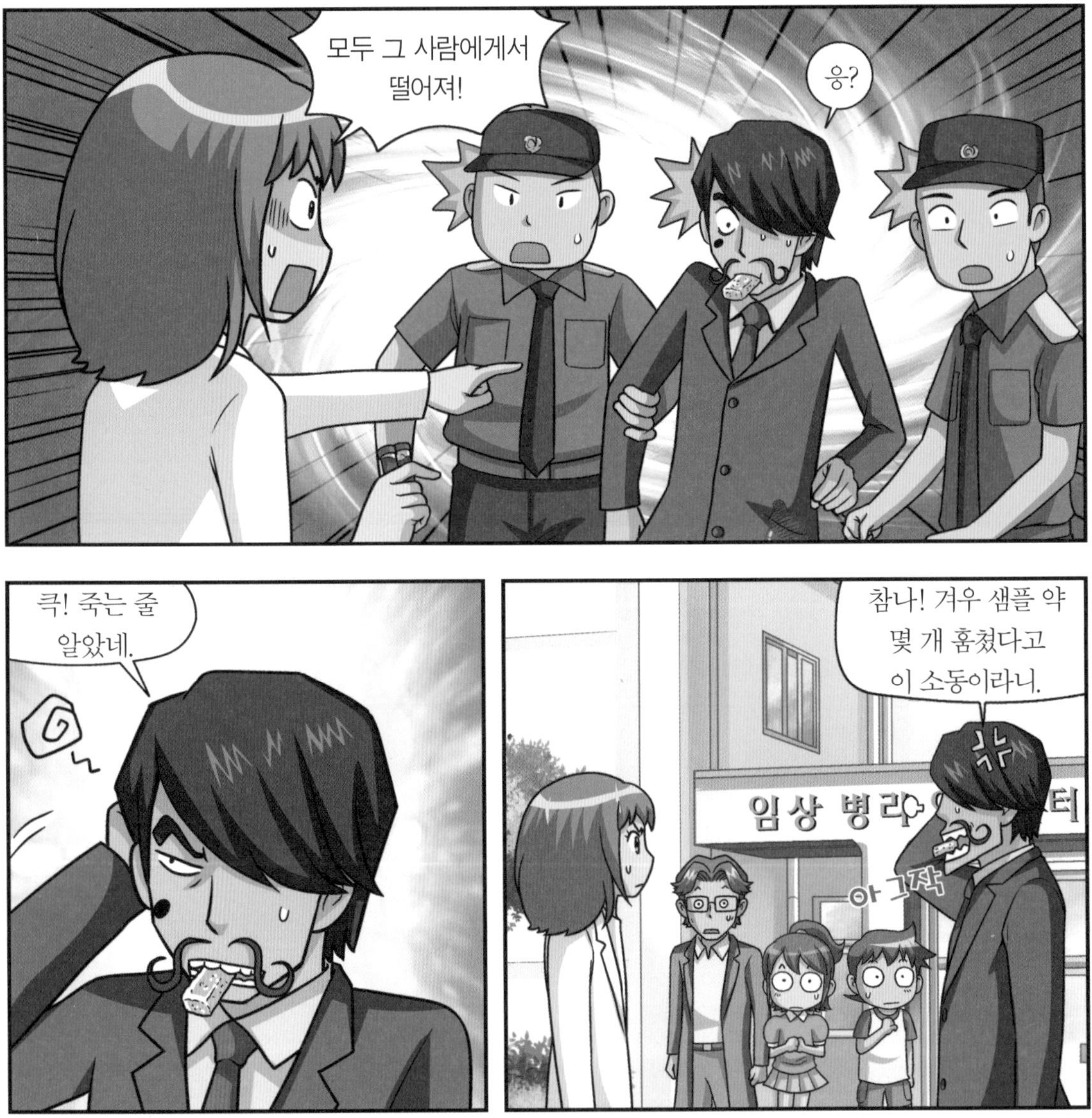
모두 그 사람에게서 떨어져!
응?
큭! 죽는 줄 알았네.
참나! 겨우 샘플 약 몇 개 훔쳤다고 이 소동이라니.
아그작

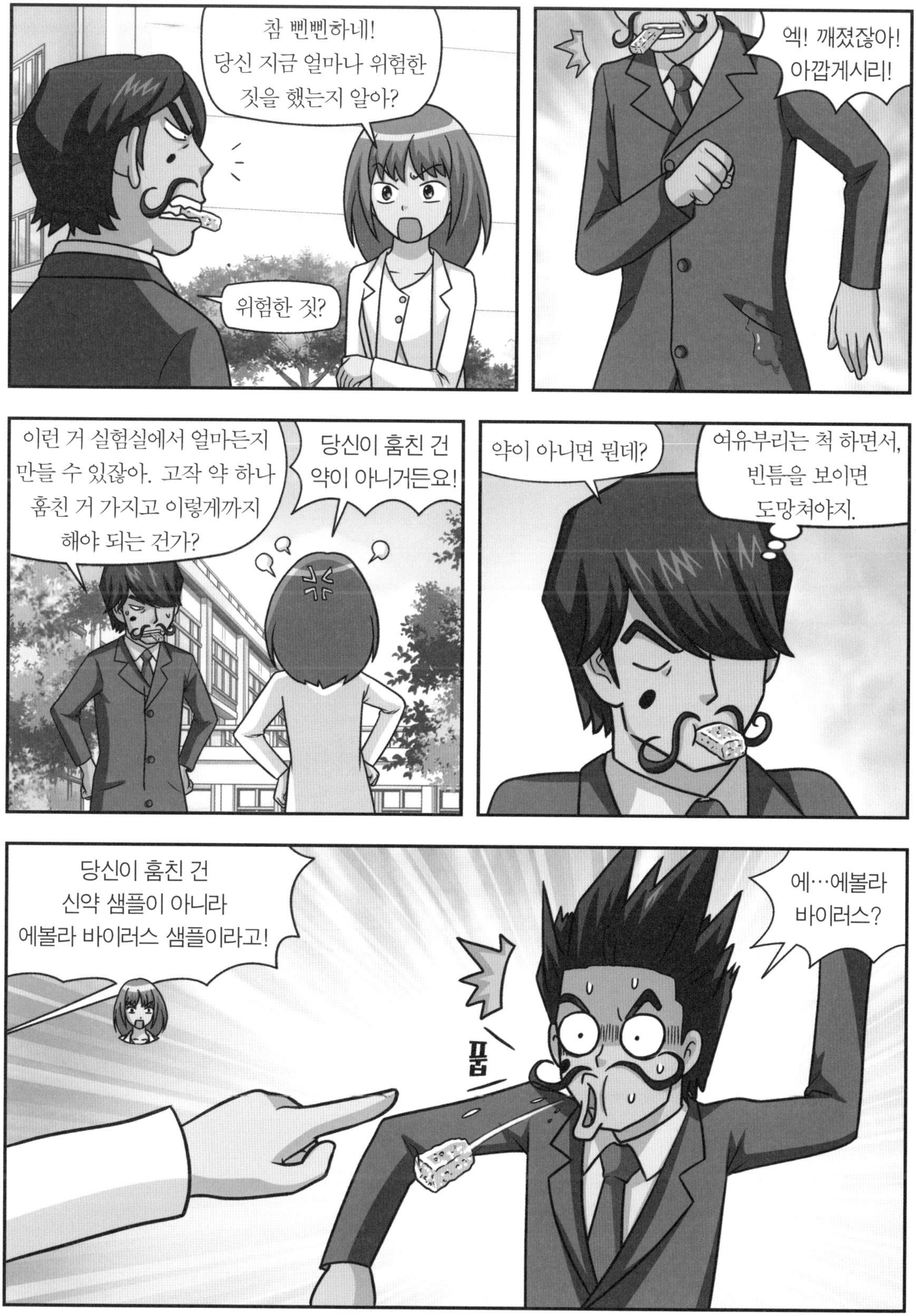
참 뻔뻔하네!
당신 지금 얼마나 위험한
짓을 했는지 알아?
위험한 짓?
엑! 깨졌잖아!
아깝게시리!
이런 거 실험실에서 얼마든지
만들 수 있잖아. 고작 약 하나
훔친 거 가지고 이렇게까지
해야 되는 건가?
당신이 훔친 건
약이 아니거든요!
약이 아니면 뭔데?
여유부리는 척 하면서,
빈틈을 보이면
도망쳐야지.
당신이 훔친 건
신약 샘플이 아니라
에볼라 바이러스 샘플이라고!
푸흡
에…에볼라
바이러스?

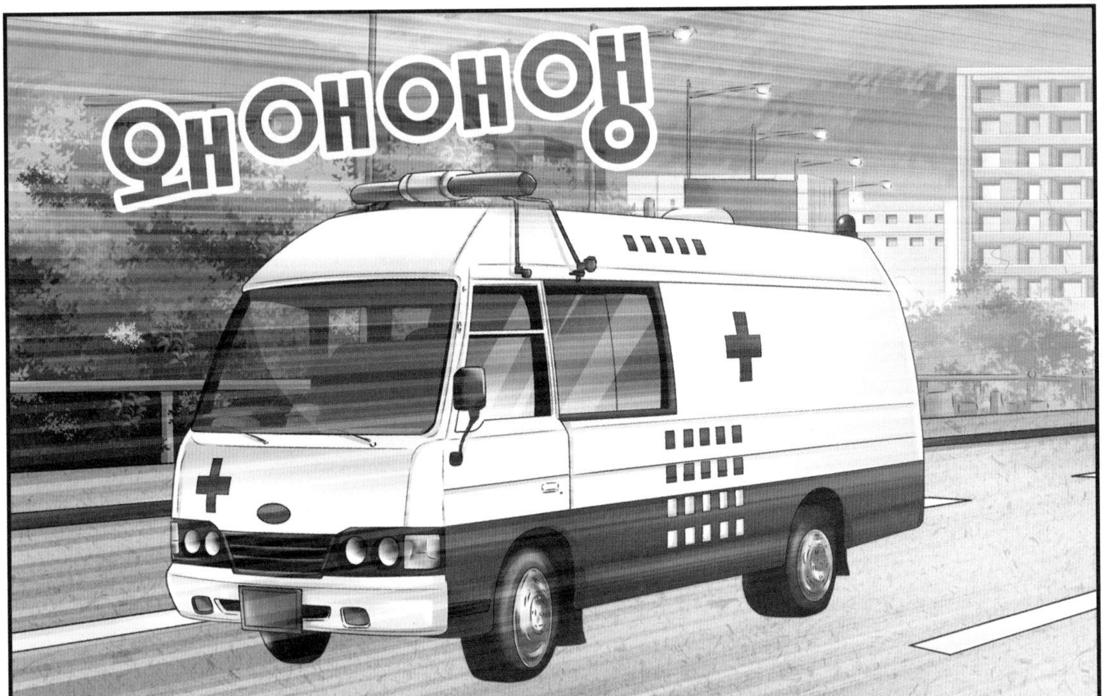
왜애애앵

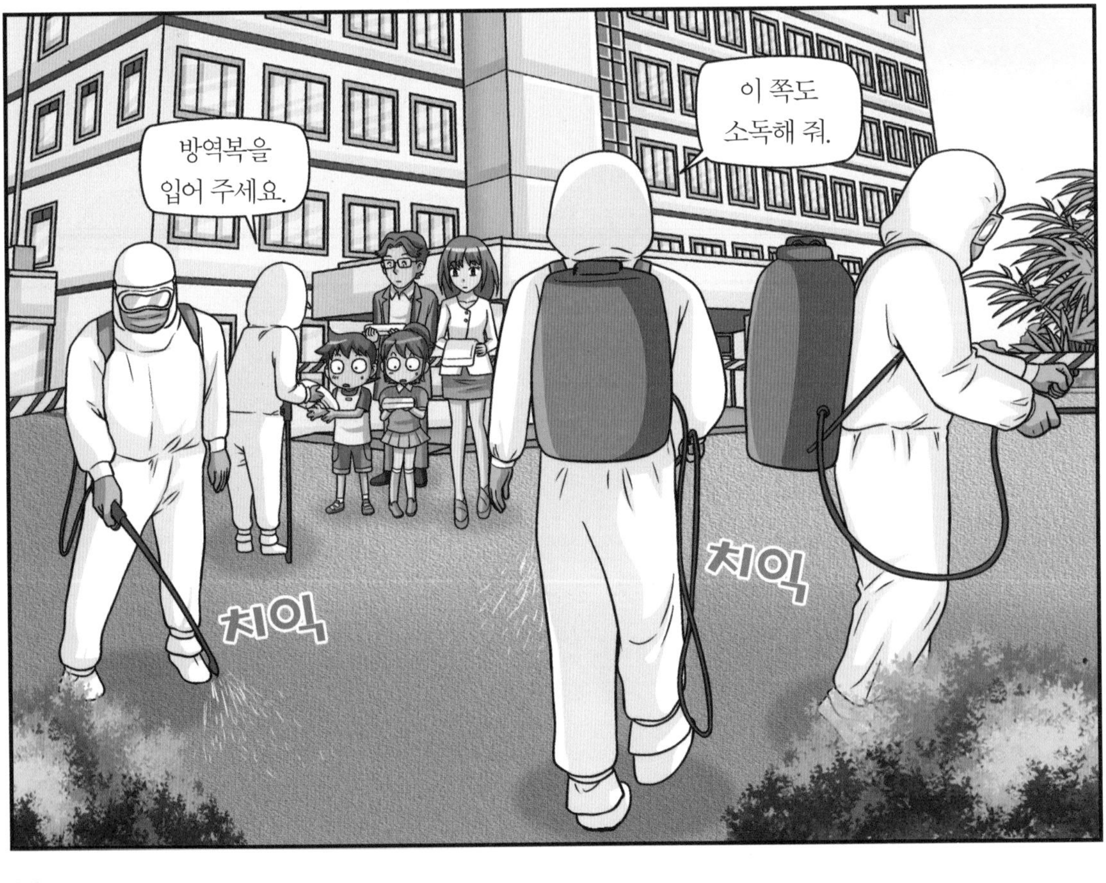
방역복을 입어 주세요.
이 쪽도 소독해 줘.
치익
치익

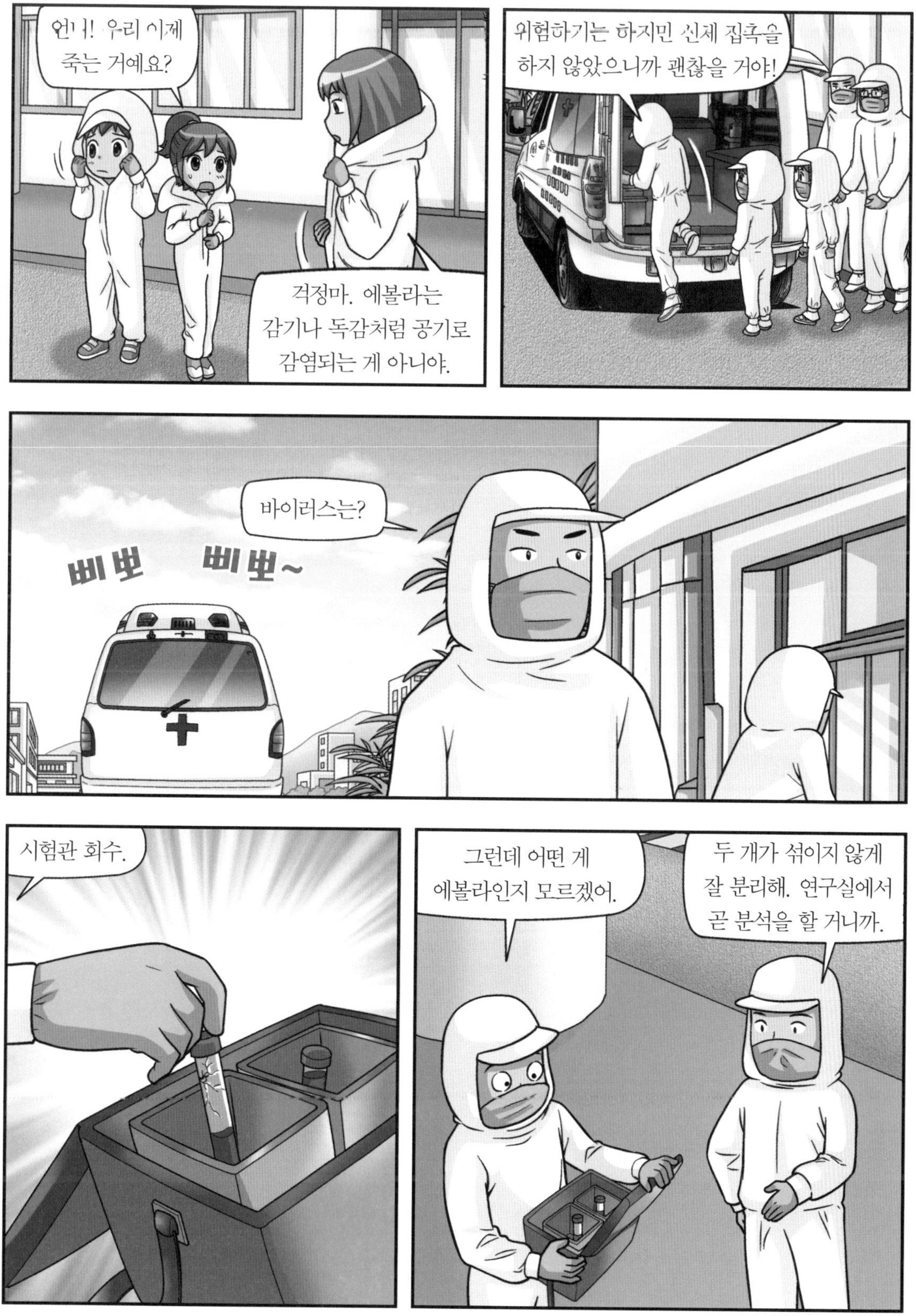
언니! 우리 이제 죽는 거예요?
걱정마. 에볼라는 감기나 독감처럼 공기로 감염되는 게 아니야.
위험하기는 하지만 신체 접촉을 하지 않았으니까 괜찮을 거야!
바이러스는?
삐뽀 삐뽀~
시험관 회수.
그런데 어떤 게 에볼라인지 모르겠어.
두 개가 섞이지 않게 잘 분리해. 연구실에서 곧 분석을 할 거니까.

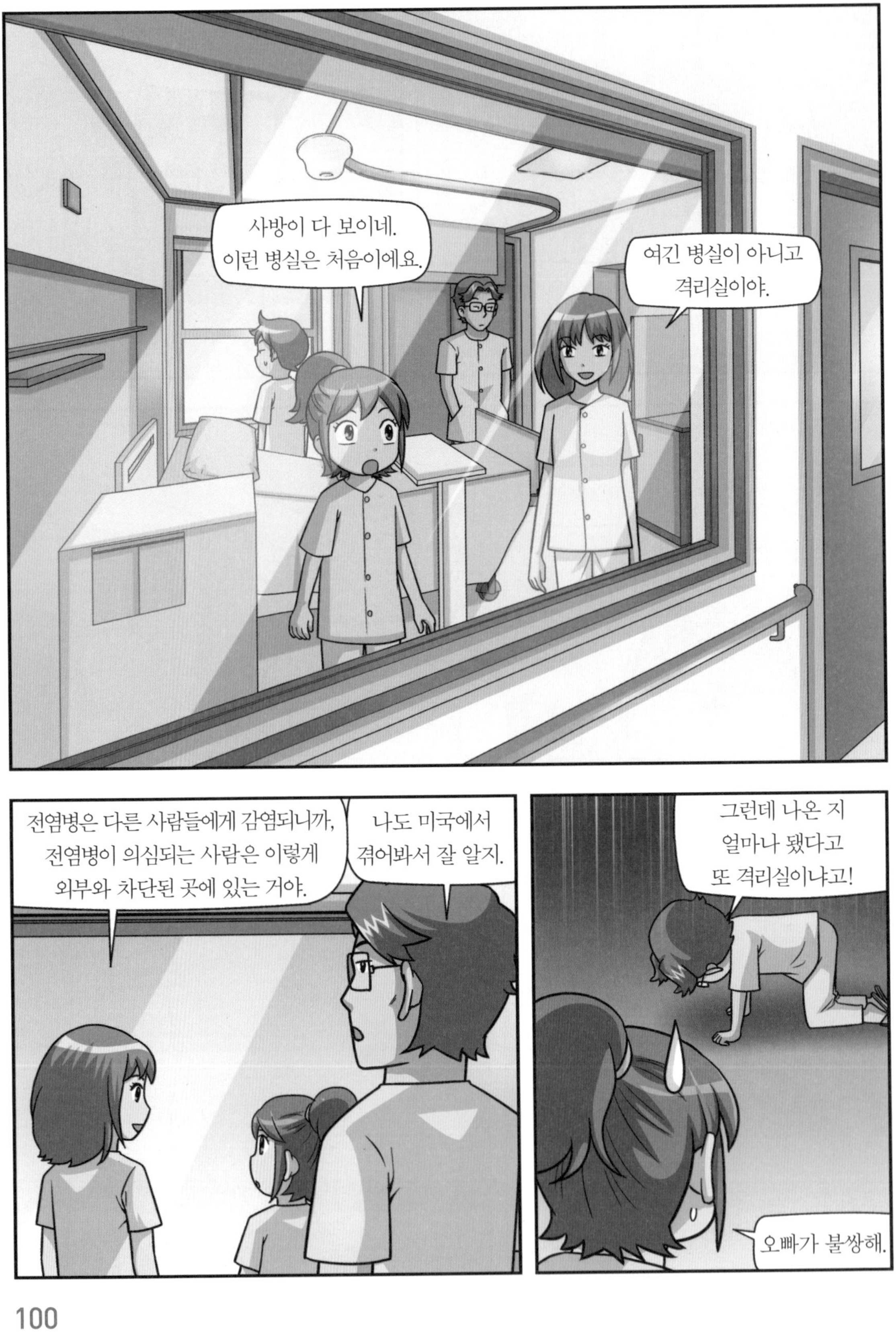
사방이 다 보이네. 이런 병실은 처음이에요.
여긴 병실이 아니고 격리실이야.
전염병은 다른 사람들에게 감염되니까, 전염병이 의심되는 사람은 이렇게 외부와 차단된 곳에 있는 거야.
나도 미국에서 겪어봐서 잘 알지.
그런데 나온 지 얼마나 됐다고 또 격리실이냐고!
오빠가 불쌍해.

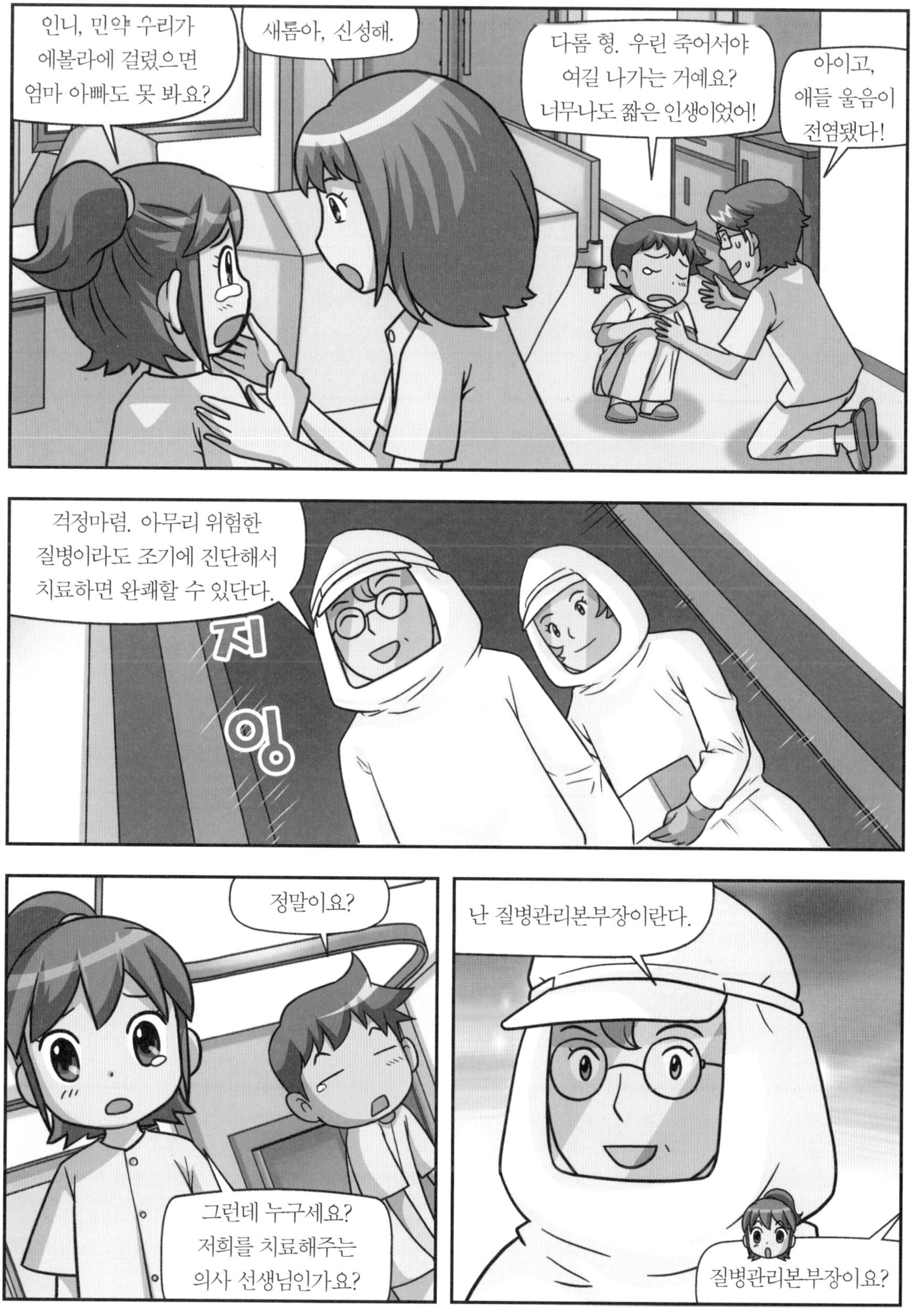
인니, 민약 우리가 에볼라에 걸렸으면 엄마 아빠도 못 봐요?
새롬아, 신성해.
다롬 형. 우린 죽어서야 여길 나가는 거예요? 너무나도 짧은 인생이었어!
아이고, 애들 울음이 전염됐다!
걱정마렴. 아무리 위험한 질병이라도 조기에 진단해서 치료하면 완쾌할 수 있단다.
지
잉
정말이요?
그런데 누구세요? 저희를 치료해주는 의사 선생님인가요?
난 질병관리본부장이란다.
질병관리본부장이요?

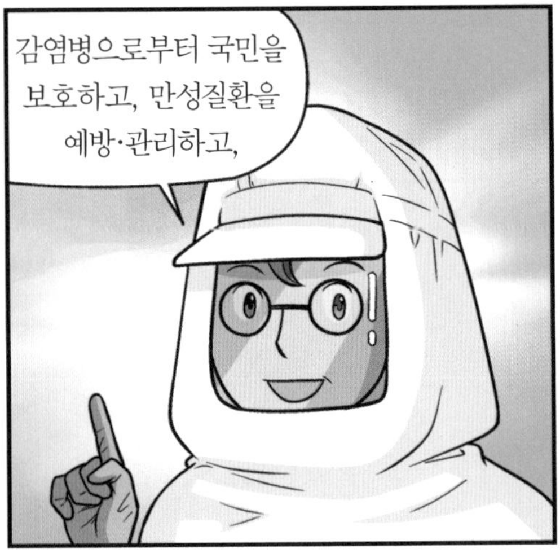
감염병으로부터 국민을
보호하고, 만성질환을
예방·관리하고,

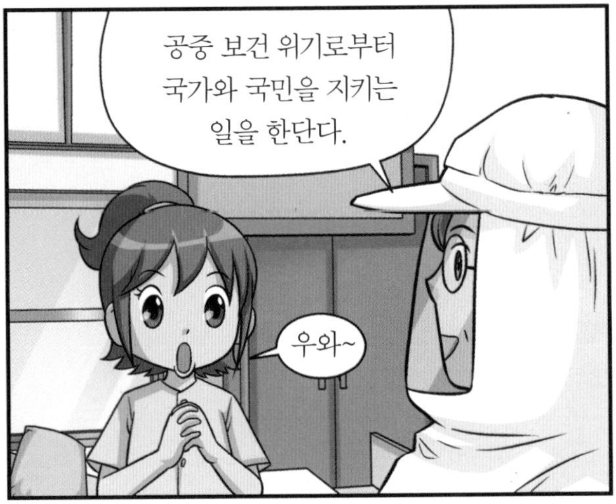
공중 보건 위기로부터
국가와 국민을 지키는
일을 한단다.
우와~

질병관리본부장

질병관리본부장은 질병관리본부를 대표하는 차관급 정무직 공무원으로 위기관리 대응 전문 공직자입니다.
감염병 대응 및 예방, 감염병에 대한 진단 및 조사 · 연구, 국가 만성질환 감시체계 구축, 장기 기증 지원 및 이식 관리, 희귀 난치성 질환 및 손상 질환에 관한 연구, 질병 관리, 유전체 실용화 등 국가연구개발사업, 검역을 통한 해외유입감염병의 국내 및 국외 전파 방지 관련 업무를 총괄합니다.

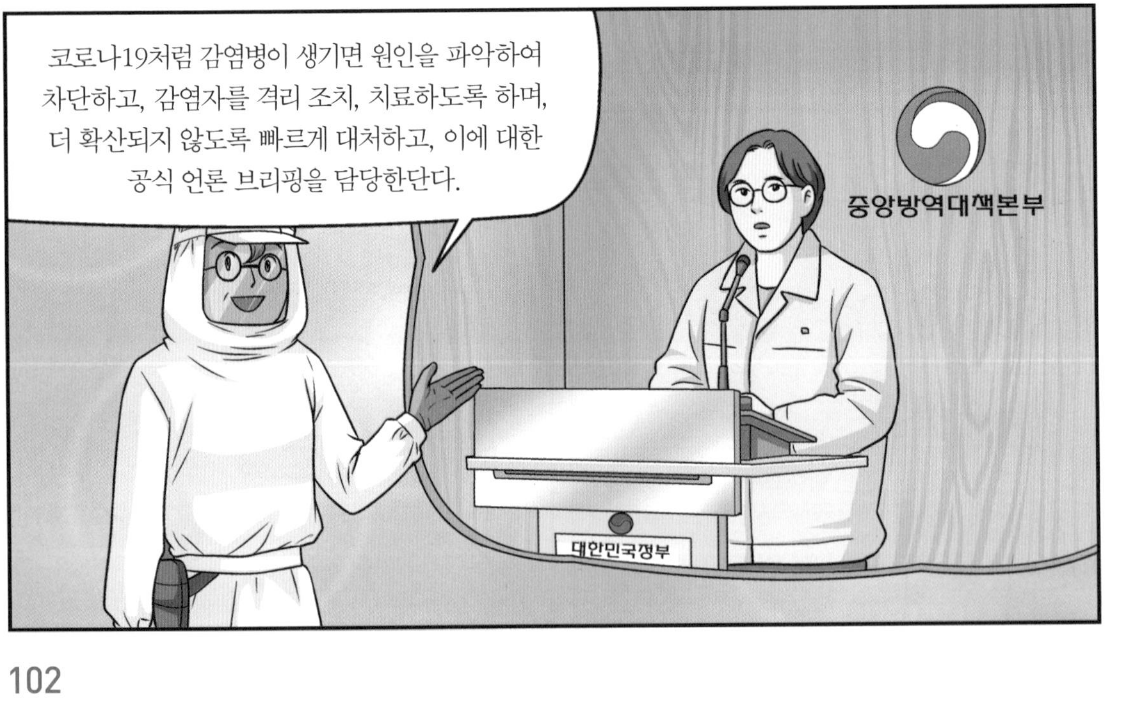
코로나19처럼 감염병이 생기면 원인을 파악하여
차단하고, 감염자를 격리 조치, 치료하도록 하며,
더 확산되지 않도록 빠르게 대처하고, 이에 대한
공식 언론 브리핑을 담당한단다.
중앙방역대책본부
대한민국정부

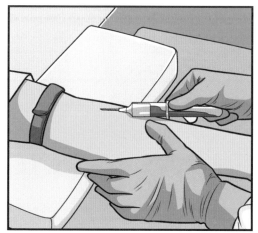

결과는 곧 나올 거야.

으으! 제발 아무 이상 없기를!

아파!

으음. 부모님께는 알려야겠지?

흐윽! 엄마! 아빠!

형 뭐해?

삑삑

큰일 났습니다. 1호 감염 의심자가 발작 증세를 보입니다.

뭐라고요?

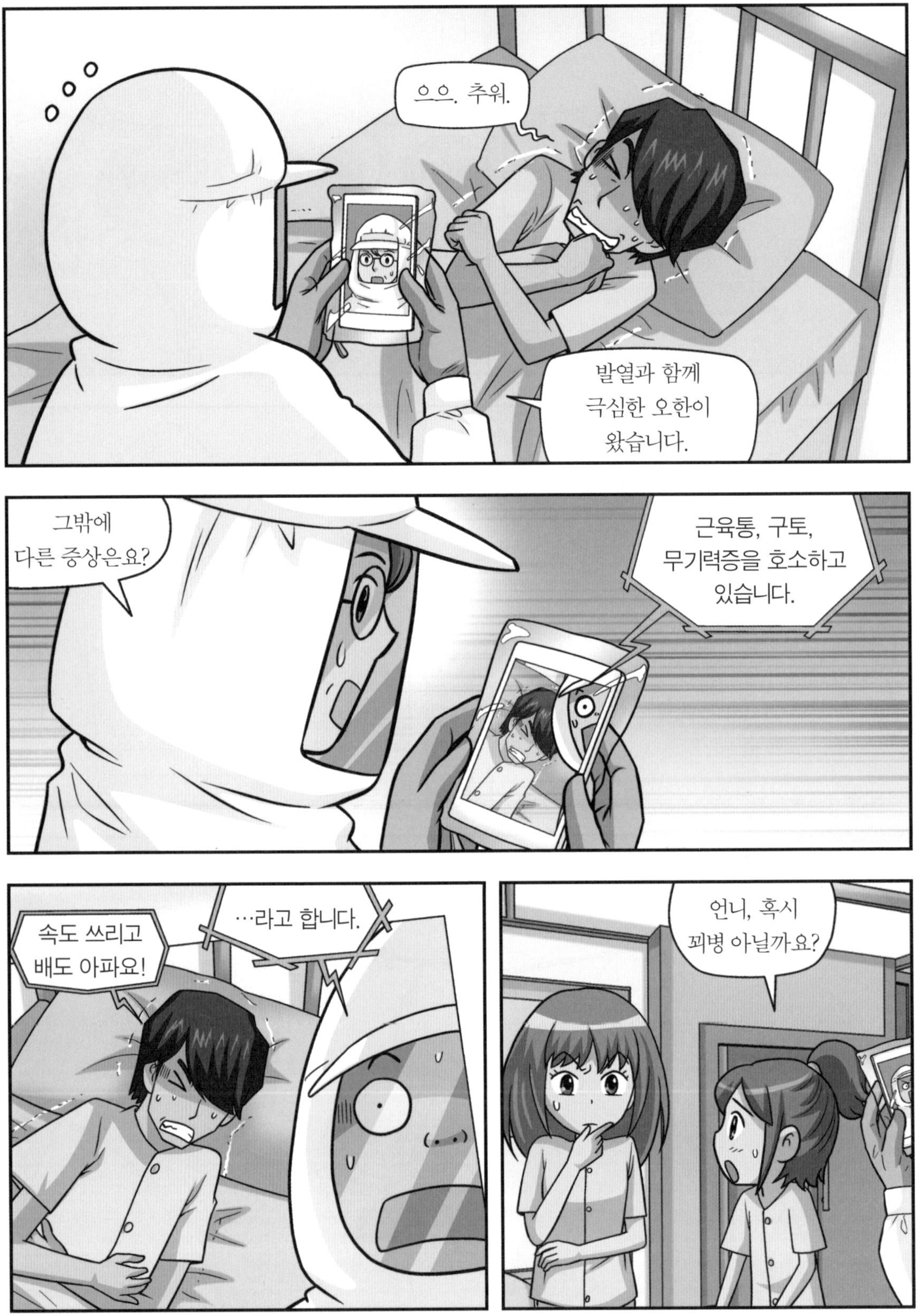

으으. 추워.
발열과 함께 극심한 오한이 왔습니다.
그밖에 다른 증상은요?
근육통, 구토, 무기력증을 호소하고 있습니다.
속도 쓰리고 배도 아파요!
…라고 합니다.
언니, 혹시 꾀병 아닐까요?

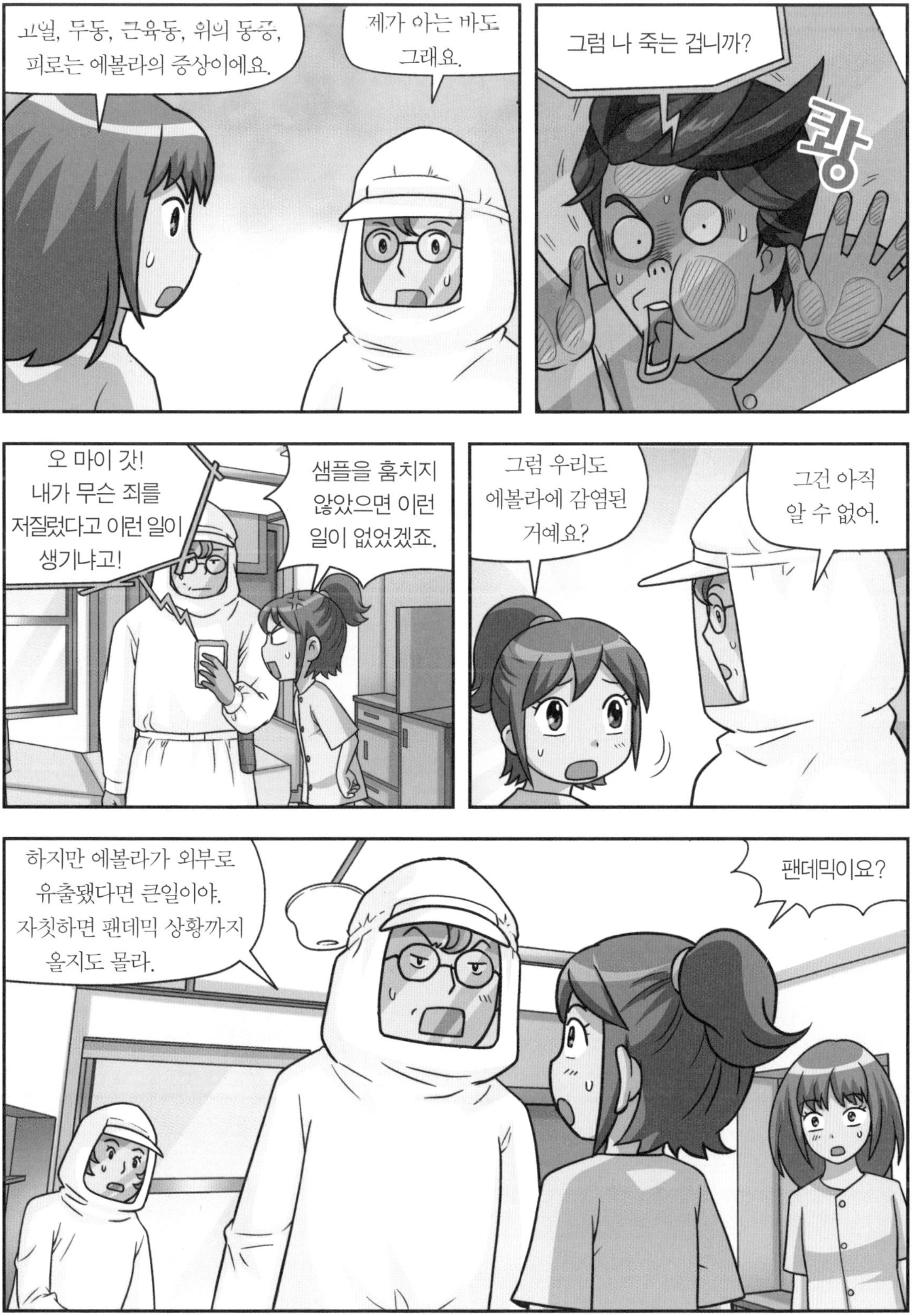
고열, 두통, 근육통, 위의 통증, 피로는 에볼라의 증상이에요.
제가 아는 바도 그래요.
그럼 나 죽는 겁니까?
쾅
오 마이 갓! 내가 무슨 죄를 저질렀다고 이런 일이 생기냐고!
샘플을 훔치지 않았으면 이런 일이 없었겠죠.
그럼 우리도 에볼라에 감염된 거예요?
그건 아직 알 수 없어.
하지만 에볼라가 외부로 유출됐다면 큰일이야. 자칫하면 팬데믹 상황까지 올지도 몰라.
팬데믹이요?

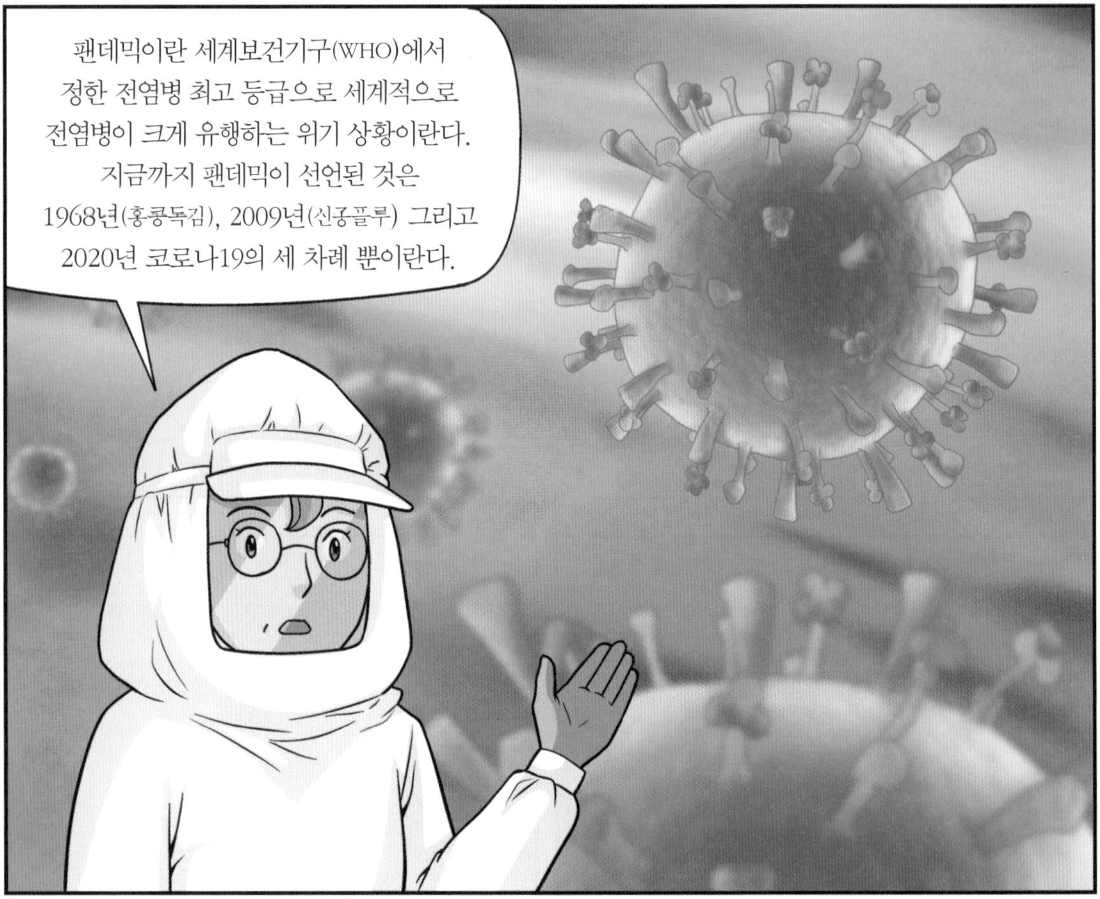
팬데믹이란 세계보건기구(WHO)에서 정한 전염병 최고 등급으로 세계적으로 전염병이 크게 유행하는 위기 상황이란다. 지금까지 팬데믹이 선언된 것은 1968년(홍콩독감), 2009년(신종플루) 그리고 2020년 코로나19의 세 차례 뿐이란다.

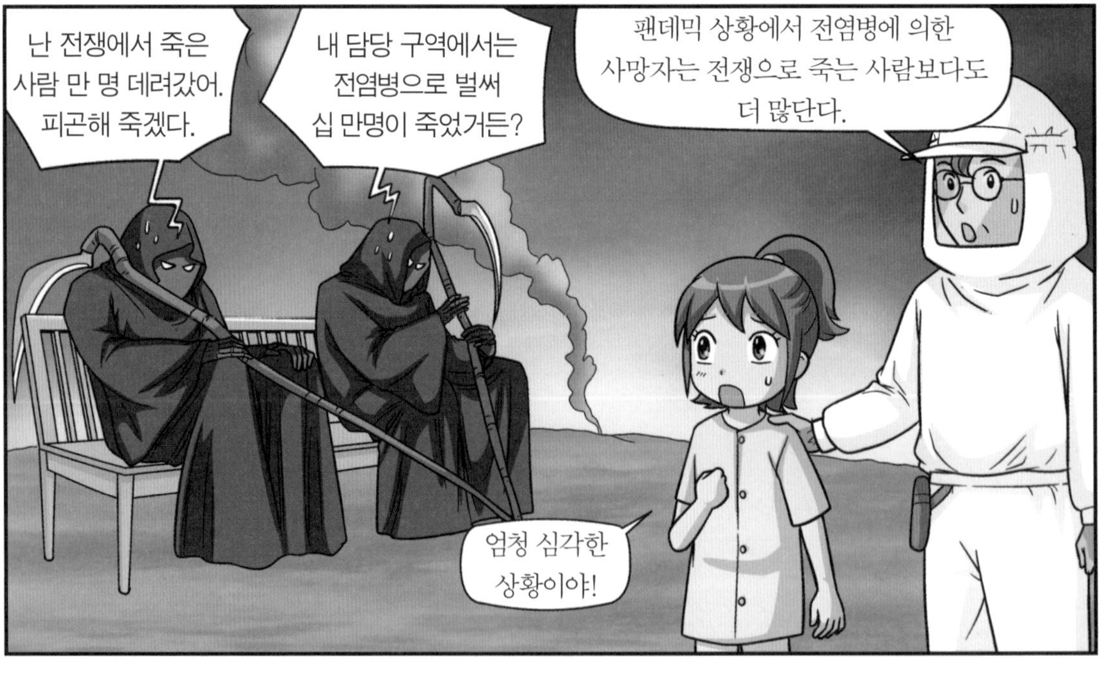
난 전쟁에서 죽은 사람 만 명 데려갔어. 피곤해 죽겠다.
내 담당 구역에서는 전염병으로 벌써 십 만명이 죽었거든?
팬데믹 상황에서 전염병에 의한 사망자는 전쟁으로 죽는 사람보다도 더 많단다.
엄청 심각한 상황이야!

통제가 되지 않는 전염병이
얼마나 무서운지는 자료만
봐도 알 수 있지.

흑사병	중세 : 전 유럽 인구의 1/3(약 2000만 명) 사망
스페인독감	1918년 : 약 5000만명 사망
아시아독감	1957년 : 약 100만명 사망
홍콩독감	1968년 : 약 70만명 사망
2차 세계대전 사망자	1939-1945년 : 6년간 약 5000만명

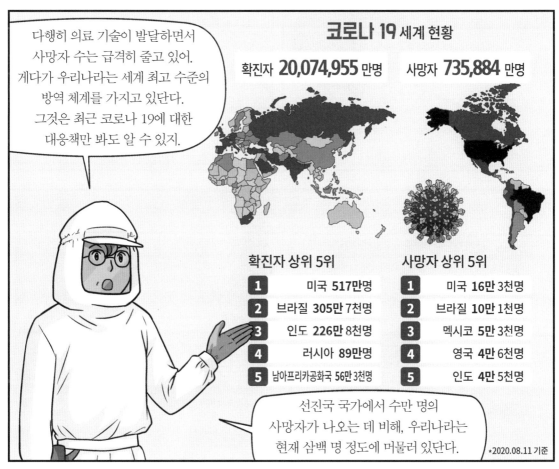

다행히 의료 기술이 발달하면서
사망자 수는 급격히 줄고 있어.
게다가 우리나라는 세계 최고 수준의
방역 체계를 가지고 있단다.
그것은 최근 코로나 19에 대한
대응책만 봐도 알 수 있지.

코로나 19 세계 현황

확진자 **20,074,955** 만명   사망자 **735,884** 만명

확진자 상위 5위		사망자 상위 5위	
1	미국 **517만명**	1	미국 **16만 3천명**
2	브라질 **305만 7천명**	2	브라질 **10만 1천명**
3	인도 **226만 8천명**	3	멕시코 **5만 3천명**
4	러시아 **89만명**	4	영국 **4만 6천명**
5	남아프리카공화국 **56만 3천명**	5	인도 **4만 5천명**

선진국 국가에서 수만 명의
사망자가 나오는 데 비해, 우리나라는
현재 삼백 명 정도에 머물러 있단다.

*2020.08.11 기준

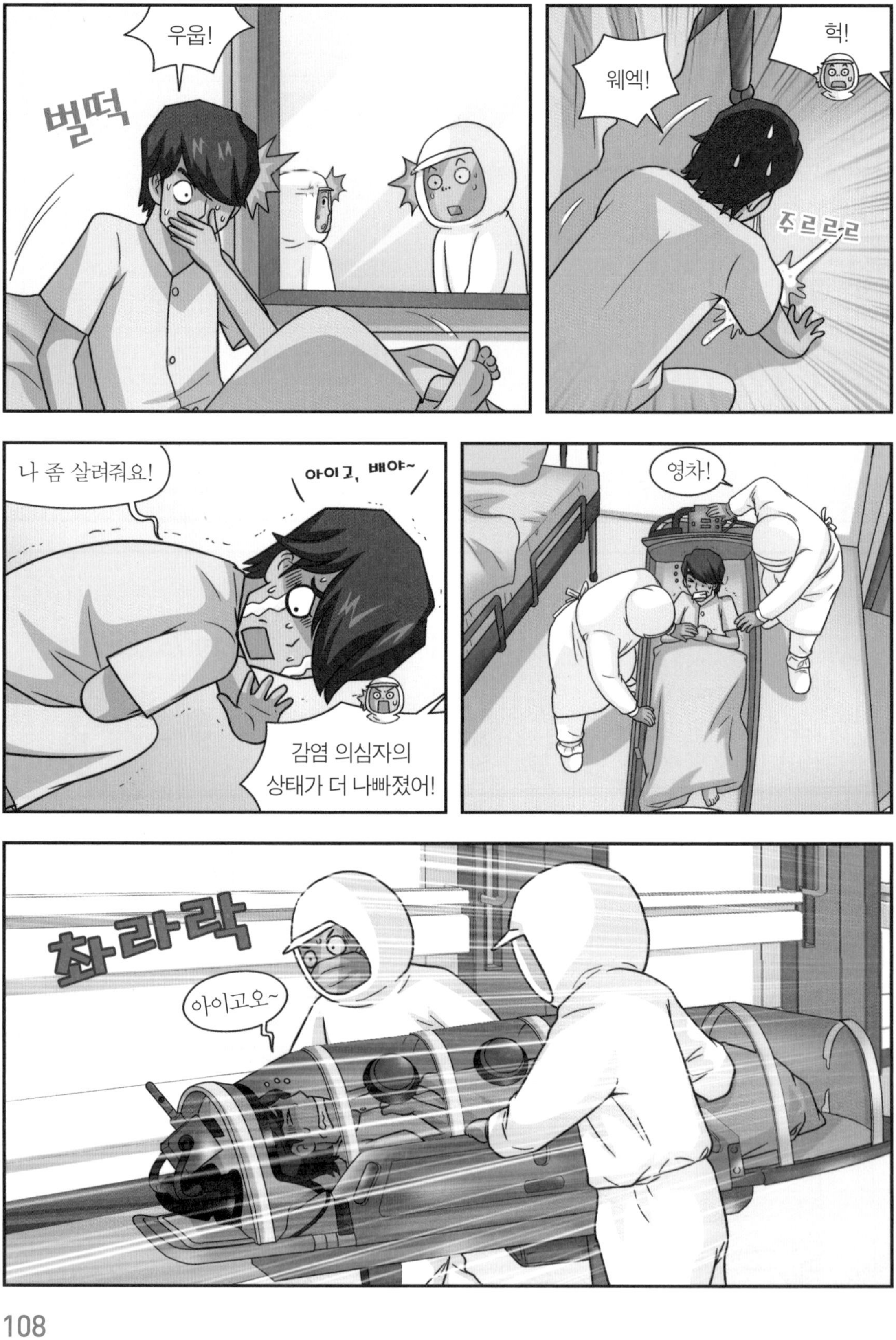
우웁!
벌떡
웨엑!
헉!
주르르르
나 좀 살려줘요!
아이고, 배야~
감염 의심자의
상태가 더 나빠졌어!
영차!
촤라락
아이고오~

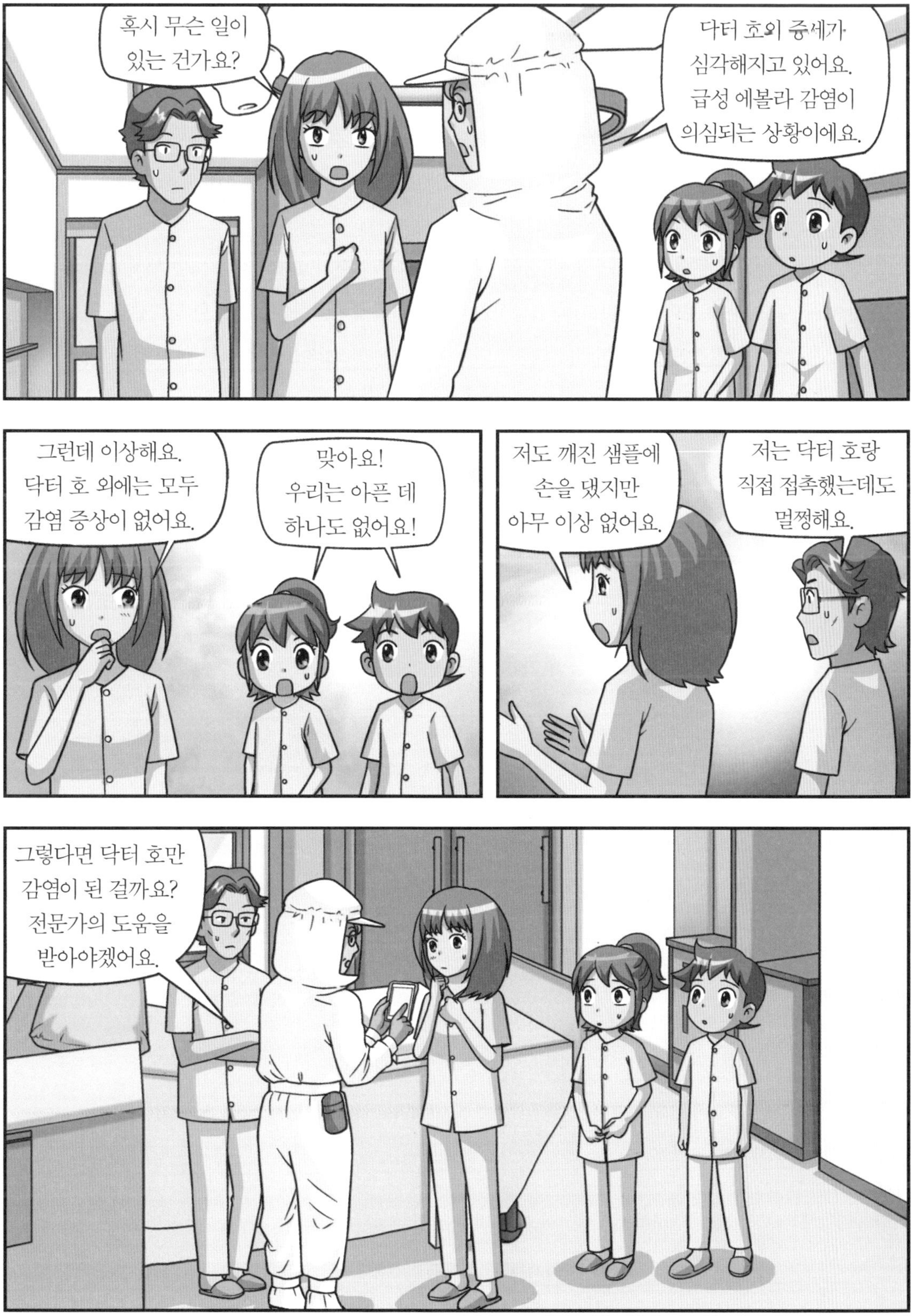

혹시 무슨 일이 있는 건가요?
다터 호의 증세가 심각해지고 있어요. 급성 에볼라 감염이 의심되는 상황이에요.
그런데 이상해요. 닥터 호 외에는 모두 감염 증상이 없어요.
맞아요! 우리는 아픈 데 하나도 없어요!
저도 깨진 샘플에 손을 댔지만 아무 이상 없어요.
저는 닥터 호랑 직접 접촉했는데도 멀쩡해요.
그렇다면 닥터 호만 감염이 된 걸까요? 전문가의 도움을 받아야겠어요.

바이러스를 소재로 한 영화

신종 코로나 바이러스에 대한 공포가 시간이 지나면 지날수록 점점 더 심해지고 있어요. 눈에 보이지 않아 더욱 위협적인 바이러스의 존재. 이를 소재로 한 영화들이 재조명을 받고 있어요. 미래를 예측했다고 평가받는 바이러스를 소재로 한 영화에 대해 알아볼까요?

● 아웃브레이크

<아웃브레이크(Outbreak)>는 1995년에 개봉된 영화로 에볼라 바이러스의 백신과 치료제를 개발하기 위한 세균학자들의 이야기를 그린 영화예요.

1967년 아프리카 군인들에게 출혈열이 발생하자 미군은 병영 캠프에 폭탄을 떨어트려 그들을 몰살해요. 30년 후 에볼라 바이러스에 감염된 원숭이가 배를 타고 미국으로 들어오는 바람에 큰 혼란이 일어나고 많은 사람이 다치고 죽어갑니다.

바이러스의 숙주인 원숭이를 극적으로 붙잡지만 군대는 폭탄을 실은 수송기를 출격시켜 숙주 원숭이를 데리고 돌아가는 헬기를 격추하려 해요. 하지만 마지막에 폭격기 조종사들이 마음을 돌려 폭탄을 바다에 투하해요.

이 영화는 재난이 어떤 식으로 확산되며 악화되는지와 전염병의 확산을 막기 위해 병원균이 퍼진 도시를 시민과 함께 아예 없애려는 정부(군대)의 모습, 탈출하려는 주민, 지쳐가는 의료진 등을 현실감 있게 연출했어요.

● 컨테이젼

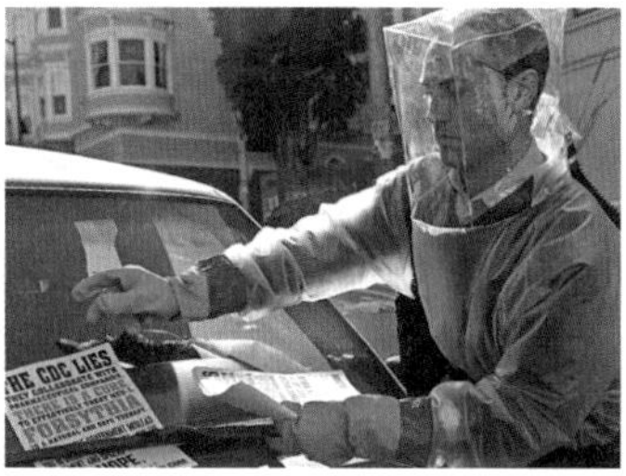
THE CDC LIES

컨테이젼은 감염, 전염을 의미해요. 이 영화는 전염병 확산에 따른 인간의 공포와 사회적 혼란을 현실적으로 그려낸 작품이에요. 특히 박쥐의 변을 먹고 자란 돼지를 요리한 요리사로부터 감염이 시작되었다는 설정은 코로나19 바이러스의 최초 숙주가 박쥐로 추측되는 것과 비슷해서 더 주목받고 있어요.

깊은 오지에서 살던 동물이 서식지의 파괴로 인간과 접촉하게 되면서, 동물에게만 있던 바이러스가 변이를 일으켜 많은 사람이 죽게 돼요. 숲을 파괴하는 불도저 옆에 새겨진 회사의 이름이 '애임 엘더슨' 사인데, 영화 도입부에서 베스가 차에서 내리기 직전 '애임 엘더슨' 사의 서류에 서명을 하는 것을 통해 모든 것이 자업자득임을 얘기하고 있어요.

● 감기

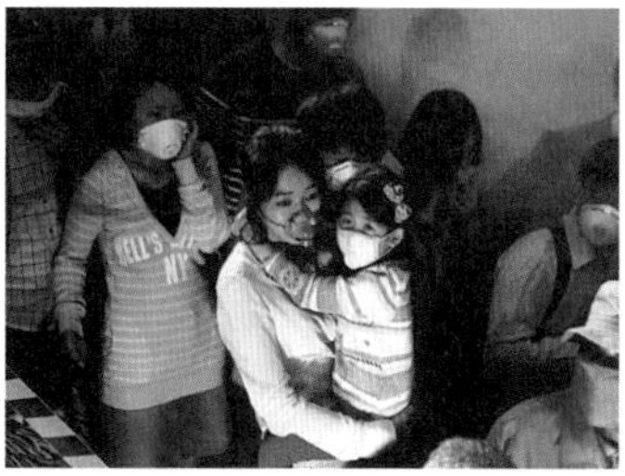

<감기>는 중국에서 생겨난 변종 조류독감이 우리나라로 들어오게 되고, 바이러스가 급속도로 퍼지면서 대한민국이 패닉에 빠지는 내용이에요. 치사율 100%의 바이러스가 대한민국에 창궐하고 결국 정부는 더 이상의 확산을 막기 위해 도시를 폐쇄해요. 피할 새도 없이 격리된 사람들은 혼란에 휩싸이고, 대재난 속에서 살아 남기 위해 목숨 건 사투가 시작돼요. 공포에 쌓인 도시에서 주인공과 시민들이 함께 역경을 이겨내는 장면을 볼 수 있어요. 인간의 존엄성과 생명의 가치에 대해 생각해 보도록 하는 영화예요.

바이러스 추적자들

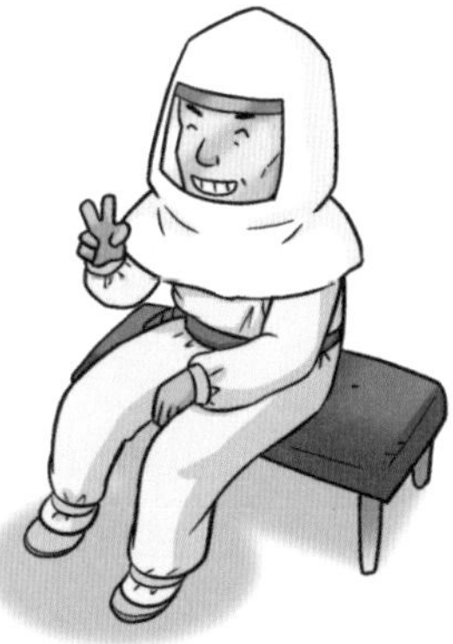

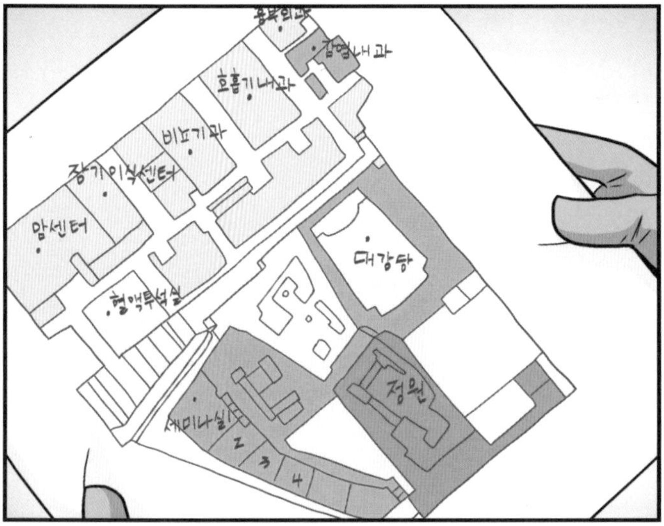
감염내과
호흡기내과
비뇨기과
장기이식센터
암센터
혈액투석실
대강당
정원
세미나실
2
3
4

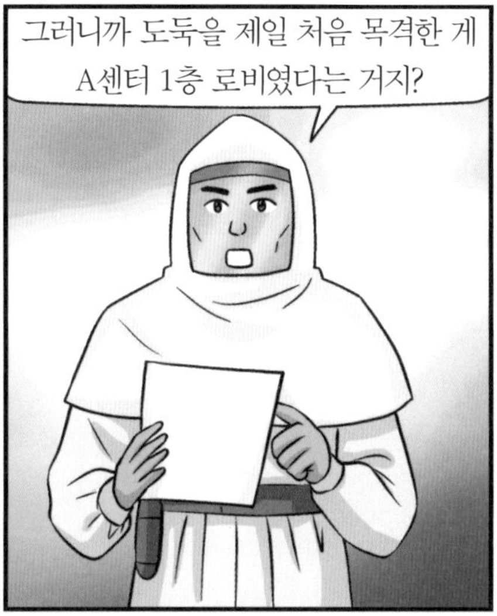
그러니까 도둑을 제일 처음 목격한 게 A센터 1층 로비였다는 거지?

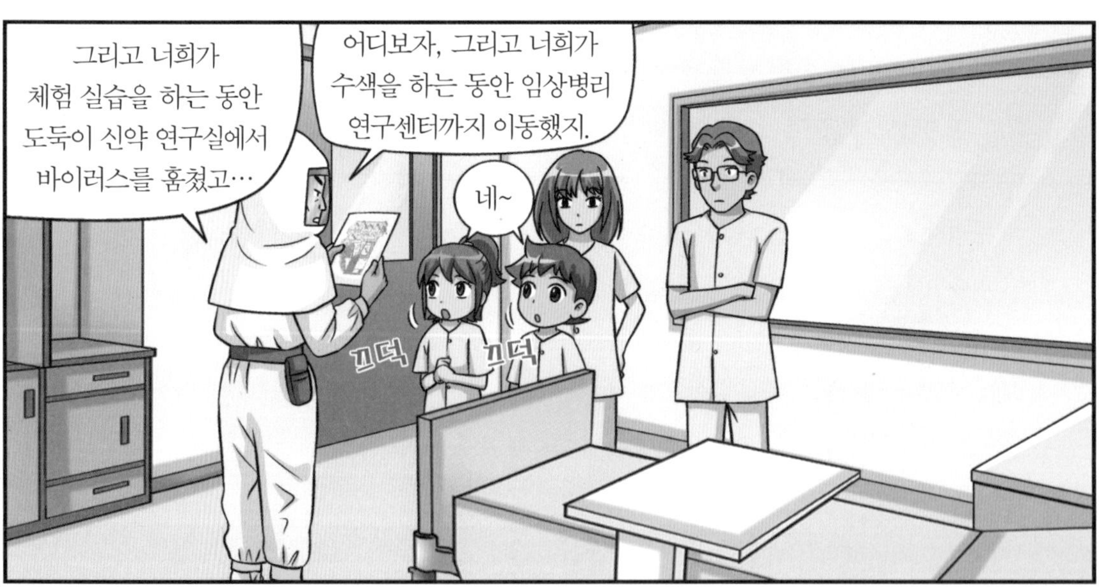
그리고 너희가 체험 실습을 하는 동안 도둑이 신약 연구실에서 바이러스를 훔쳤고…
어디보자, 그리고 너희가 수색을 하는 동안 임상병리 연구센터까지 이동했지.
네~
끄덕
끄덕

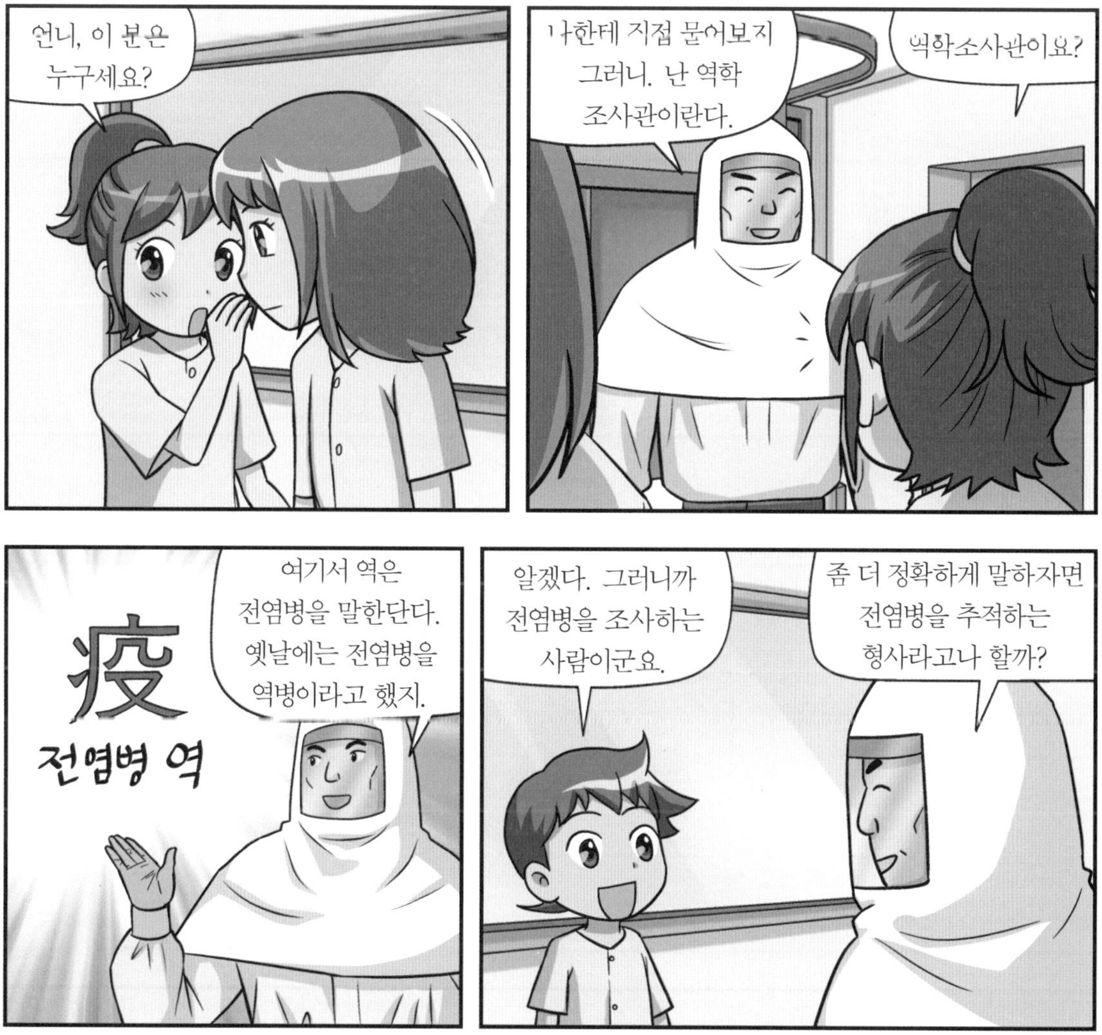
언니, 이 분은 누구세요?
나한테 직접 물어보지 그러니. 난 역학 조사관이란다.
역학조사관이요?
疫
전염병 역
여기서 역은 전염병을 말한단다. 옛날에는 전염병을 역병이라고 했지.
알겠다. 그러니까 전염병을 조사하는 사람이군요.
좀 더 정확하게 말하자면 전염병을 추적하는 형사라고나 할까?

역학조사관

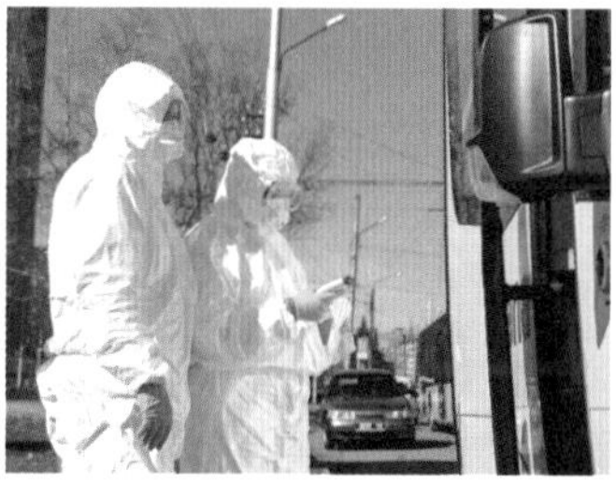

역학조사관은 전염병이 발생한 원인과 특성을 파악하고 추적해서 더 이상 전염병이 확산되지 않도록 차단하는 사람입니다. 즉 역학조사관은 방역 대책 전문가로 마치 경찰이 수사를 통해 범인을 찾듯이, 병이 발생한 최초 원인을 찾아 전염병의 발생을 차단하는 질병 수사관이라고 할 수 있습니다. 역학조사관은 환자의 치료와 격리를 담당합니다. 또한 병에 감염된 사람들을 조사하고 이동 경로를 파악하여 병의 확산을 막습니다.

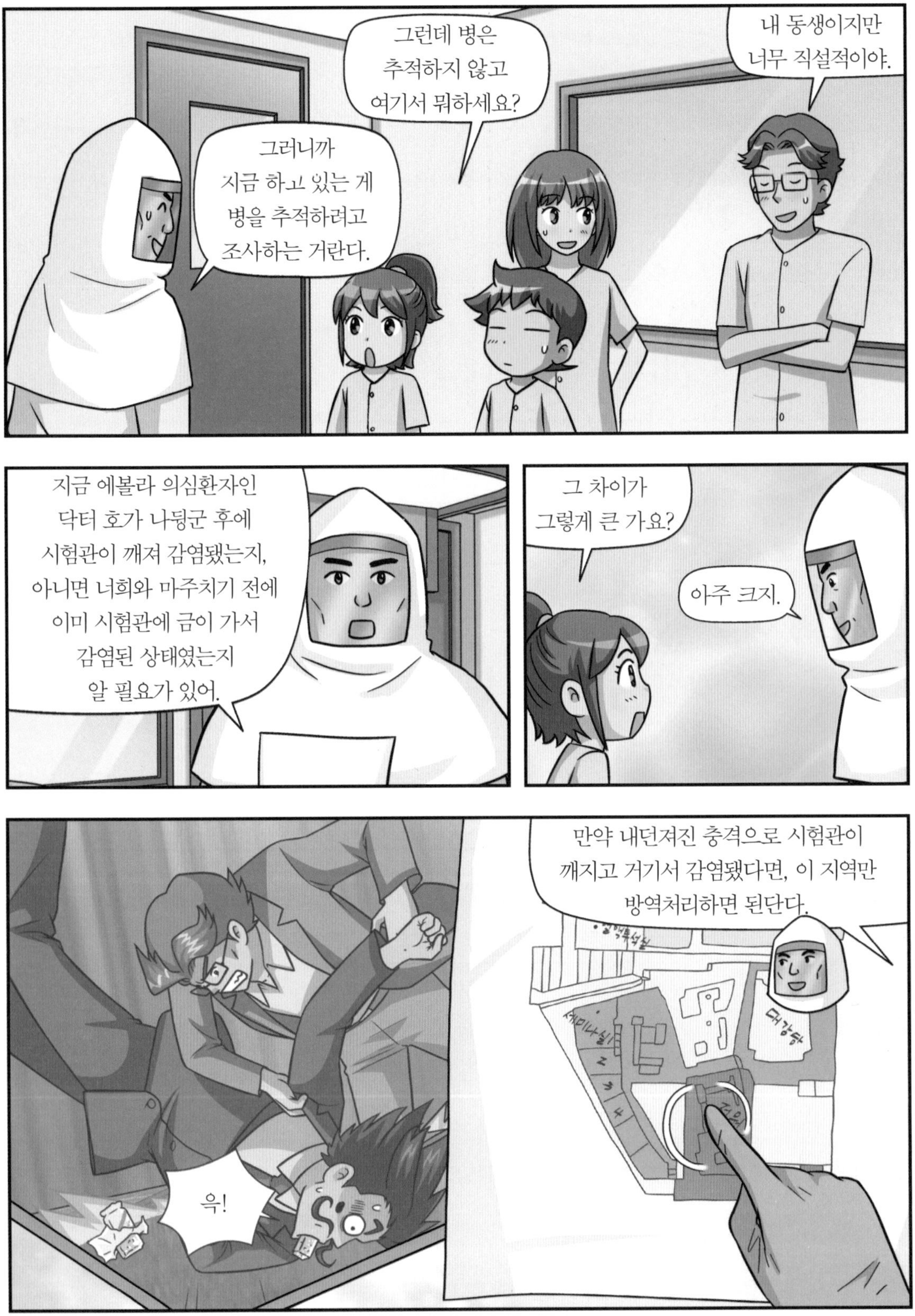
그런데 병은 추적하지 않고 여기서 뭐하세요?
그러니까 지금 하고 있는 게 병을 추적하려고 조사하는 거란다.
내 동생이지만 너무 직설적이야.
지금 에볼라 의심환자인 닥터 호가 나뒹군 후에 시험관이 깨져 감염됐는지, 아니면 너희와 마주치기 전에 이미 시험관에 금이 가서 감염된 상태였는지 알 필요가 있어.
그 차이가 그렇게 큰 가요?
아주 크지.
욱!
만약 내던져진 충격으로 시험관이 깨지고 거기서 감염됐다면, 이 지역만 방역처리하면 된단다.
세미나실
대강당

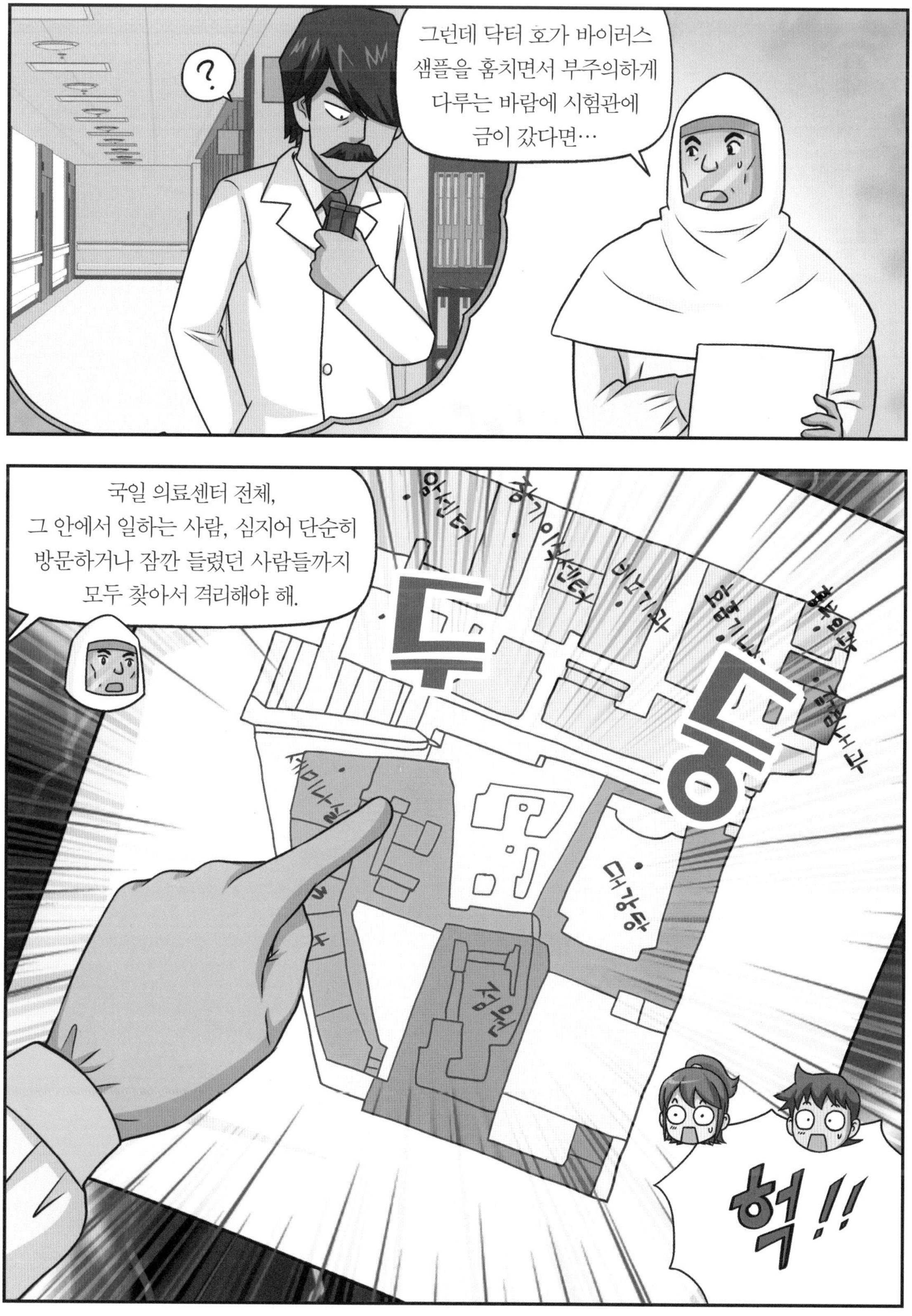
?
그런데 닥터 호가 바이러스 샘플을 훔치면서 부주의하게 다루는 바람에 시험관에 금이 갔다면…
국일 의료센터 전체, 그 안에서 일하는 사람, 심지어 단순히 방문하거나 잠깐 들렀던 사람들까지 모두 찾아서 격리해야 해.
두둥
세미나실
대강당
정원
헉!!

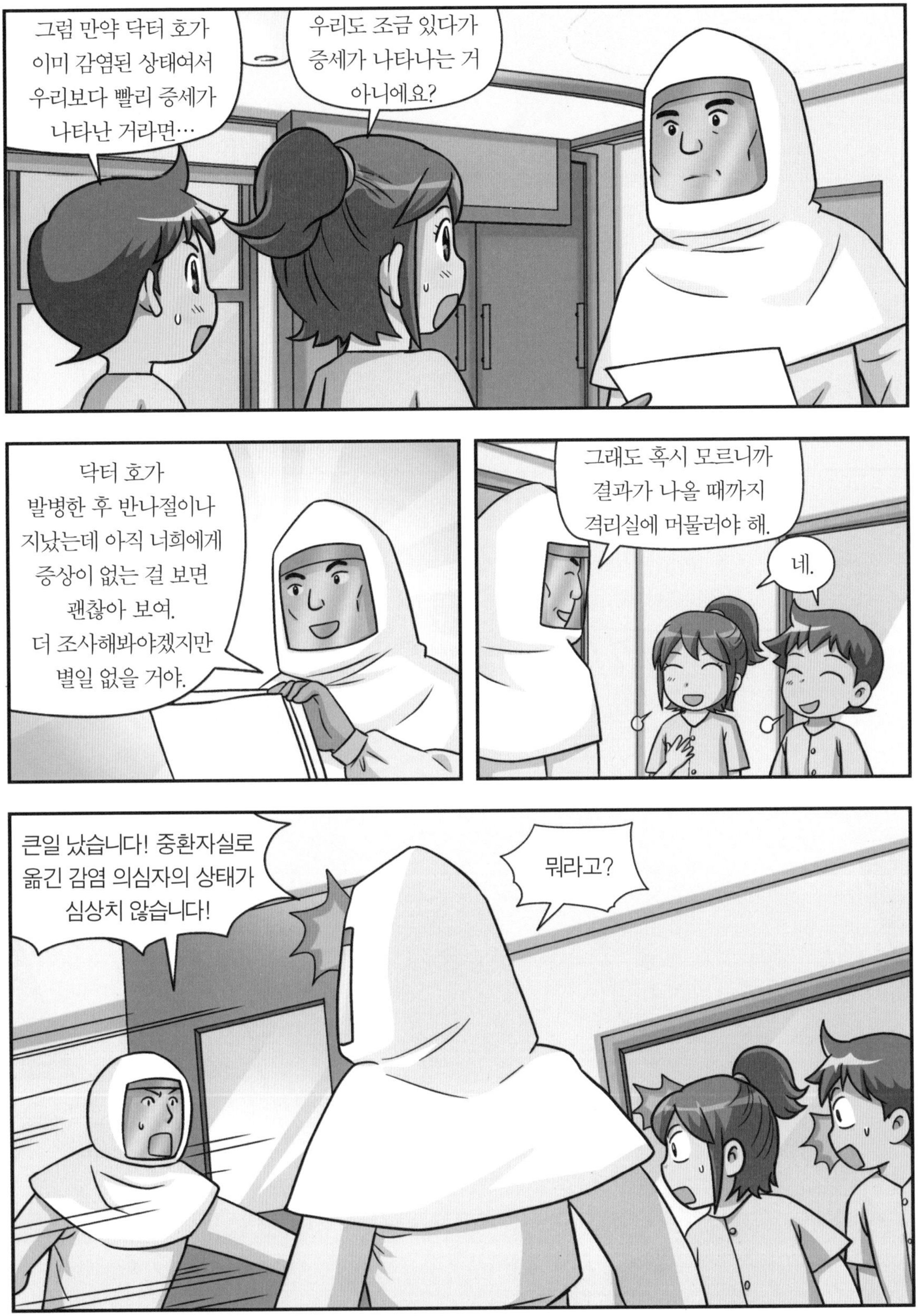

그럼 만약 닥터 호가 이미 감염된 상태여서 우리보다 빨리 증세가 나타난 거라면…
우리도 조금 있다가 증세가 나타나는 거 아니에요?
닥터 호가 발병한 후 반나절이나 지났는데 아직 너희에게 증상이 없는 걸 보면 괜찮아 보여. 더 조사해봐야겠지만 별일 없을 거야.
그래도 혹시 모르니까 결과가 나올 때까지 격리실에 머물러야 해.
네.
큰일 났습니다! 중환자실로 옮긴 감염 의심자의 상태가 심상치 않습니다!
뭐라고?

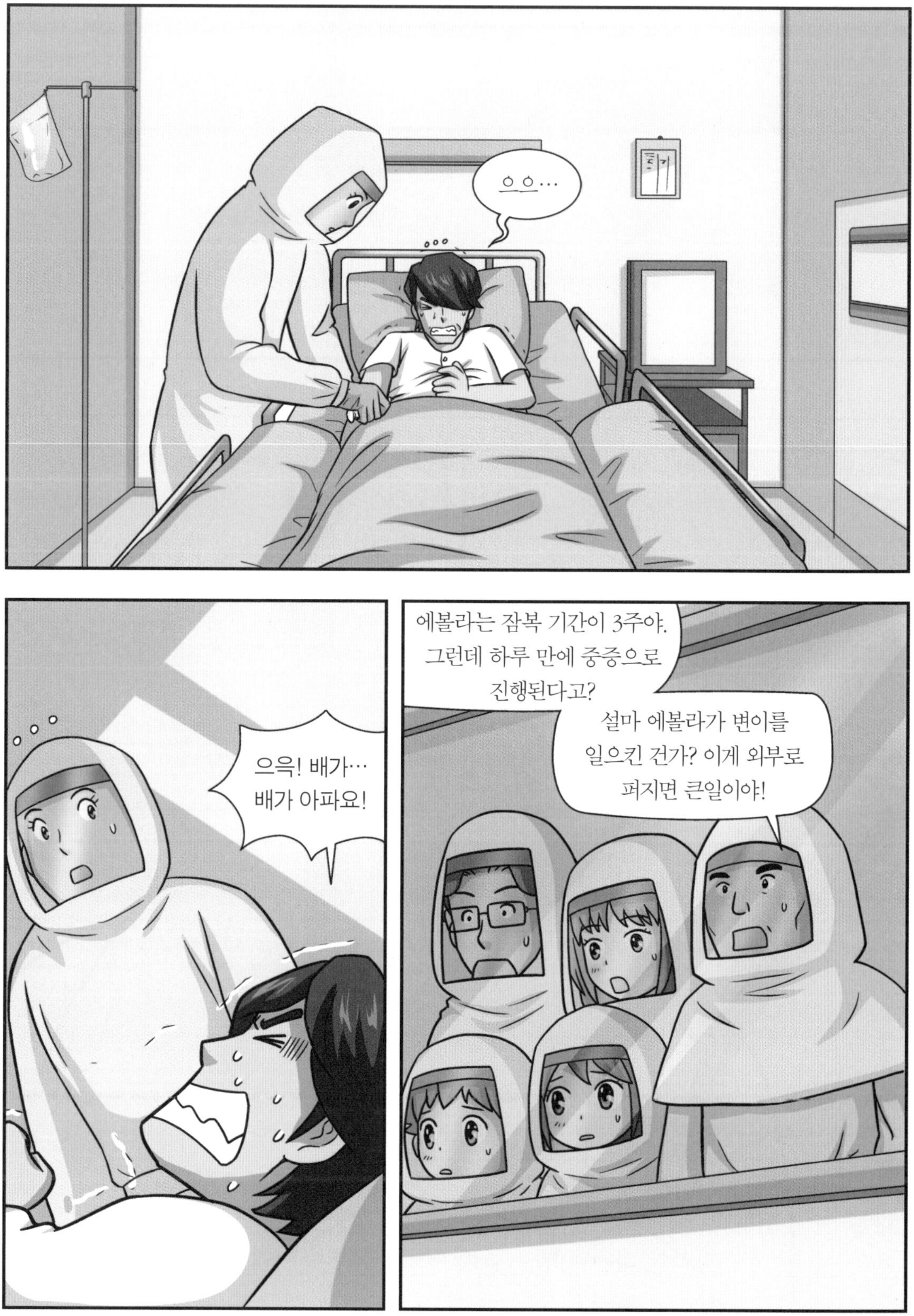
으으…
으윽! 배가… 배가 아파요!
에볼라는 잠복 기간이 3주야. 그런데 하루 만에 중증으로 진행된다고?
설마 에볼라가 변이를 일으킨 건가? 이게 외부로 퍼지면 큰일이야!

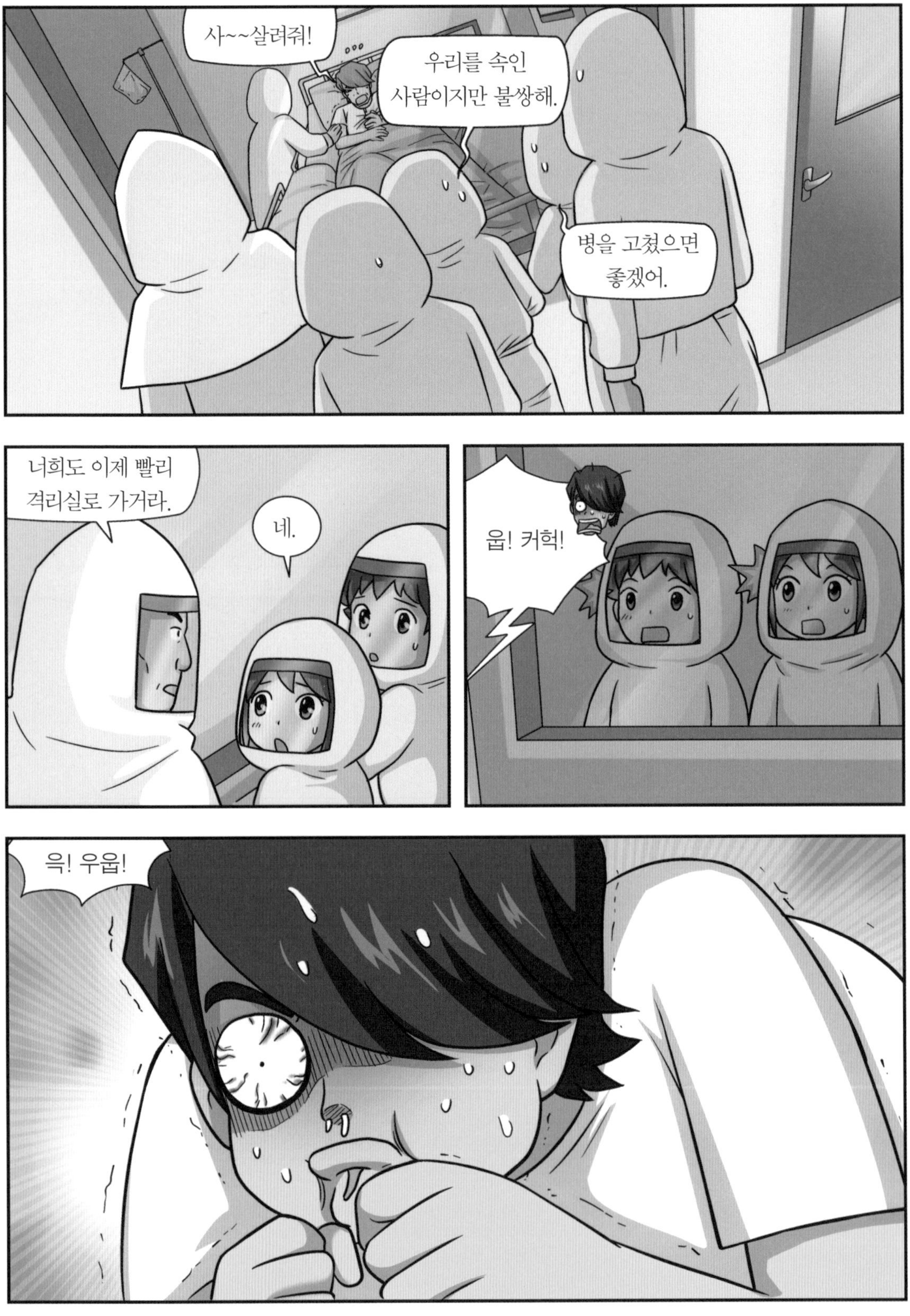
사~~살려줘!
우리를 속인 사람이지만 불쌍해.
병을 고쳤으면 좋겠어.
너희도 이제 빨리 격리실로 가거라.
네.
웁! 커헉!
윽! 우웁!

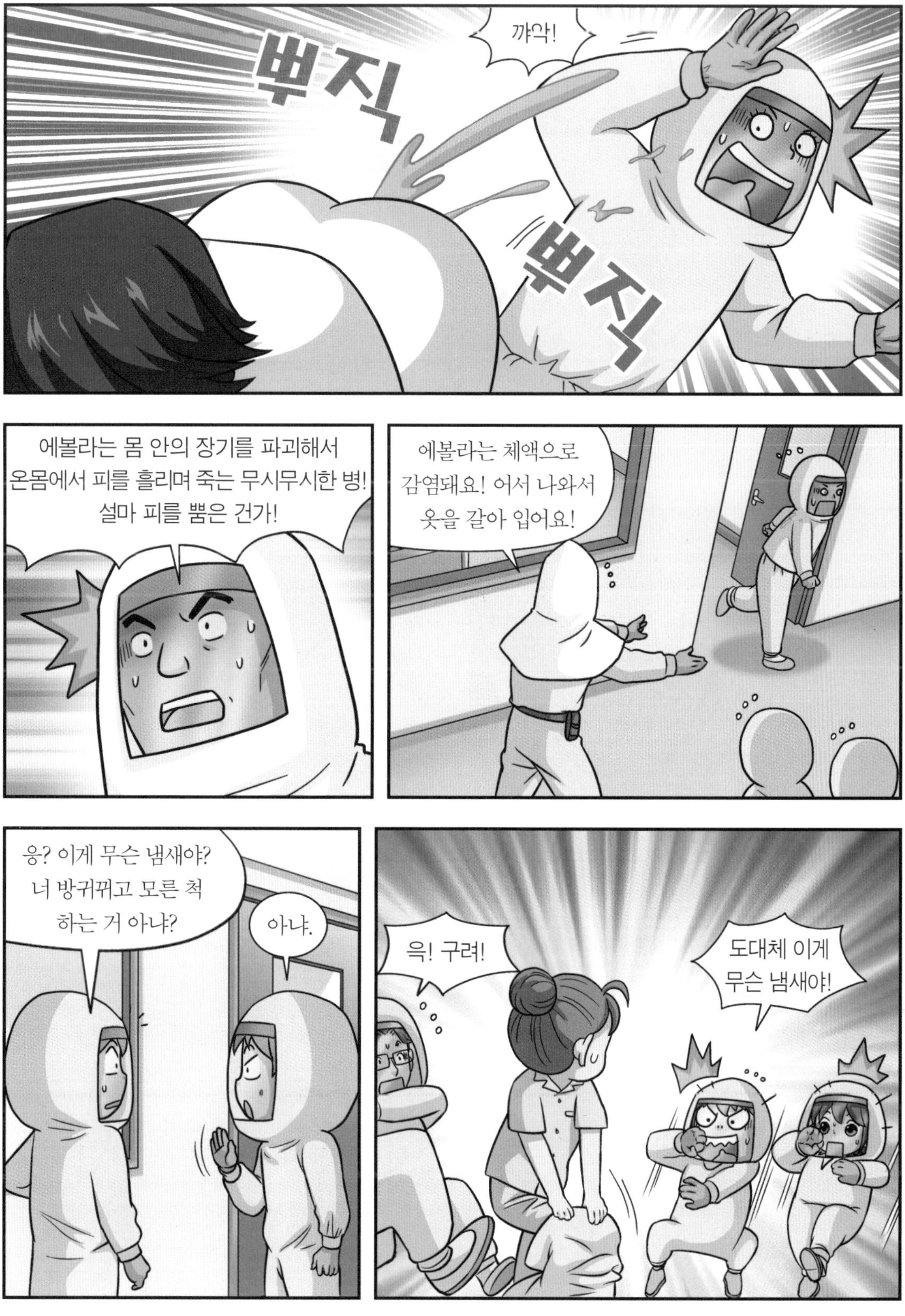
뿌직
꺄악!
뿌직
에볼라는 몸 안의 장기를 파괴해서 온몸에서 피를 흘리며 죽는 무시무시한 병! 설마 피를 뿜은 건가!
에볼라는 체액으로 감염돼요! 어서 나와서 옷을 갈아 입어요!
응? 이게 무슨 냄새야? 너 방귀뀌고 모른 척 하는 거 아냐?
아냐.
윽! 구려!
도대체 이게 무슨 냄새야!

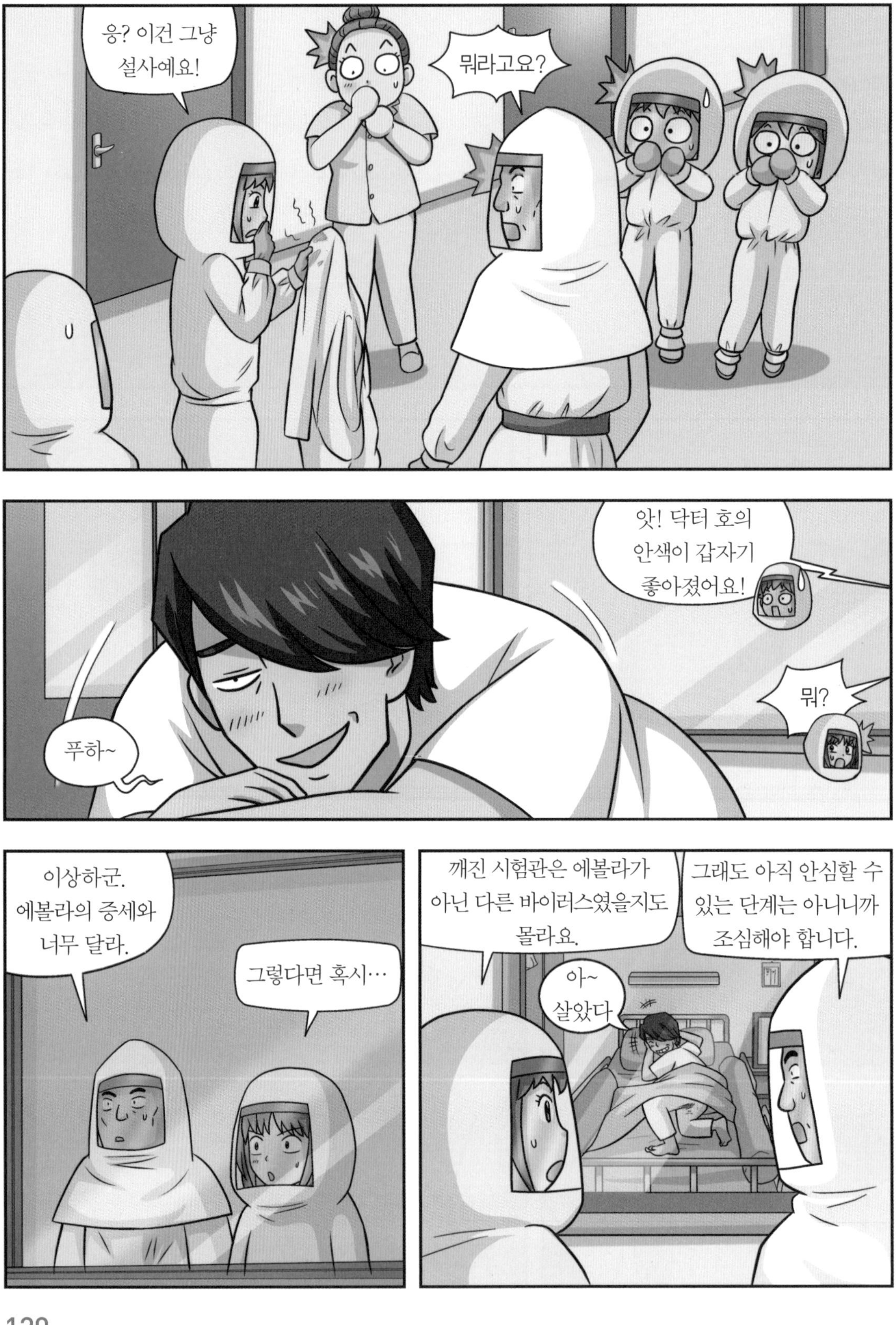
응? 이건 그냥 설사예요!
뭐라고요?
앗! 닥터 호의 안색이 갑자기 좋아졌어요!
뭐?
푸하~
이상하군. 에볼라의 증세와 너무 달라.
그렇다면 혹시…
깨진 시험관은 에볼라가 아닌 다른 바이러스였을지도 몰라요.
그래도 아직 안심할 수 있는 단계는 아니니까 조심해야 합니다.
아~ 살았다

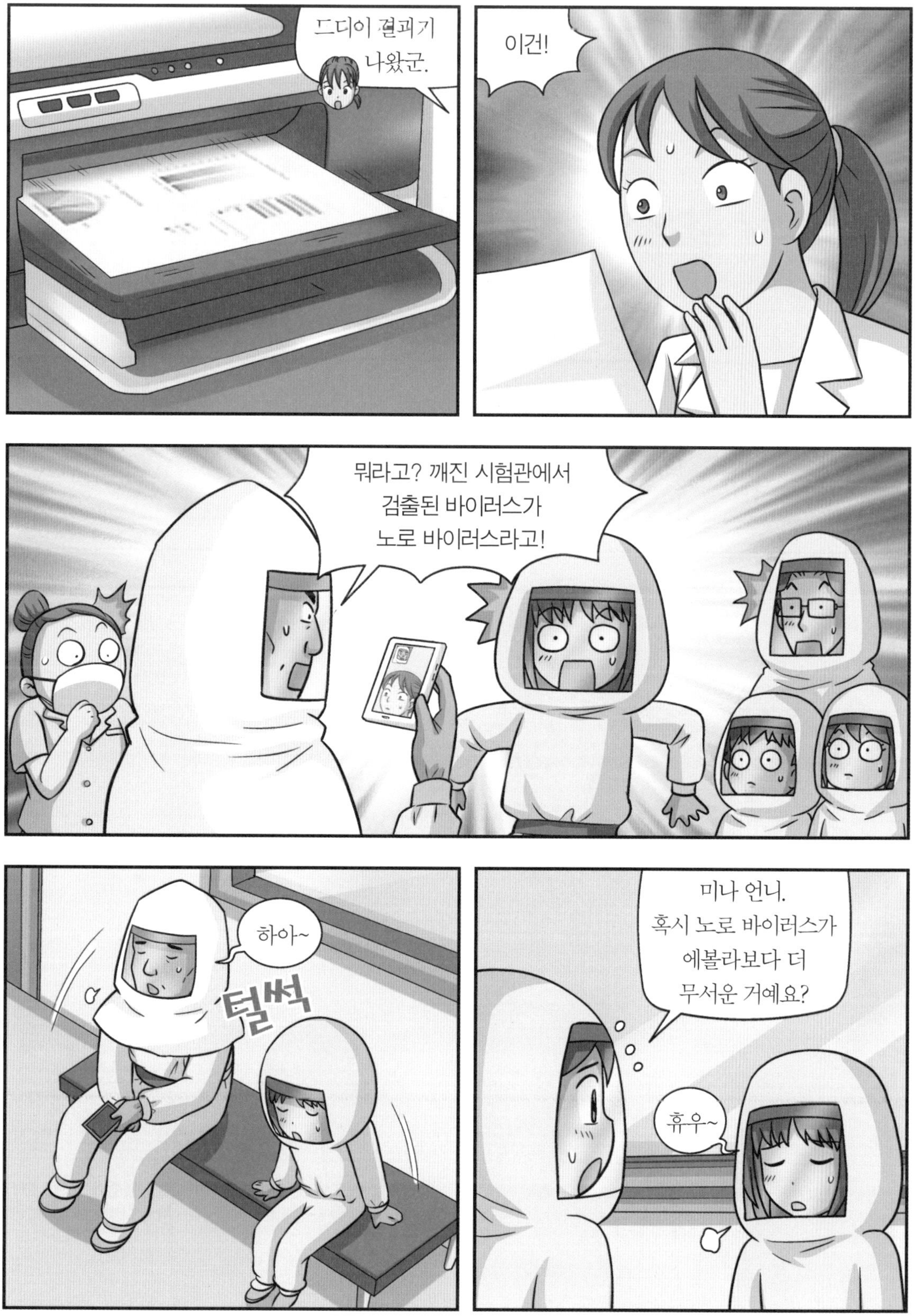
드디어 결과가 나왔군.
이건!
뭐라고? 깨진 시험관에서 검출된 바이러스가 노로 바이러스라고!
하아~
털썩
미나 언니. 혹시 노로 바이러스가 에볼라보다 더 무서운 거예요?
휴우~

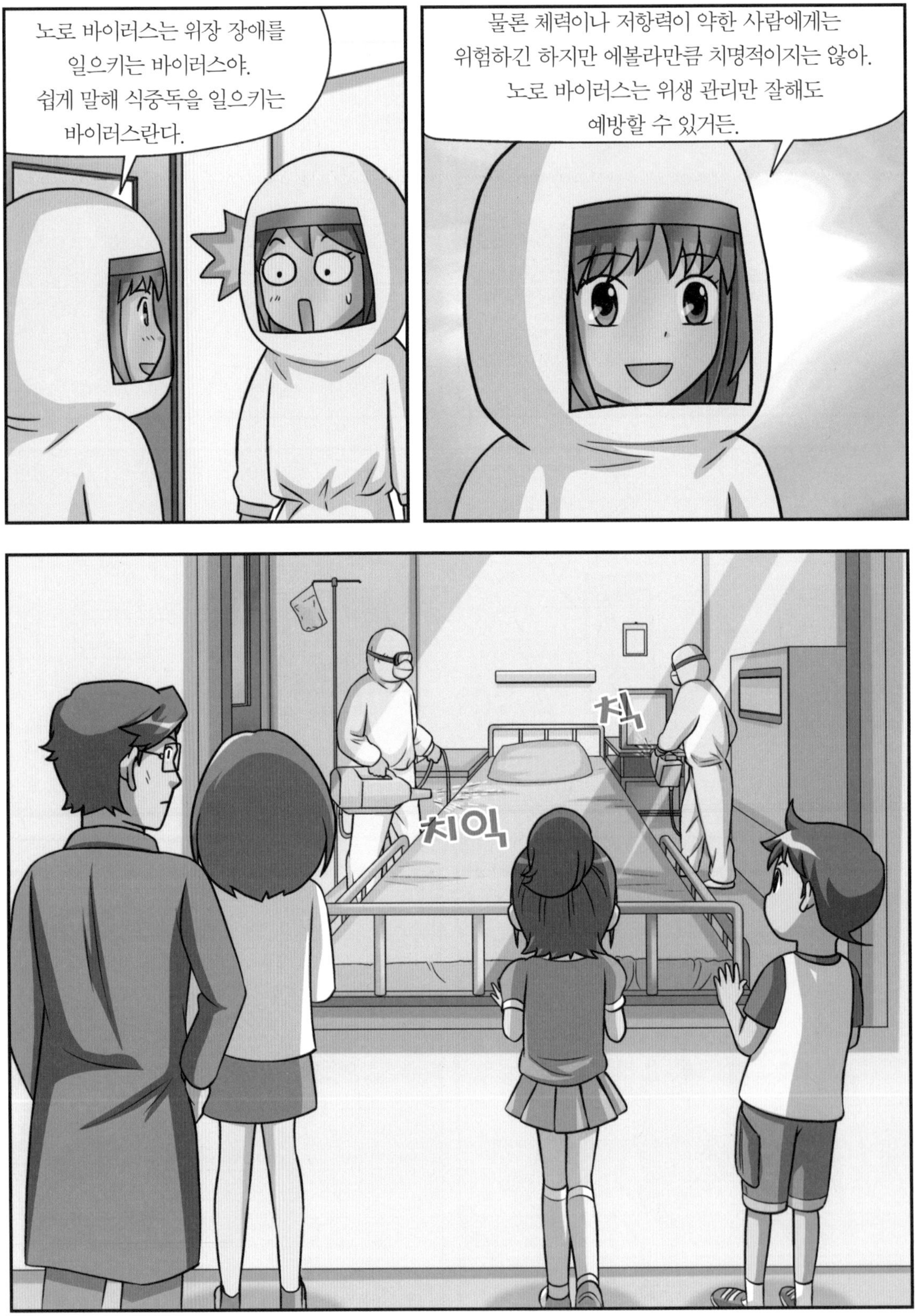
노로 바이러스는 위장 장애를 일으키는 바이러스야. 쉽게 말해 식중독을 일으키는 바이러스란다.
물론 체력이나 저항력이 약한 사람에게는 위험하긴 하지만 에볼라만큼 치명적이지는 않아. 노로 바이러스는 위생 관리만 잘해도 예방할 수 있거든.
칙
치익

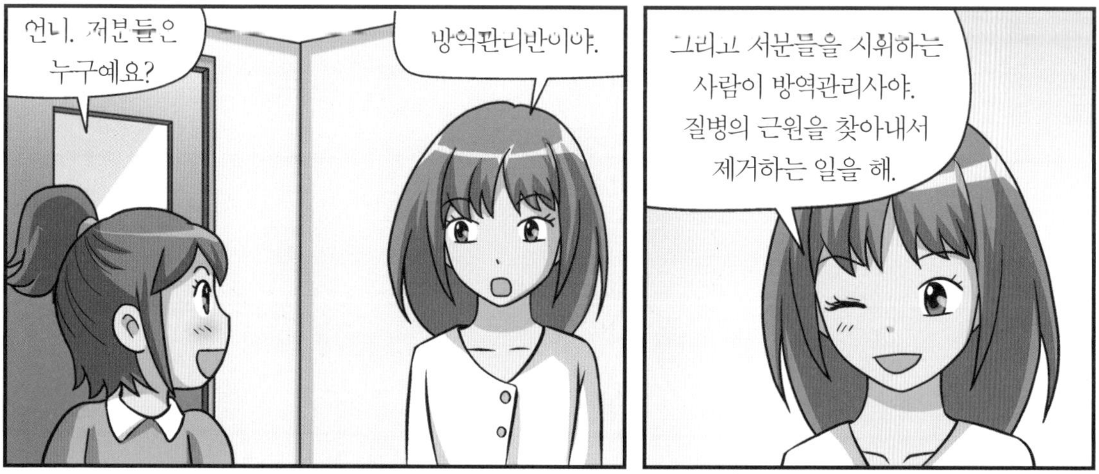

언니, 저분들은 누구예요?
방역관리반이야.
그리고 저분들을 지휘하는 사람이 방역관리사야. 질병의 근원을 찾아내서 제거하는 일을 해.

방역관리사

개인 주택이나 공공시설을 검사해서 해충을 제거하거나 병균에 오염된 부분을 어떻게 소독할지를 결정합니다. 방역관리사는 상황에 맞는 소독 방법과 사용할 약을 결정하고, 방역원들에게 소독을 진행할 장소와 소독 방법을 지시합니다. 방역관리사는 직접 현장을 지휘하기도 하지만, 평소에는 사람들에게 질병 예방을 위한 위생 교육을 합니다.

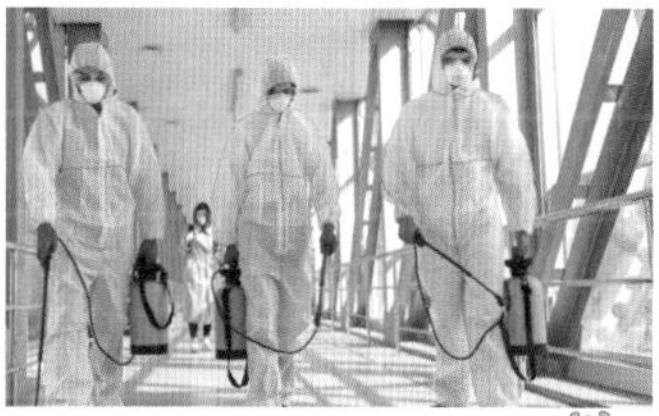

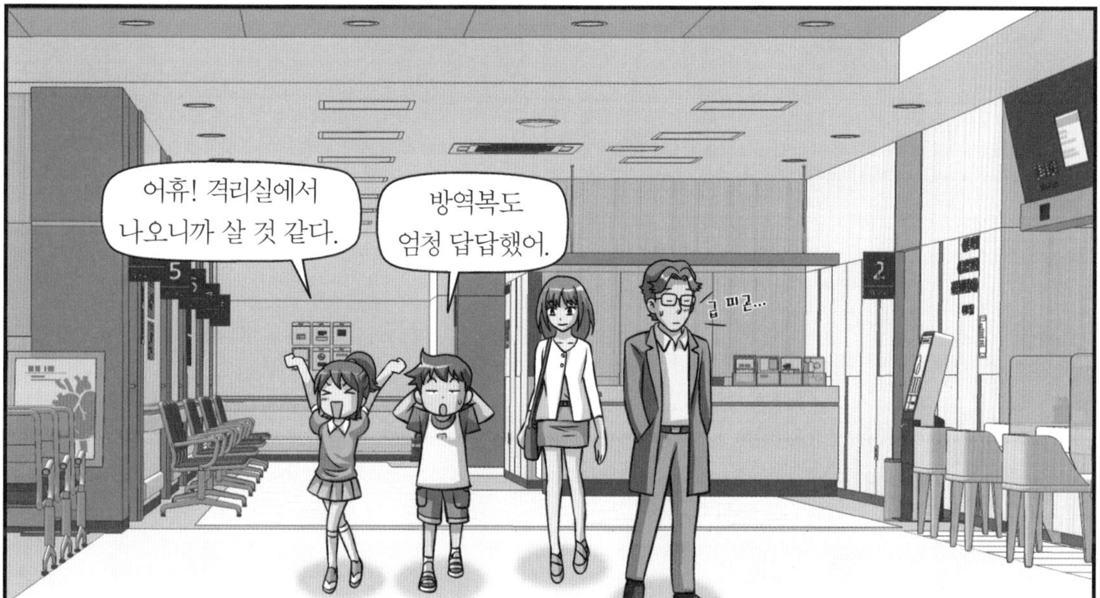

어휴! 격리실에서 나오니까 살 것 같다.
방역복도 엄청 답답했어.

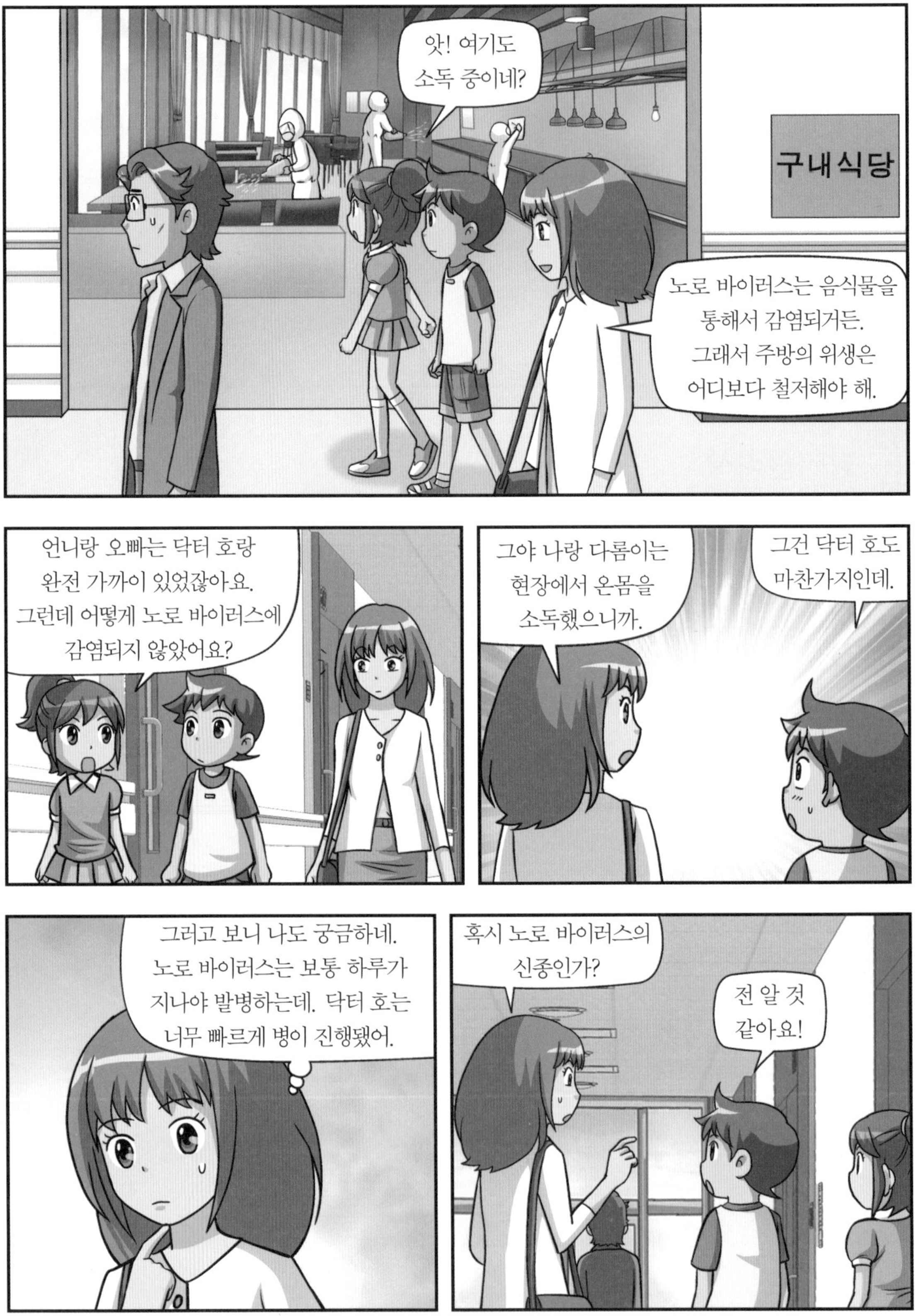

앗! 여기도 소독 중이네?
구내식당
노로 바이러스는 음식물을 통해서 감염되거든. 그래서 주방의 위생은 어디보다 철저해야 해.
언니랑 오빠는 닥터 호랑 완전 가까이 있었잖아요. 그런데 어떻게 노로 바이러스에 감염되지 않았어요?
그야 나랑 다롬이는 현장에서 온몸을 소독했으니까.
그건 닥터 호도 마찬가지인데.
그러고 보니 나도 궁금하네. 노로 바이러스는 보통 하루가 지나야 발병하는데. 닥터 호는 너무 빠르게 병이 진행됐어.
혹시 노로 바이러스의 신종인가?
전 알 것 같아요!

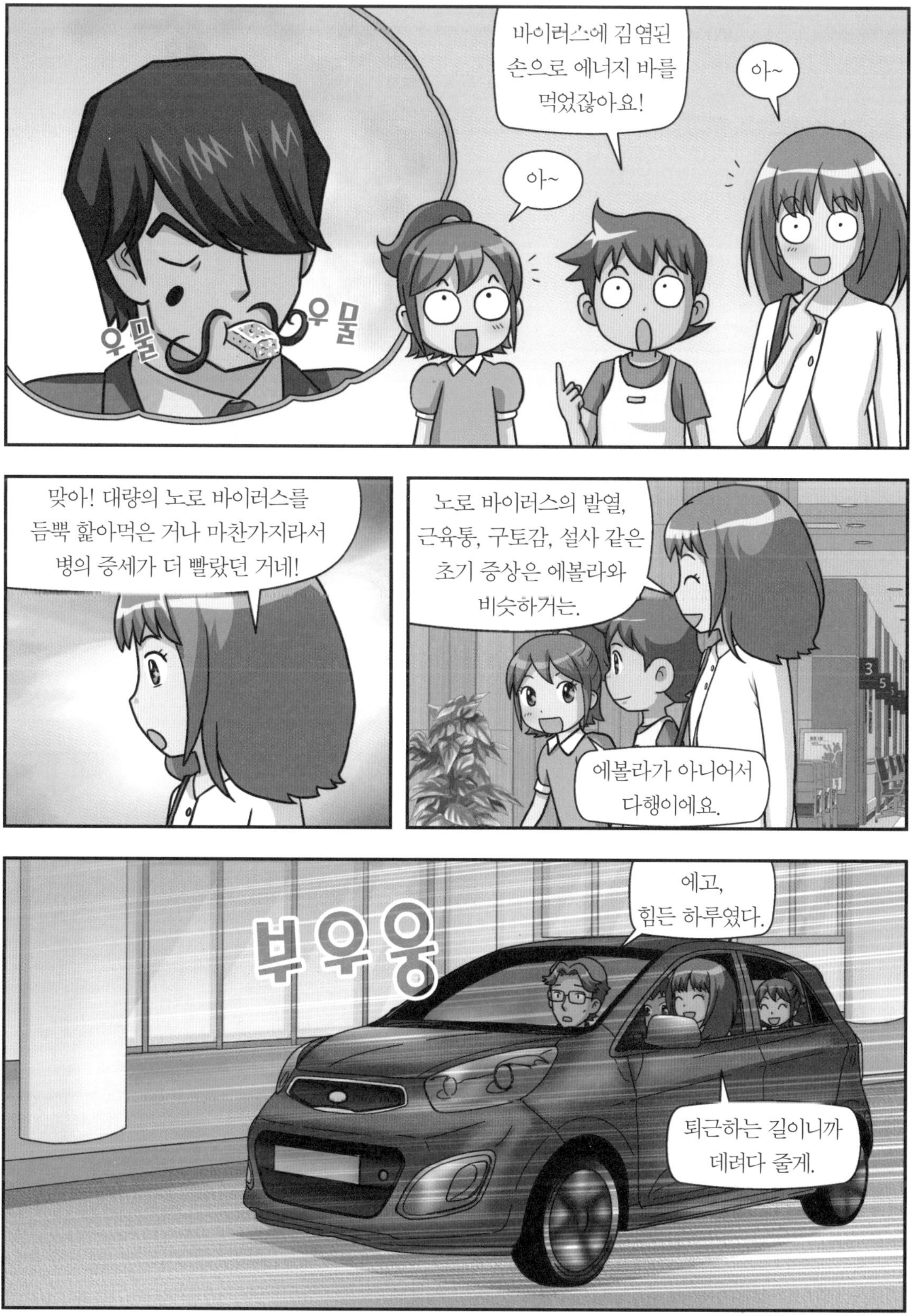
우물
우물
바이러스에 감염된 손으로 에너지 바를 먹었잖아요!
아~
아~
맞아! 대량의 노로 바이러스를 듬뿍 핥아먹은 거나 마찬가지라서 병의 증세가 더 빨랐던 거네!
노로 바이러스의 발열, 근육통, 구토감, 설사 같은 초기 증상은 에볼라와 비슷하거든.
에볼라가 아니어서 다행이에요.
부우웅
에고, 힘든 하루였다.
퇴근하는 길이니까 데려다 줄게.

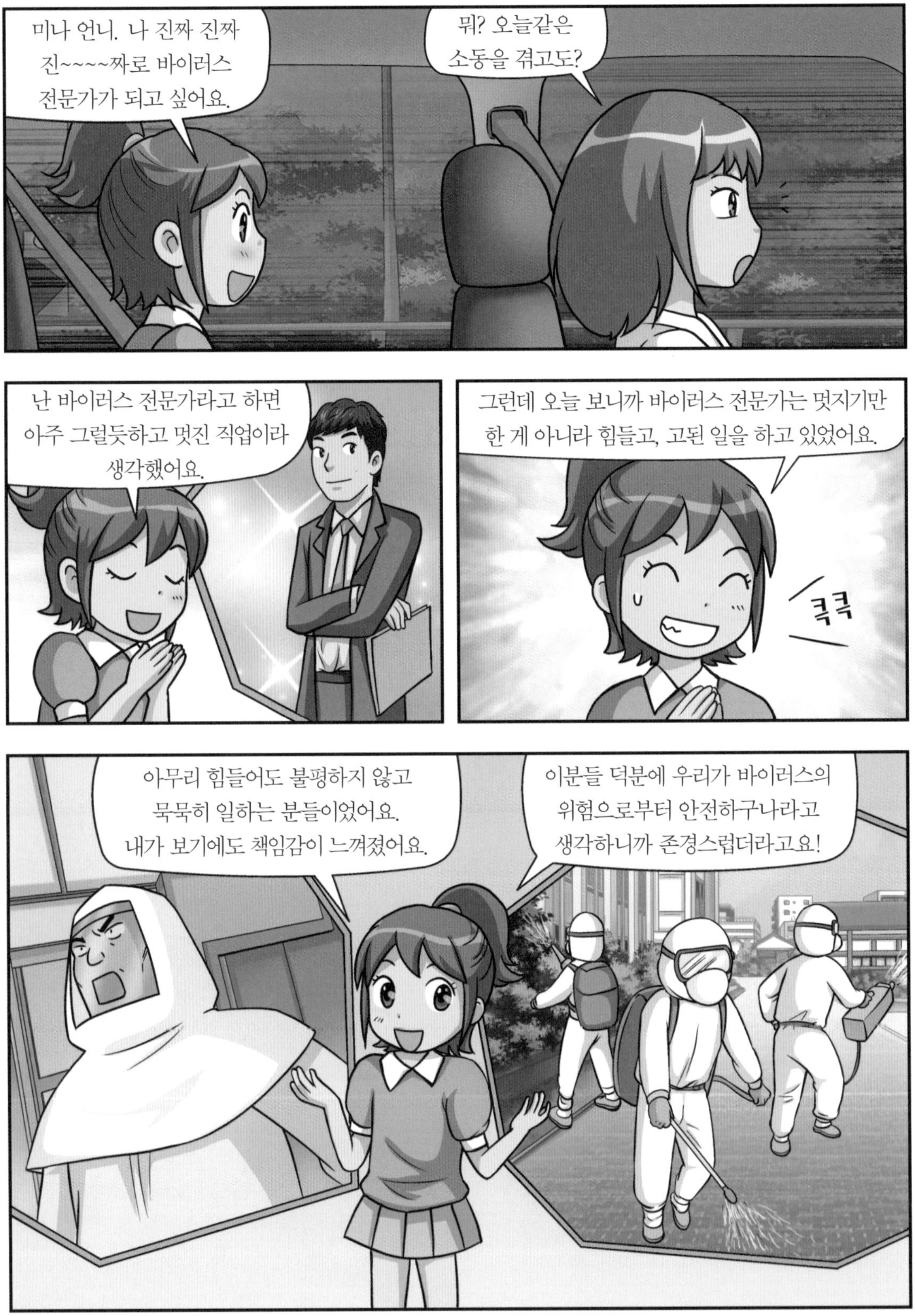
미나 언니. 나 진짜 진짜 진~~~~짜로 바이러스 전문가가 되고 싶어요.
뭐? 오늘같은 소동을 겪고도?
난 바이러스 전문가라고 하면 아주 그럴듯하고 멋진 직업이라 생각했어요.
그런데 오늘 보니까 바이러스 전문가는 멋지기만 한 게 아니라 힘들고, 고된 일을 하고 있었어요.
킥킥
아무리 힘들어도 불평하지 않고 묵묵히 일하는 분들이었어요. 내가 보기에도 책임감이 느껴졌어요.
이분들 덕분에 우리가 바이러스의 위험으로부터 안전하구나라고 생각하니까 존경스럽더라고요!

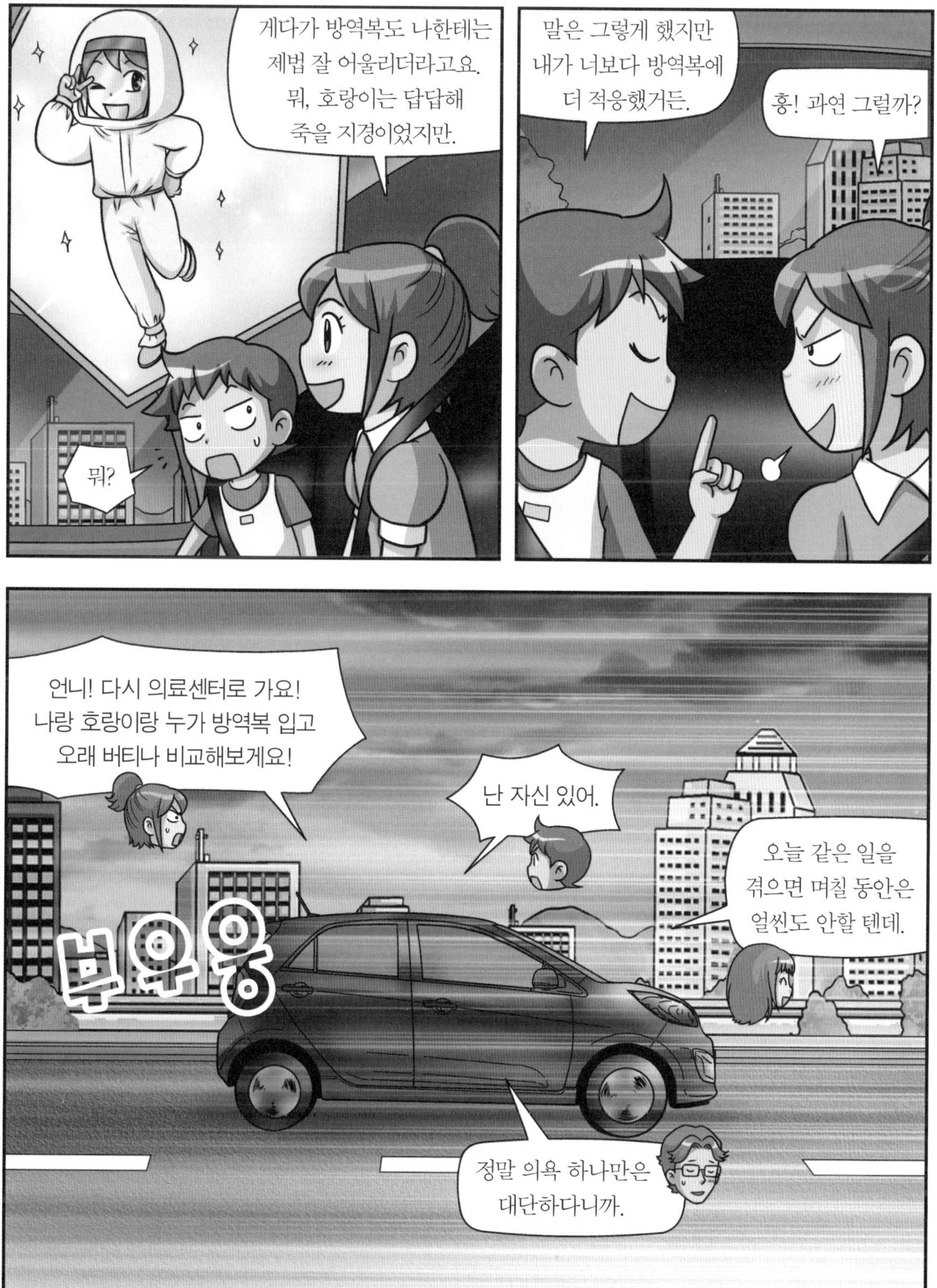
게다가 방역복도 나한테는 제법 잘 어울리더라고요. 뭐, 호랑이는 답답해 죽을 지경이었지만.
뭐?
말은 그렇게 했지만 내가 너보다 방역복에 더 적응했거든.
흥! 과연 그럴까?
언니! 다시 의료센터로 가요! 나랑 호랑이랑 누가 방역복 입고 오래 버티나 비교해보게요!
난 자신 있어.
오늘 같은 일을 겪으면 며칠 동안은 얼씬도 안할 텐데.
부우웅
정말 의욕 하나만은 대단하다니까.

세계를 놀라게 한 우리나라의 코로나19 대응방법

우리나라는 코로나19 확진자가 급증했지만 질병관리본부의 빠른 대처와 대응으로 확진세가 줄어들었고, 사망자 수도 이례적으로 적었어요. 이에 대해 BBC, 워싱턴포스트, 블룸버그 통신 등 외신은 "한국은 최고의 의료 시스템을 지닌 나라"라고 보도했어요. 그렇다면 세계를 놀라게 한 우리나라의 코로나19 대응방법에 대해서 알아볼까요?

● 투명성

우리나라는 코로나19에 대한 확진자 수, 검사 결과, 이동 경로 등을 투명하게 공개하고 있어요. 우리나라가 초반에 다른 나라와 비교해 확진자 수가 많이 나온 것은 그만큼 검사를 대규모로 진행하며 결과를 투명하게 공개했기 때문이에요.

또한 실시간 재난 문자로 확진자가 어떤 장소를 방문했는지 알려줌으로써 확산을 예방할 수 있었어요.

● 드라이브 스루

검사 동선을 최소로 하기 위해 '드라이브 스루'를 도입했어요. 선별진료소까지 자기 자동차로 이동한 후 차 안에서 코로나19 검사를 받아요. 병원에서 검사를 받는 것보다 감염 위험이 줄고 빠르게 진행할 수 있기 때문에 효율성이 높아요.

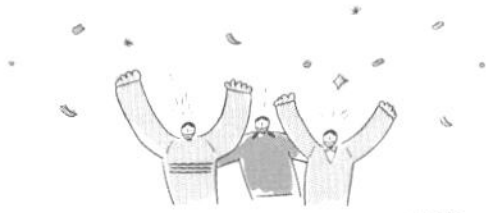

힘내라, 대한민국

● 의료서비스

국민건강보험으로 저렴한 비용에 진단받을 수 있고, 확진자는 최첨단 의료 장비로 치료받을 수 있어요. 미국은 코로나19 검사 비용이 400만 원, 치료 비용은 하루 약 450만 원에 이른다고 해요. 하지만 우리나라는 코로나19 감염 환자의 치료비는 전액 무상이고, 증상이 있는 사람의 검사비도 전액 무료예요.

● IT 관리 시스템

모바일 애플리케이션을 통해 코로나19에 대처하고 있어요. 확진자의 동선과 접촉자를 실시간으로 확인하고, 해외 입국자의 체온이나 건강 이상을 원격으로 관리하는 등 다양한 앱이 있어요. 확진자 동선을 확인하는 앱인 '코로나 맵'은 확진자의 격리장소, 확진자 수와 유증상자 수 등을 확인할 수 있어서 시민들이 더 빠르게 대응하고 대처할 수 있어요.

● 공적 마스크 5부제

마스크를 끼면 전염을 예방할 수 있기 때문에 초반에는 마스크 품귀 현상이 일어났어요. 마스크 가격이 터무니없이 비싸지고, 구할 수도 없는 상황이 생겼어요. 그래서 정부는 출생연도 끝자리에 따라 요일을 다르게 하여 약국에서 한 사람당 2매씩 구매할 수 있게 한 공적 마스크 5부제를 도입하여 마스크 가격과 보급의 안정화를 꾀했어요.

바이러스 방어 대작전

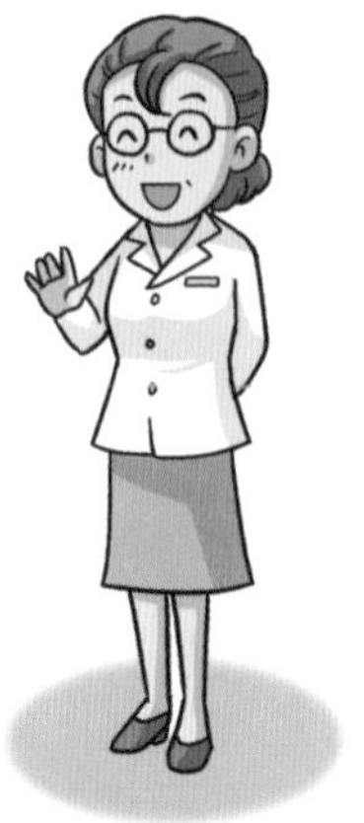

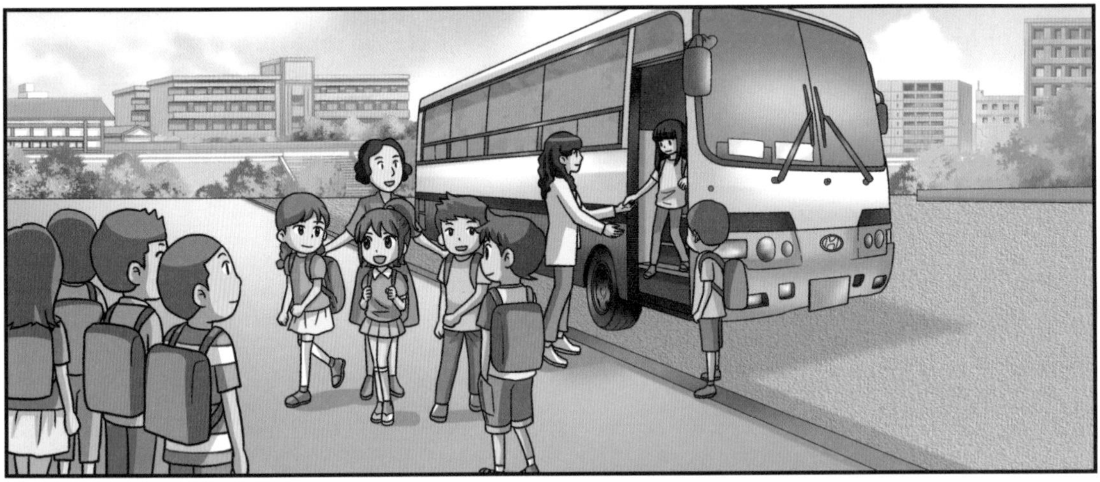

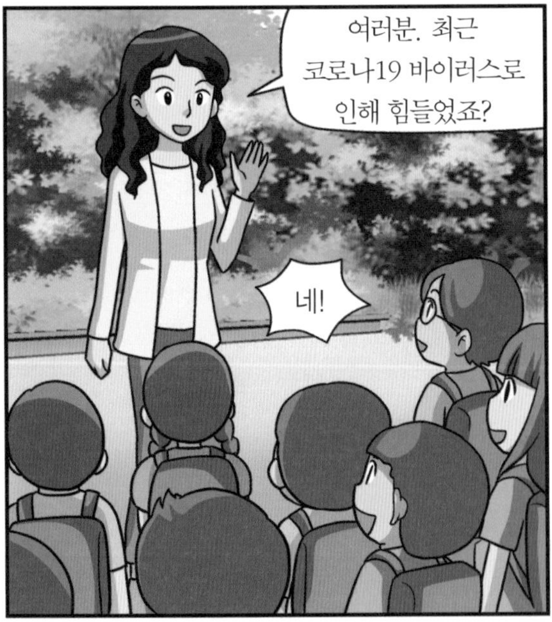
여러분. 최근 코로나19 바이러스로 인해 힘들었죠?
네!

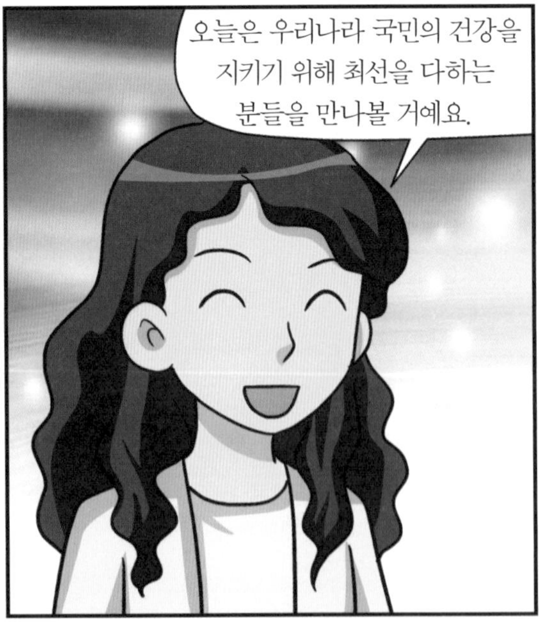
오늘은 우리나라 국민의 건강을 지키기 위해 최선을 다하는 분들을 만나볼 거예요.

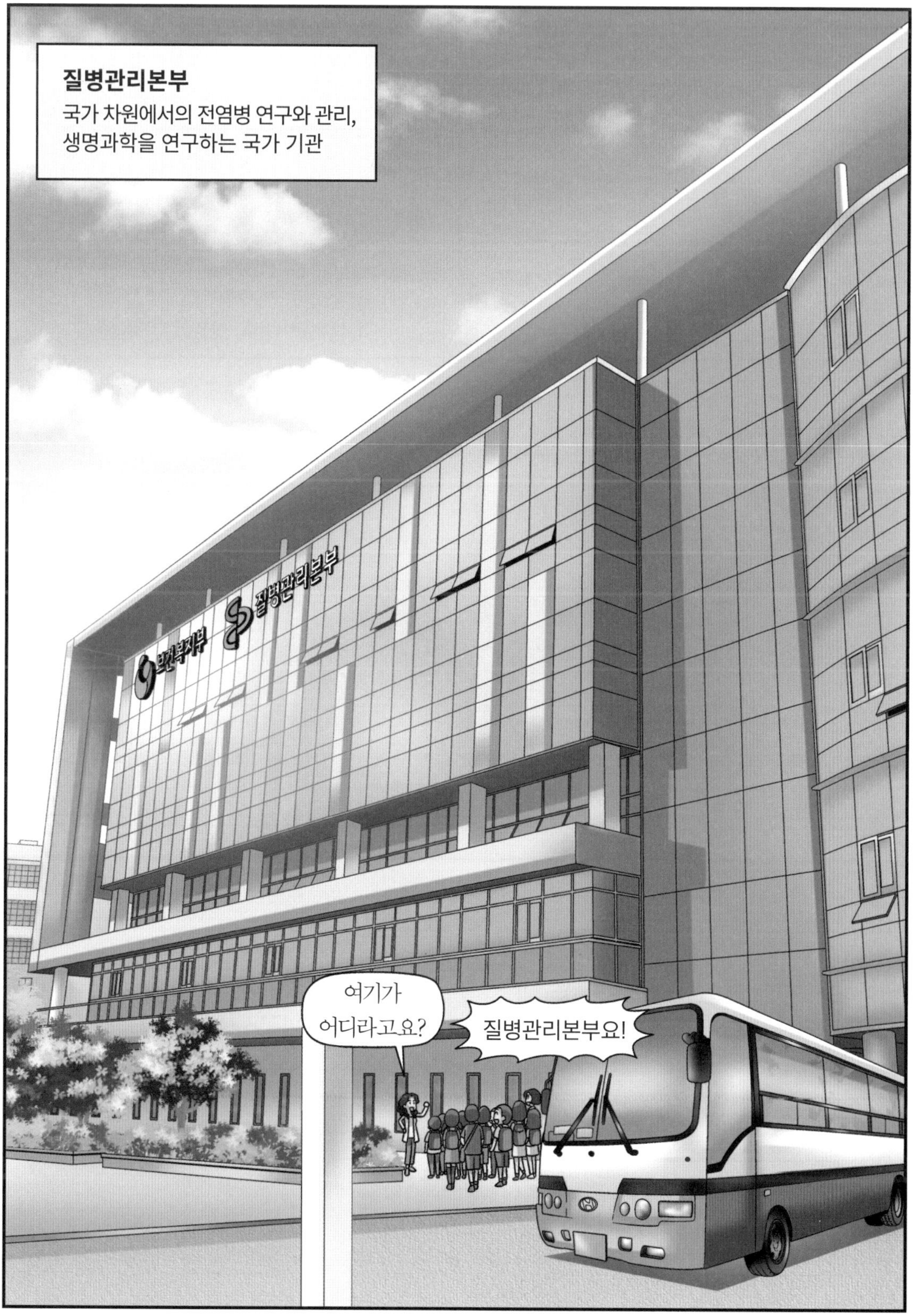
질병관리본부
국가 차원에서의 전염병 연구와 관리,
생명과학을 연구하는 국가 기관
보건복지부
질병관리본부
여기가 어디라고요?
질병관리본부요!

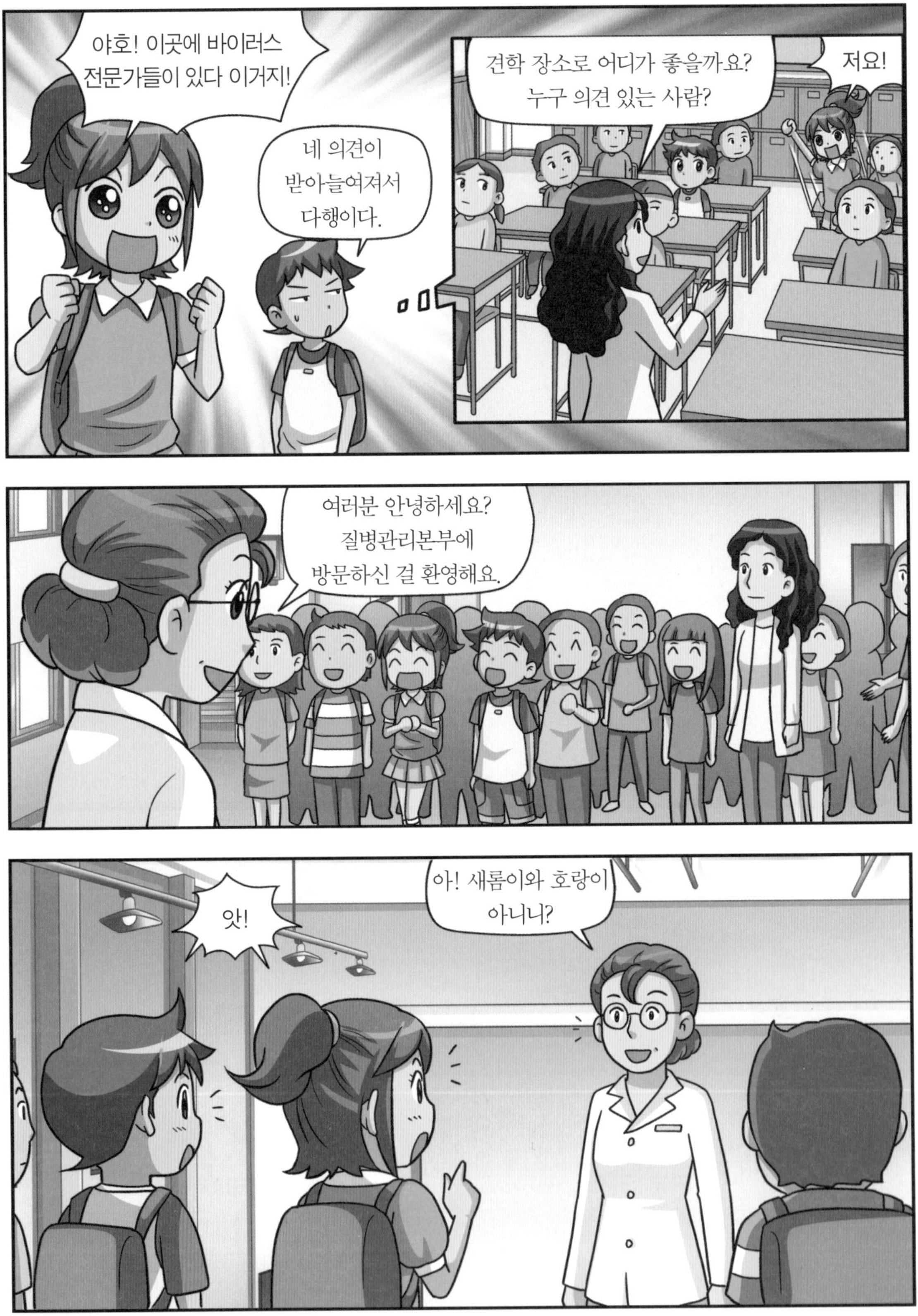

야호! 이곳에 바이러스 전문가들이 있다 이거지!
네 의견이 받아들여져서 다행이다.
견학 장소로 어디가 좋을까요? 누구 의견 있는 사람?
저요!
여러분 안녕하세요? 질병관리본부에 방문하신 걸 환영해요.
앗!
아! 새롬이와 호랑이 아니니?

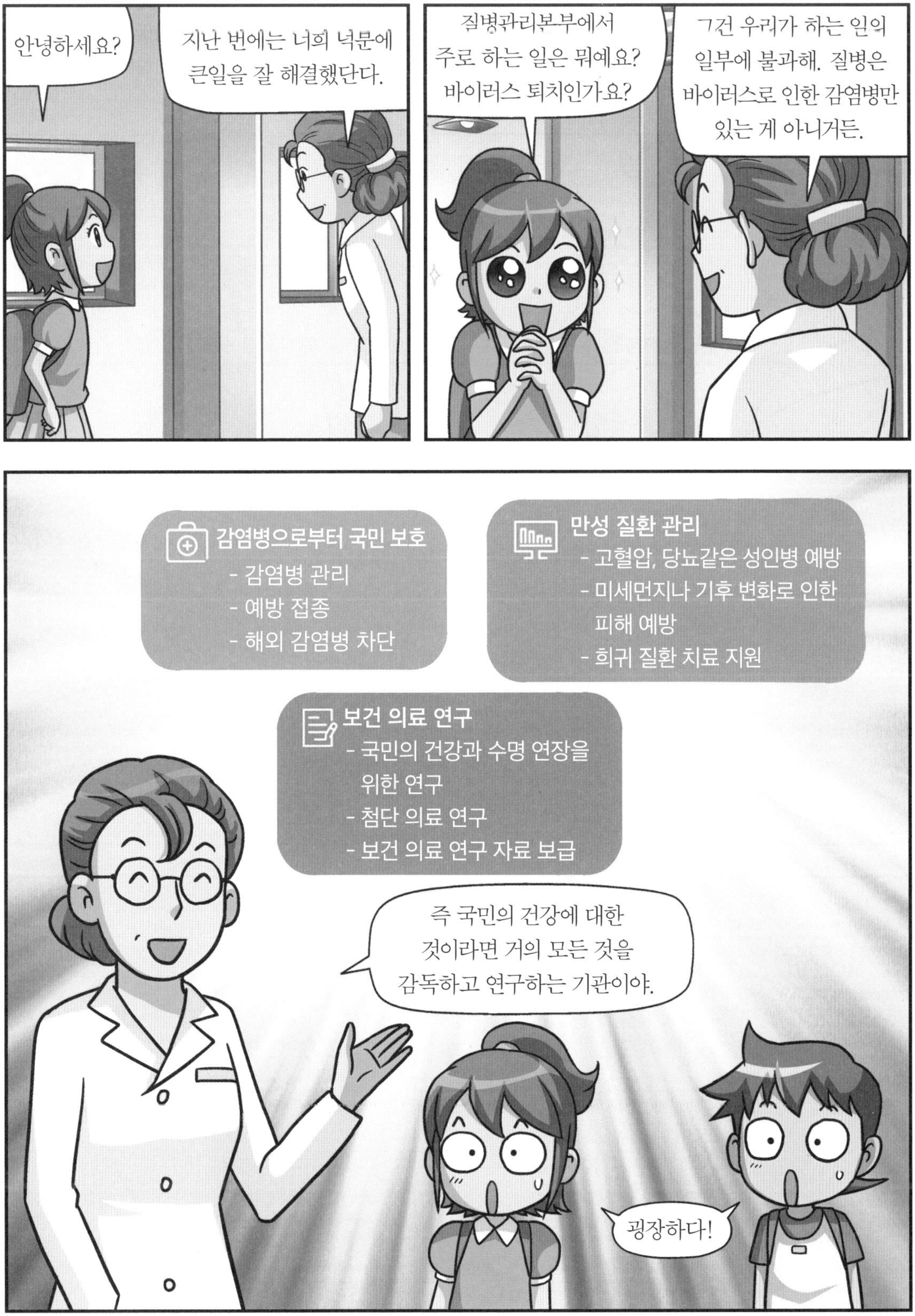

안녕하세요?
지난 번에는 너희 덕분에 큰일을 잘 해결했단다.
질병관리본부에서 주로 하는 일은 뭐예요? 바이러스 퇴치인가요?
그건 우리가 하는 일의 일부에 불과해. 질병은 바이러스로 인한 감염병만 있는 게 아니거든.
감염병으로부터 국민 보호
- 감염병 관리
- 예방 접종
- 해외 감염병 차단
만성 질환 관리
- 고혈압, 당뇨같은 성인병 예방
- 미세먼지나 기후 변화로 인한 피해 예방
- 희귀 질환 치료 지원
보건 의료 연구
- 국민의 건강과 수명 연장을 위한 연구
- 첨단 의료 연구
- 보건 의료 연구 자료 보급
즉 국민의 건강에 대한 것이라면 거의 모든 것을 감독하고 연구하는 기관이야.
굉장하다!

코로나19 바이러스는 전 세계적으로 확산됐어요. 그런데 우리나라의 경우 질병관리본부와 여러 전문가들이 최전선에서 활약한 덕분에 그 피해가 아주 적었답니다.

덕분에 우리나라의 국격이 상승하는 데도 한몫 했어요.

와아~

짝짝짝

질병관리본부 아래에는 여러 연구센터가 있어요. 그만큼 관련 전문가도 매우 많답니다.

감염병 연구센터	바이러스나 세균 질환 연구 백신 연구 신종 감염병 연구
생명의과학센터	호흡기 질환 연구 뇌나 심장 질환 연구 희귀 질환 연구
유전체센터	유전자 연구 생명 과학 연구

그런데 새롬이는 유독 바이러스 쪽에 관심이 많구나.

원래 바이러스 전문가가 되고 싶었는데 그 사고 이후로 관심이 더 많아졌어요.

최근에는 국내 발생보다 해외에서 들어오는 바이러스 감염병이 더 큰 문제가 되고 있어.

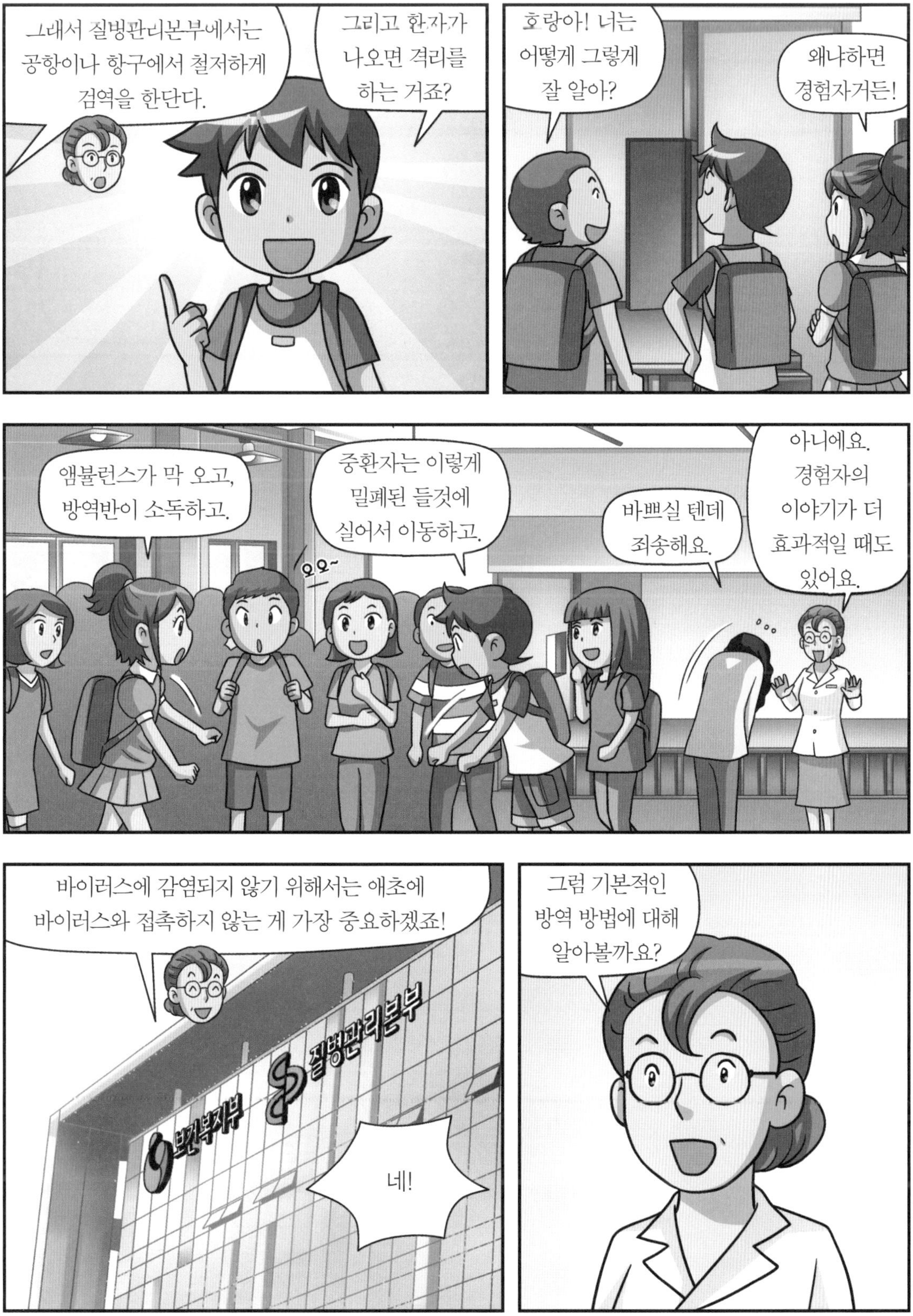
그래서 질병관리본부에서는 공항이나 항구에서 철저하게 검역을 한단다.
그리고 환자가 나오면 격리를 하는 거죠?
호랑아! 너는 어떻게 그렇게 잘 알아?
왜냐하면 경험자거든!
앰뷸런스가 막 오고, 방역반이 소독하고.
오오~
중환자는 이렇게 밀폐된 들것에 실어서 이동하고.
바쁘실 텐데 죄송해요.
아니에요. 경험자의 이야기가 더 효과적일 때도 있어요.
바이러스에 감염되지 않기 위해서는 애초에 바이러스와 접촉하지 않는 게 가장 중요하겠죠!
질병관리본부
보건복지부
네!
그럼 기본적인 방역 방법에 대해 알아볼까요?

바이러스 감염병에 대한 다섯 가지 개인 방역 방법

첫째 :
아프면 밖에 나가지 않고 3~4일간 집에 머물기

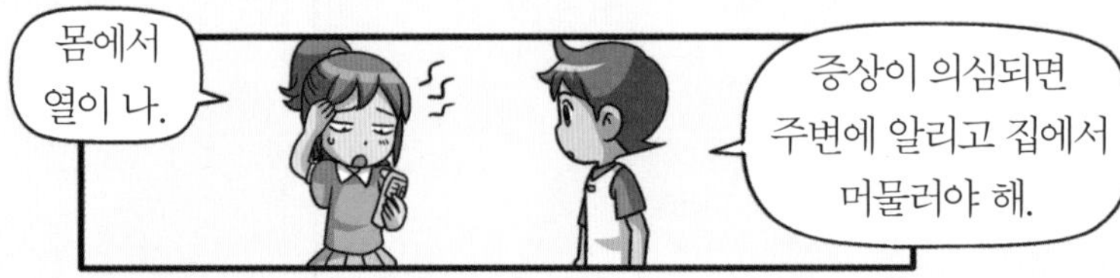

몸에서 열이 나.
증상이 의심되면 주변에 알리고 집에서 머물러야 해.

둘째 :
사람과 사람 사이는 두 팔 간격으로 거리 두기

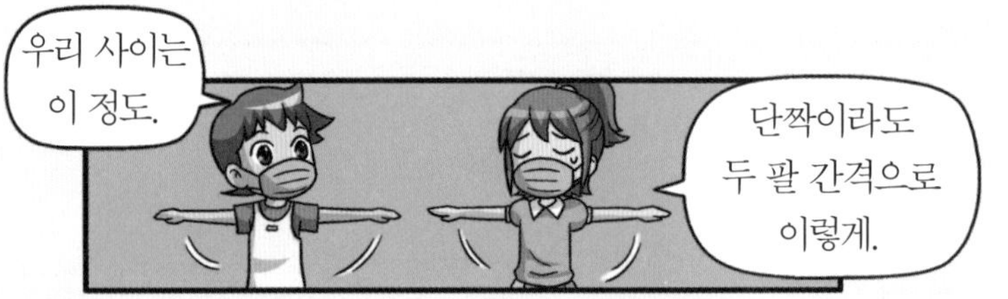

우리 사이는 이 정도.
단짝이라도 두 팔 간격으로 이렇게.

셋째 :
30초 손 씻기, 기침은 옷소매에 하기

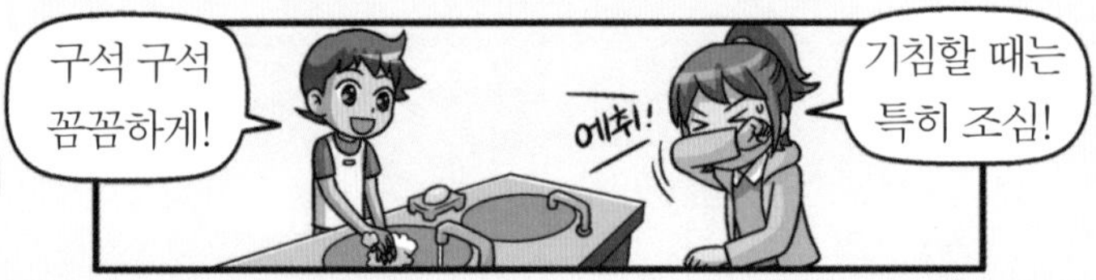

구석 구석 꼼꼼하게!
에취!
기침할 때는 특히 조심!

넷째 :
매일 2번 이상 환기하고 주기적으로 소독하기

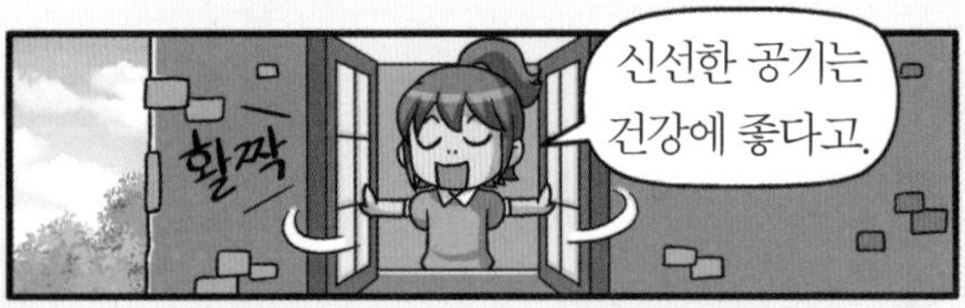

활짝
신선한 공기는 건강에 좋다고.

다섯째 :
거리는 멀어져도 마음은 가까이

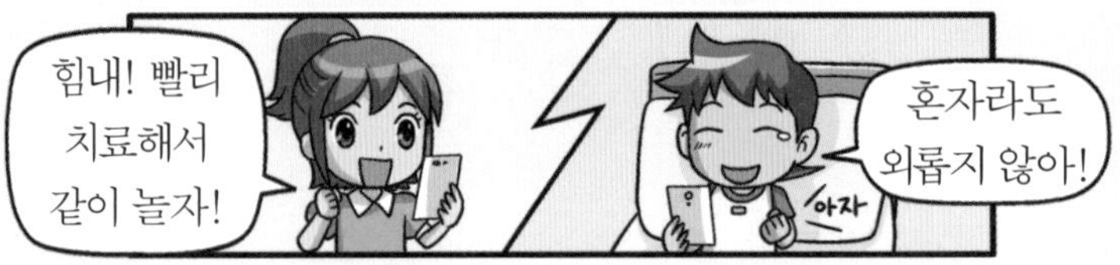

힘내! 빨리 치료해서 같이 놀자!
혼자라도 외롭지 않아!
아자

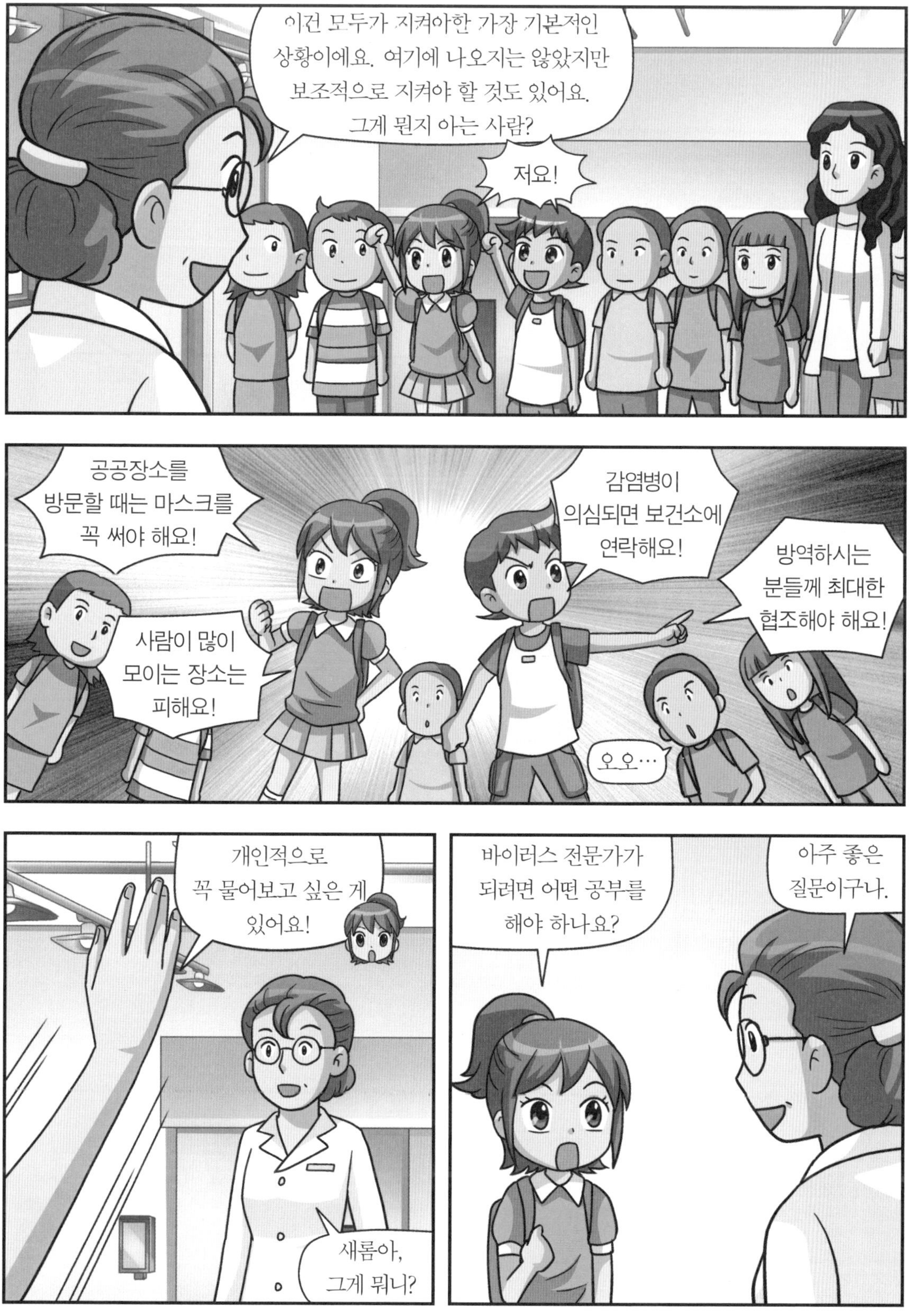

이건 모두가 지켜야한 가장 기본적인 상황이에요. 여기에 나오지는 않았지만 보조적으로 지켜야 할 것도 있어요. 그게 뭔지 아는 사람?
저요!
공공장소를 방문할 때는 마스크를 꼭 써야 해요!
감염병이 의심되면 보건소에 연락해요!
방역하시는 분들께 최대한 협조해야 해요!
사람이 많이 모이는 장소는 피해요!
오오…
개인적으로 꼭 물어보고 싶은 게 있어요!
새롬아, 그게 뭐니?
바이러스 전문가가 되려면 어떤 공부를 해야 하나요?
아주 좋은 질문이구나.

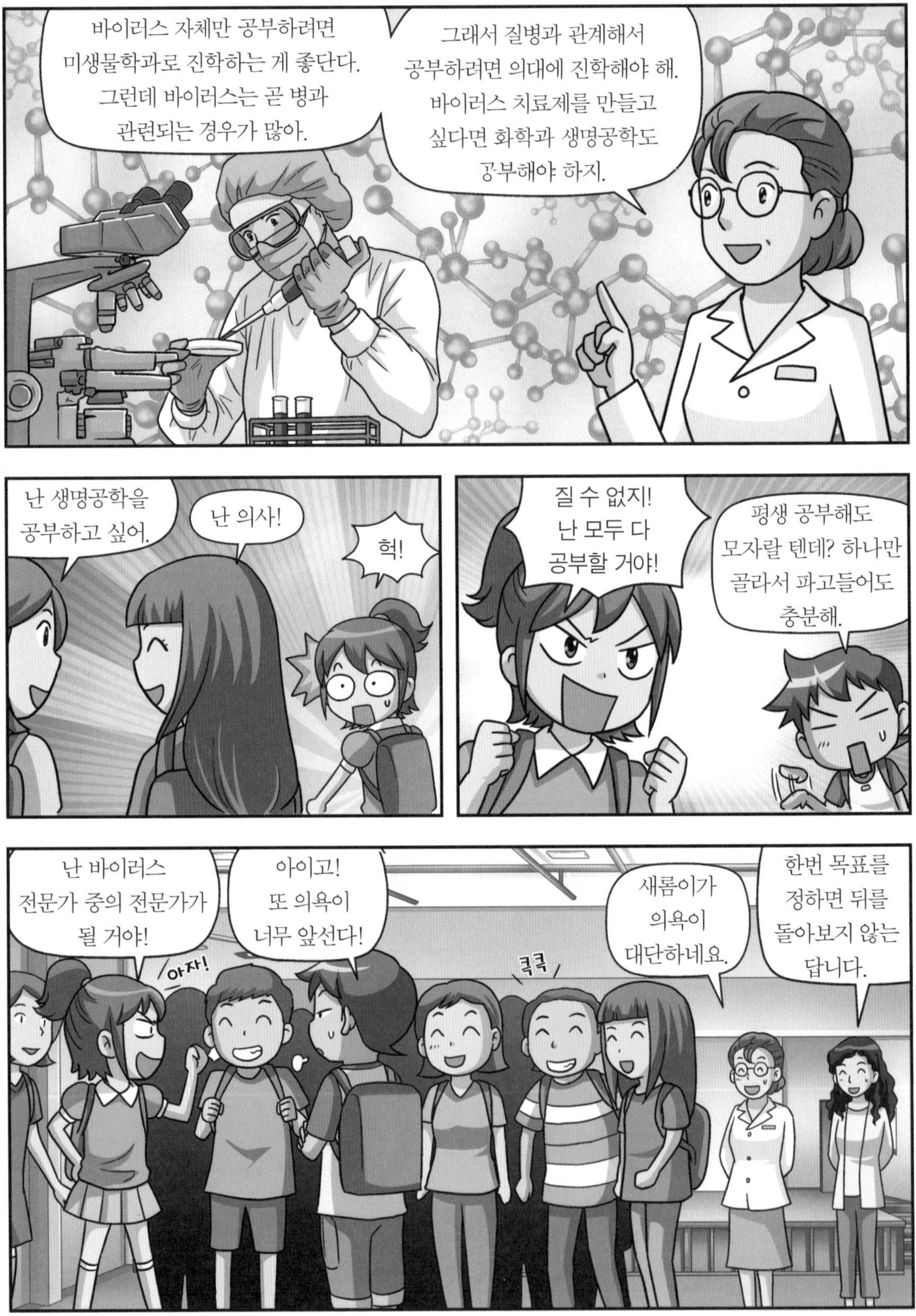
바이러스 자체만 공부하려면 미생물학과로 진학하는 게 좋단다. 그런데 바이러스는 곧 병과 관련되는 경우가 많아.
그래서 질병과 관계해서 공부하려면 의대에 진학해야 해. 바이러스 치료제를 만들고 싶다면 화학과 생명공학도 공부해야 하지.
난 생명공학을 공부하고 싶어.
난 의사!
헉!
질 수 없지! 난 모두 다 공부할 거야!
평생 공부해도 모자랄 텐데? 하나만 골라서 파고들어도 충분해.
난 바이러스 전문가 중의 전문가가 될 거야!
아자!
아이고! 또 의욕이 너무 앞선다!
킥킥
새롬이가 의욕이 대단하네요.
한번 목표를 정하면 뒤를 돌아보지 않는 답니다.

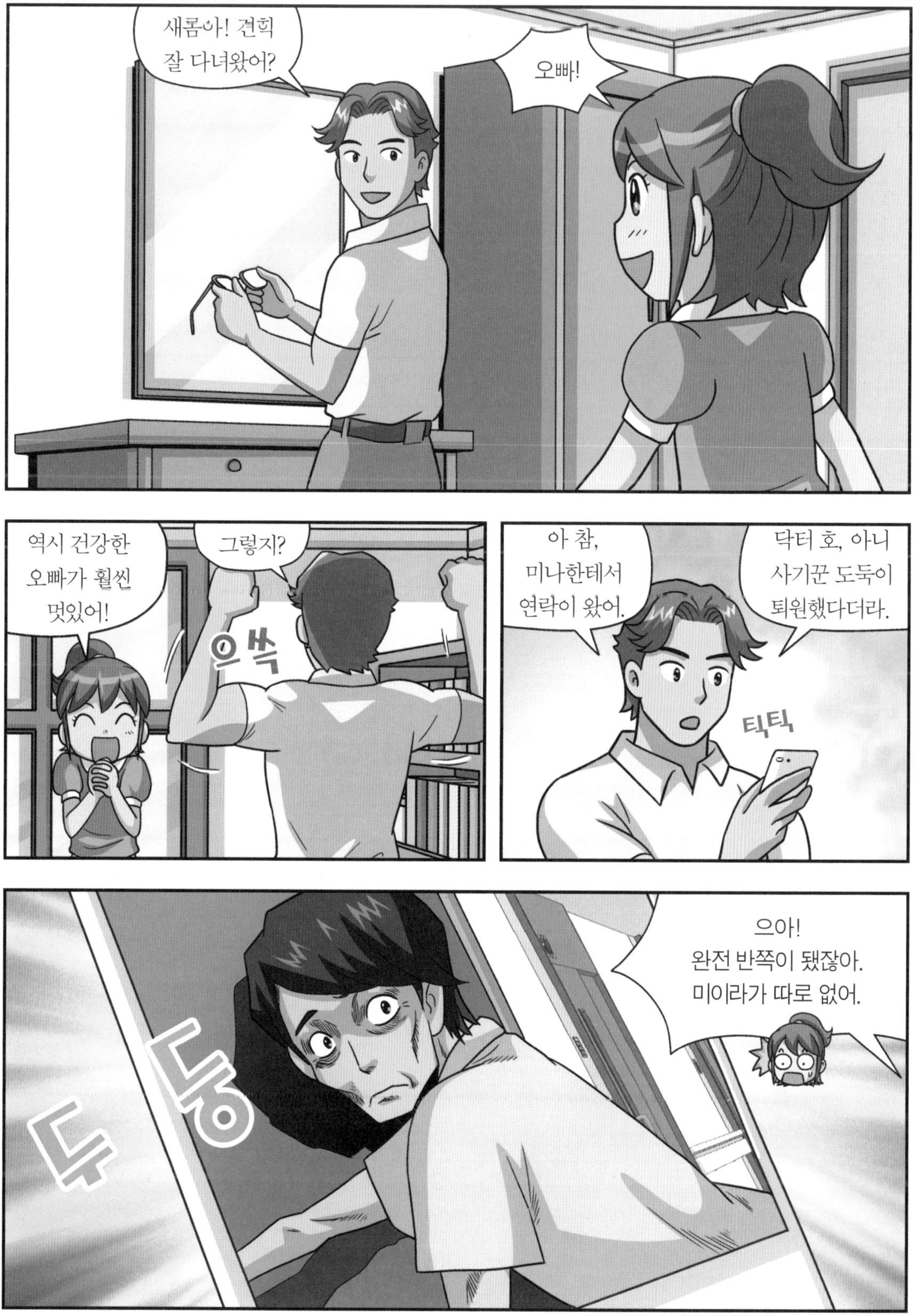
새롬아! 견학 잘 다녀왔어?
오빠!
역시 건강한 오빠가 훨씬 멋있어!
그렇지?
으쓱
아 참, 미나한테서 연락이 왔어.
닥터 호, 아니 사기꾼 도둑이 퇴원했다더라.
틱틱
두둥
으아! 완전 반쪽이 됐잖아. 미이라가 따로 없어.

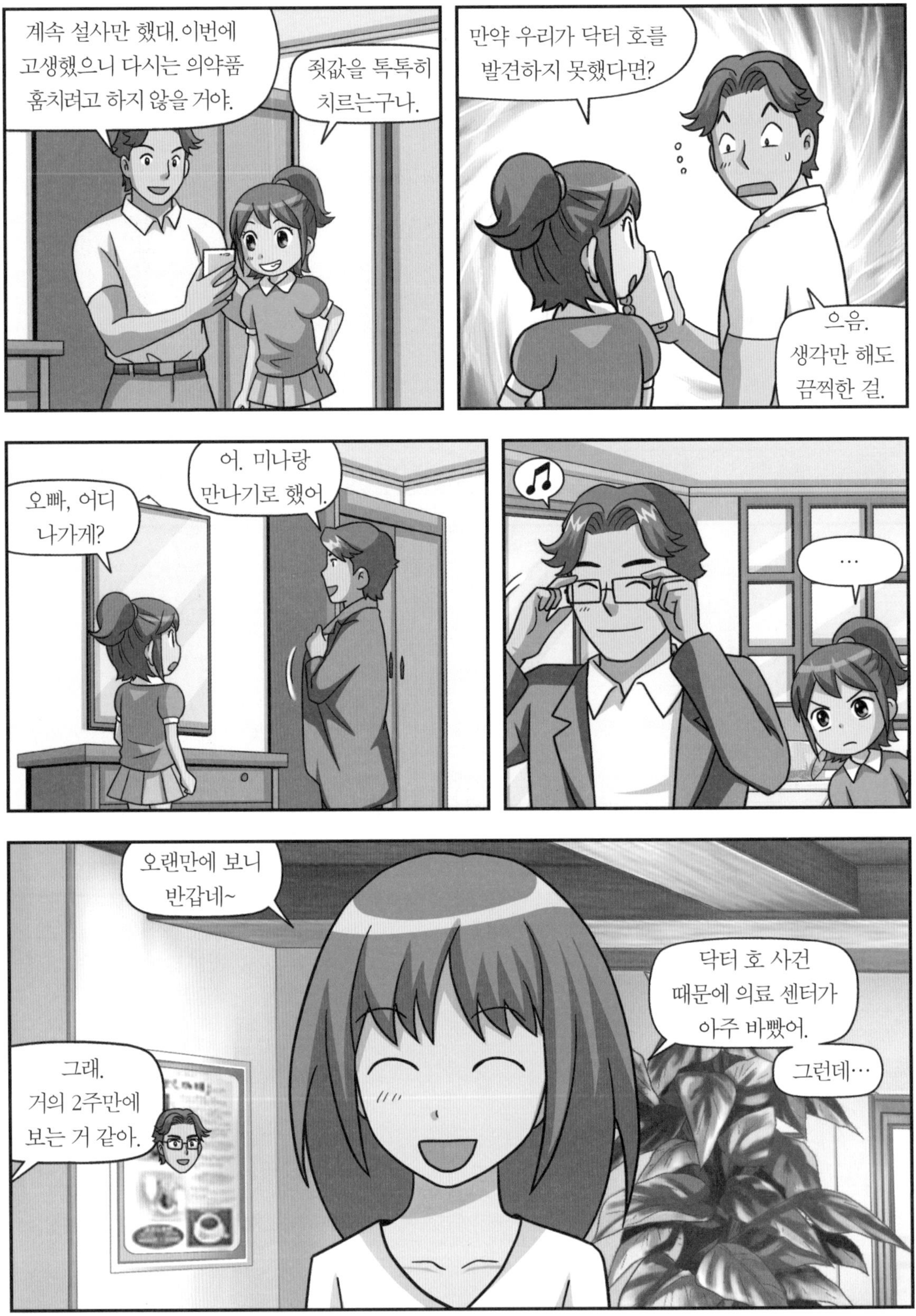
계속 설사만 했대. 이번에 고생했으니 다시는 의약품 훔치려고 하지 않을 거야.
죗값을 톡톡히 치르는구나.
만약 우리가 닥터 호를 발견하지 못했다면?
으음. 생각만 해도 끔찍한 걸.
오빠, 어디 나가게?
어. 미나랑 만나기로 했어.
…
오랜만에 보니 반갑네~
그래. 거의 2주만에 보는 거 같아.
닥터 호 사건 때문에 의료 센터가 아주 바빴어.
그런데…

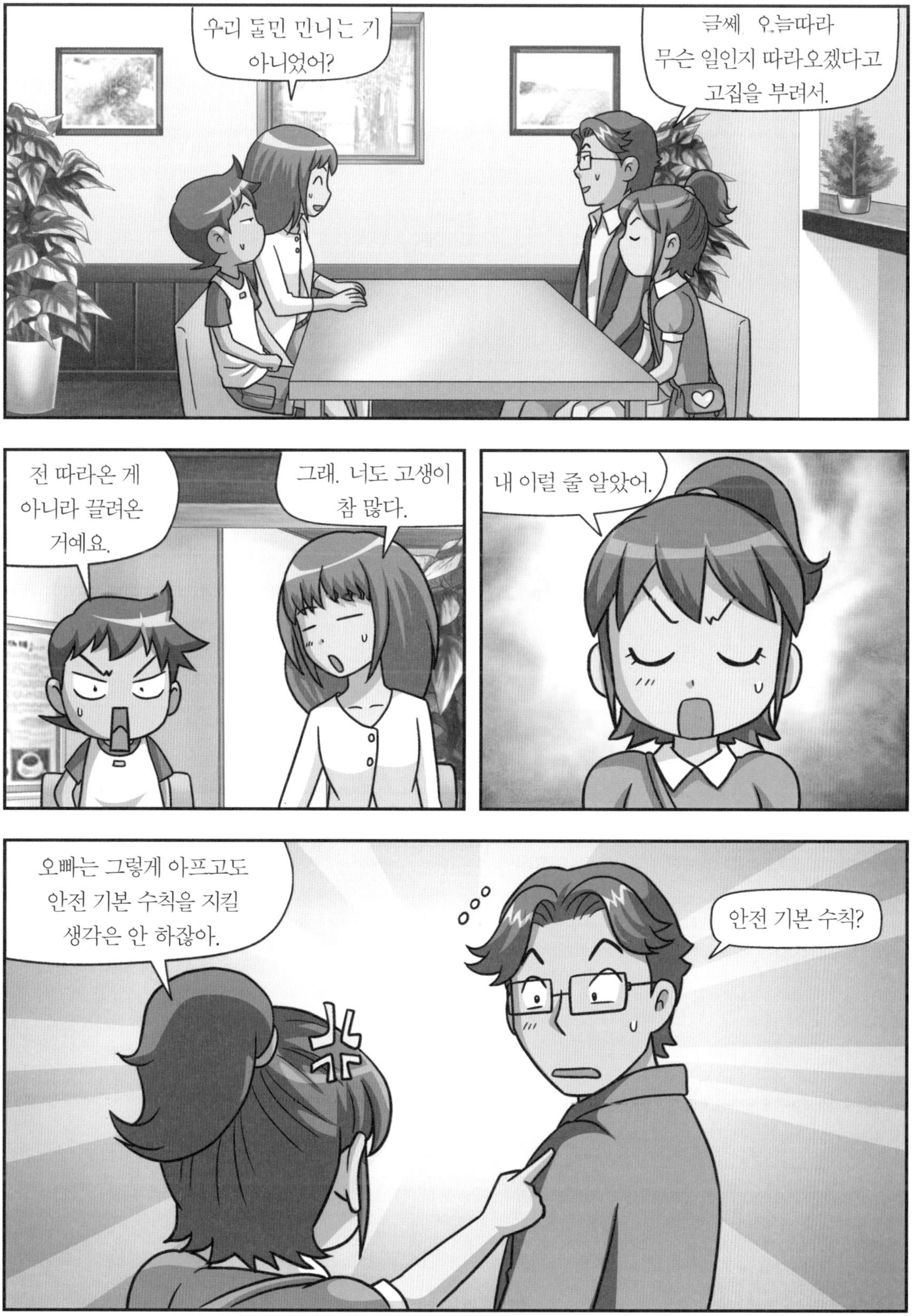
우리 돌민 민니는 키
아니었어?
글쎄. 오늘따라
무슨 일인지 따라오겠다고
고집을 부려서.
전 따라온 게
아니라 끌려온
거예요.
그래. 너도 고생이
참 많다.
내 이럴 줄 알았어.
오빠는 그렇게 아프고도
안전 기본 수칙을 지킬
생각은 안 하잖아.
안전 기본 수칙?

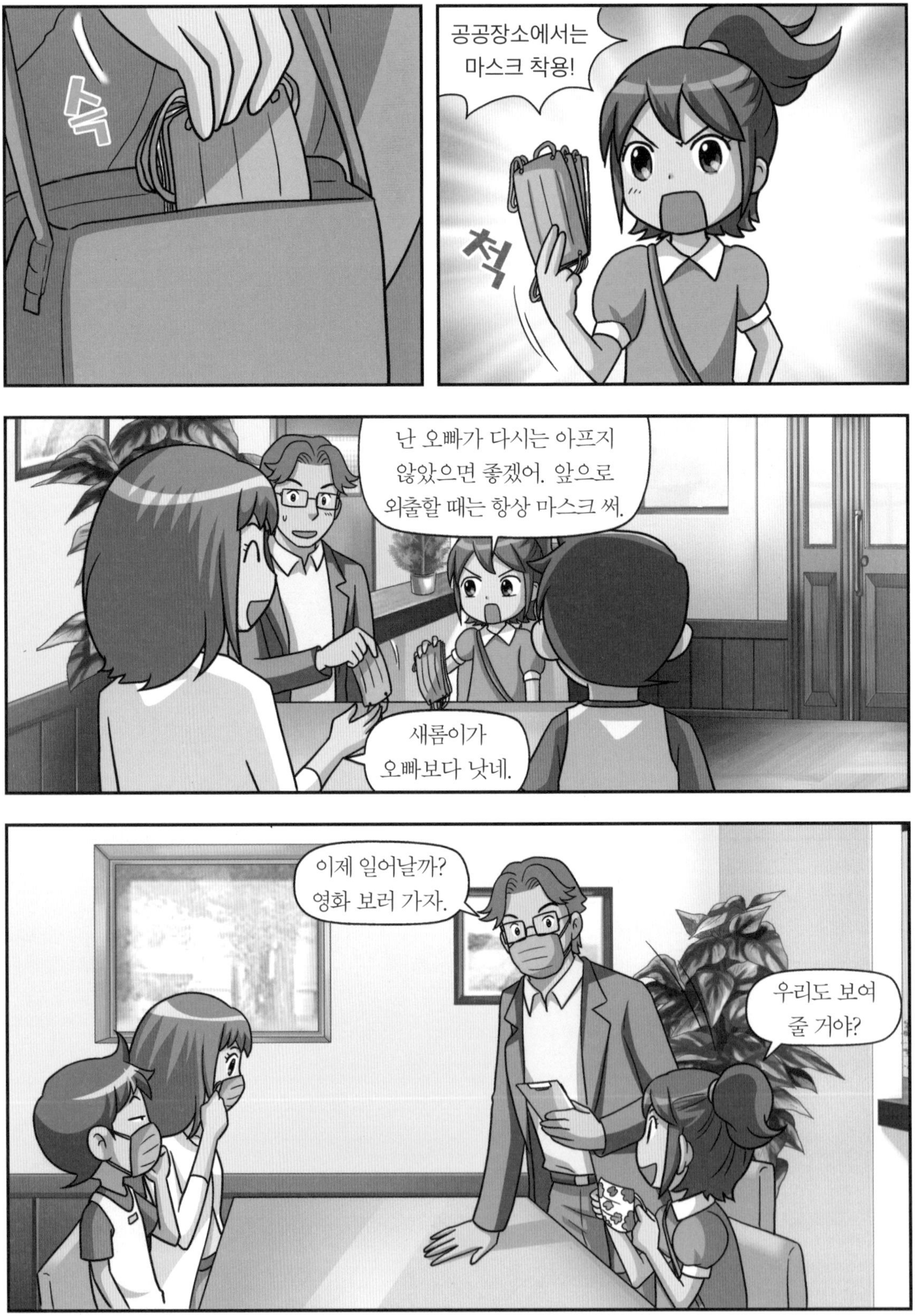

쏙
공공장소에서는 마스크 착용!
척
난 오빠가 다시는 아프지 않았으면 좋겠어. 앞으로 외출할 때는 항상 마스크 써.
새롬이가 오빠보다 낫네.
이제 일어날까? 영화 보러 가자.
우리도 보여 줄 거야?

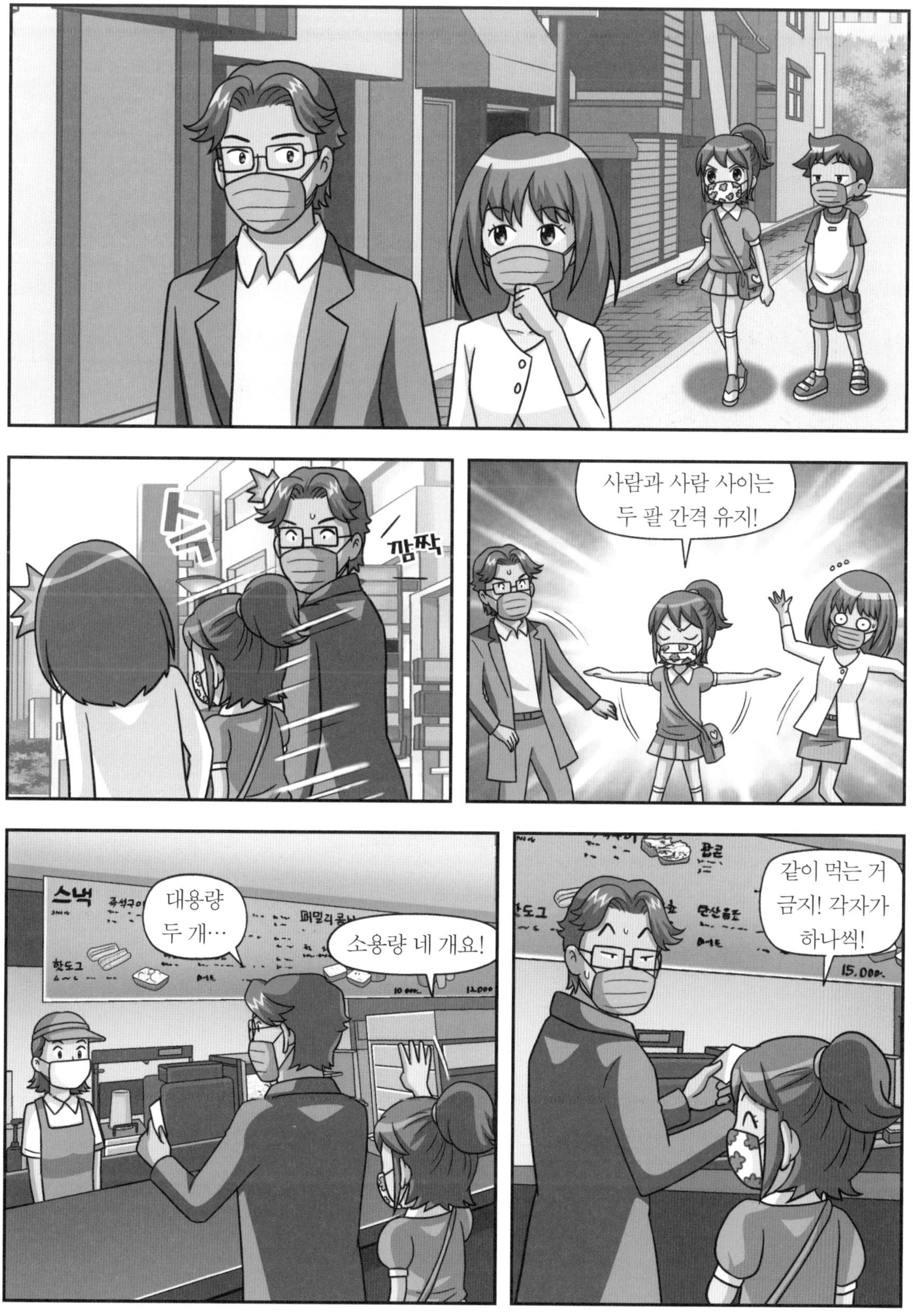
깜짝
사람과 사람 사이는 두 팔 간격 유지!
대용량 두 개…
소용량 네 개요!
같이 먹는 거 금지! 각자가 하나씩!

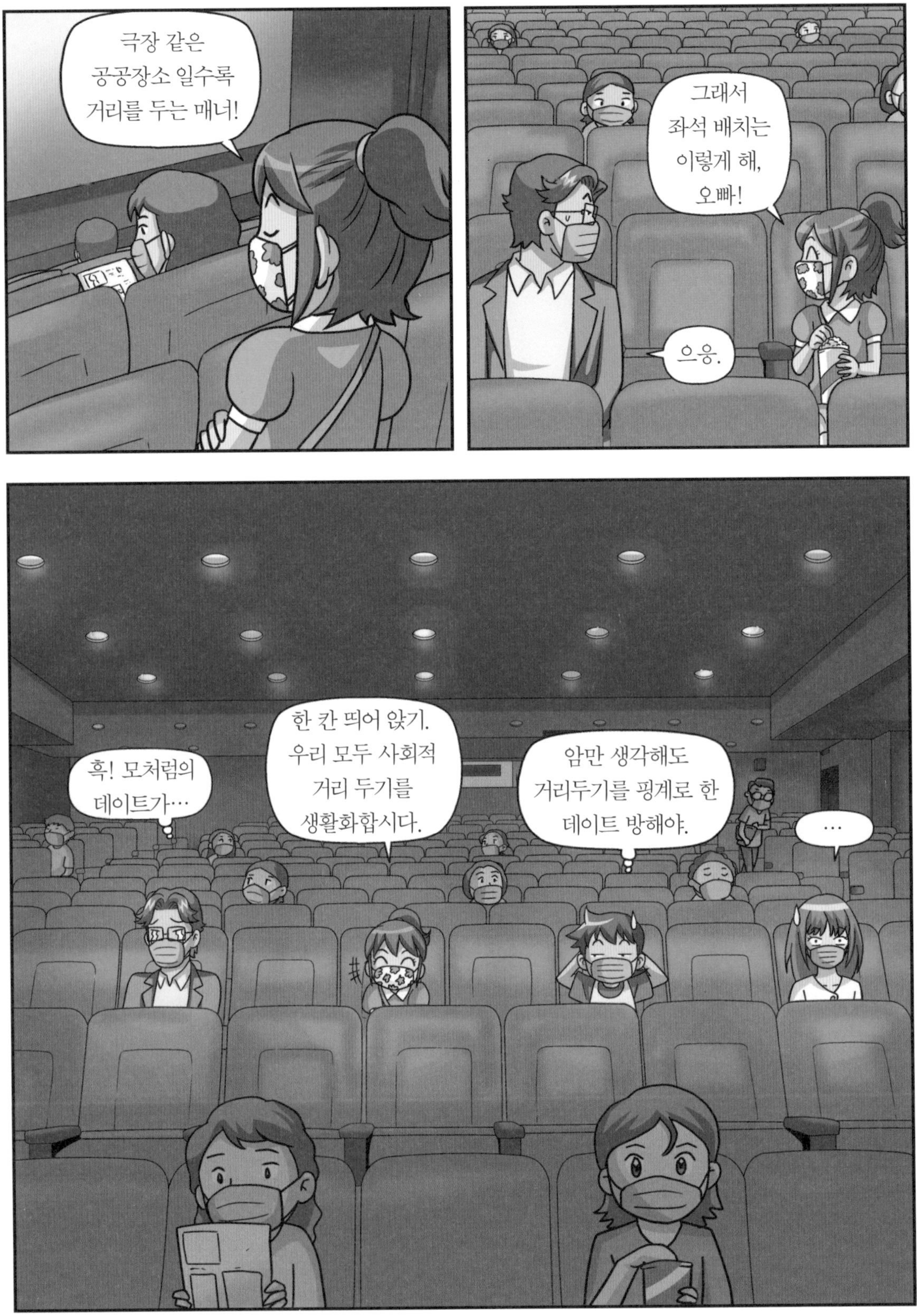
극장 같은 공공장소 일수록 거리를 두는 매너!
그래서 좌석 배치는 이렇게 해, 오빠!
으응.
흑! 모처럼의 데이트가…
한 칸 띄어 앉기. 우리 모두 사회적 거리 두기를 생활화합시다.
암만 생각해도 거리두기를 핑계로 한 데이트 방해야.
…

팬데믹

세계보건기구(WHO)는 감염병의 위험도에 따라 전염병 경보단계를 1~6단계로 나누고 있어요. 최고 경고 등급 6단계인 팬데믹에 대해서 알아볼까요?

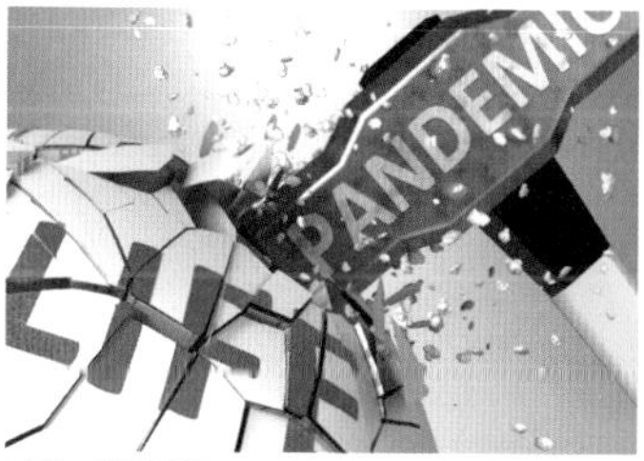
PANDEMIC

전염병 경보단계를 살펴보면, 1단계는 동물 사이에 한정된 전염으로 사람에게는 안전한 상태, 2단계는 동물 사이에서 전염되다가 소수의 사람에게도 전염된 상태예요. 3단계는 사람 사이의 전염이 증가한 상태, 4단계는 사람 사이의 전염이 급속히 퍼지기 시작하여 세계적 유행병이 발생할 수 있는 초기 상태, 5단계는 전염이 널리 퍼져 한 대륙의 최소 2개국에서 병이 유행하는 상태예요. 최고 경고 등급인 6단계가 바로 팬데믹이에요. 팬데믹은 특정 질병이 전 세계적으로 유행하는 것으로 감염병이 특정 권역을 넘어 2개 대륙 이상으로 확산될 때를 말해요.

전염병 경보 단계에 따라 국가의 대응도 달라지는데요. 먼저 1~3단계에서는 주로 대비책을 준비하고, 4단계부터는 각국에서 여행자제 조치 등 구체적인 전염병 확산 방지 지침을 내리고 철저한 예방에 돌입해요.

WHO는 1948년 설립된 이래 세 번 팬데믹을 선언했어요. 1968년 홍콩독감과 2009년 신종플루, 2020년 코로나19예요.

내 몸의 면역력 키우기

우리가 바이러스의 공격을 막고 우리 몸을 보호하려면 면역을 튼튼히 해야 해요. 면역력을 키우는 방법은 뭐가 있는지 그 방법을 알아볼까요?

감염이나 질병에 대항하고 병원균과 싸워 이길 수 있는 힘을 면역력이라고 해요. 면역력을 키우기 위해서는 규칙적인 생활, 가벼운 운동, 균형 있는 식사, 충분한 수면, 즐거운 마음을 갖는 것이 중요해요.

불규칙하게 생활하면 신체 리듬이 깨지기 때문에 면역력이 약해질 수 있어요. 공부하는 시간, 운동하는 시간, 잠자는 시간, 식사하는 시간 등을 정해 놓고 그 시간에 맞춰 규칙적으로 생활해야 해요.

매주 5회, 매회 45분 이상 유산소 운동을 하면 질병에 걸릴 확률이 절반으로 떨어진다는 연구 결과가 있어요. 걷기, 가벼운 운동, 스트레칭 등은 호흡과 혈액순환을 원활하게 하고 면역계를 자극해서 면역력을 높여요.

편식하지 말고 영양을 골고루 섭취하는 것이 중요해요. 폭식하거나 굶지 말고 일정량을 정해진 시간에 먹어야 건강 유지에 필요한 영양분을 공급할 수 있어요. 패스트푸드보다는 과일, 버섯, 발효식품 등을 먹는 것이 좋아요.

잠을 잘 때 뇌에서 분비되는 멜라토닌은 세포를 재생시키고 면역력을 높여주는 아주 중요한 호르몬이에요. 오후 11시부터 오전 3시까지 멜라토닌이 많이 분비된답니다. 하루에 7시간 이상 충분히 자는 것이 좋아요.

스트레스는 만병의 근원이라고 하지요? 마음을 평안히 그리고 즐겁게 하는 것도 면역력을 높이는 방법이랍니다.

나는 **바이러스** 전문가가 될 거야!

초판 1쇄 발행 · 2020년 8월 28일
초판 2쇄 발행 · 2021년 9월 10일

지은이 · Team. 신화
그린이 · Team. 신화
펴낸이 · 이종문(李從聞)
펴낸곳 · 국일아이

등 록 · 제406-2008-000032호
주 소 · 경기도 파주시 광인사길 121 파주출판문화정보산업단지(문발동)
영업부 · Tel 031)955-6050 | Fax 031)955-6051
편집부 · Tel 031)955-6070 | Fax 031)955-6071

평생전화번호 · 0502-237-9101~3

홈페이지 · www.ekugil.com
블 로 그 · blog.naver.com/kugilmedia
페이스북 · www.facebook.com/kugilmedia
E-mail · kugil@ekugil.com

• 값은 표지 뒷면에 표기되어 있습니다.
• 잘못된 책은 구입하신 서점에서 바꿔드립니다.

ISBN 979-11-87007-70-8(14300)
    979-11-87007-97-5(세트)

워크북

Job?

나는 바이러스 전문가가
될 거야!

국일아이

목차

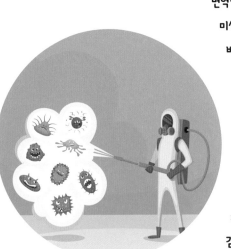

2

워크북 활용법

직업 탐험   각 기관의 대표 직업(네 가지)이 하는 일, 필요한 지식, 자질 등에 관한 정보뿐만 아니라 관련 직업에 관한 정보를 얻어요.

직업 놀이터   다른 그림 찾기, 숨은그림찾기, 미로 찾기, 색칠하기, ○× 퀴즈 등 재미있는 놀이 요소를 통해 직업 상식을 알아봐요.

직업 톡톡   직업 윤리나 직업과 관련한 이야기로 자신의 생각을 표현하며 직업을 간접 체험해요.

NCS
(국가직무능력표준)

국가직무능력표준(NCS, National Competency Standards)이란 국가가 현장에서 직무를 수행하는 데 필요한 지식, 기술, 태도 등을 산업별, 수준별로 표준화한 것을 말한다. 대분류 24개, 중분류 79개, 소분류 253개, 세분류 1,001개로 표준화되었으며 계속 계발 중이므로 더 추가될 예정이다.

국가직무능력표준(NCS)에 따른 24개 분야의 직업군

01 사업 관리	02 경영·회계 사무	03 금융·보험	04 교육·자연 사회 과학	05 법률·경찰 소방·교도·국방
06 보건·의료	07 사회 복지·종교	08 문화·예술 디자인·방송	09  운전·운송	10 영업·판매
11  경비·청소	12 이용·숙박·여행 오락·스포츠	13 음식 서비스	14 건설	15 기계
16 재료	17 화학	18 섬유·의류	19 전기·전자	20 정보 통신
21 식품 가공	22 인쇄·목재 가구·공예	23 환경·에너지·안전	24 농림·어업	

등장인물의 특징 알아보기

《job? 나는 바이러스 전문가가 될 거야!》에는 새롬, 호랑, 다롬, 미나, 닥터 호 등이 등장한다. 각 인물을 떠올리며 빈칸을 채워보자.

인물	특징
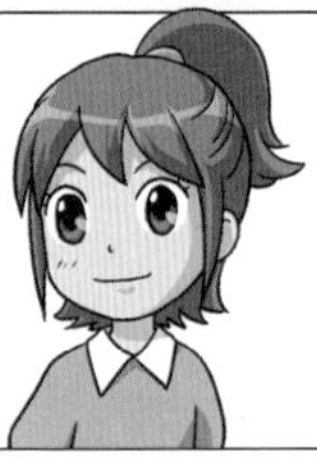 새롬	적극적인 성격으로 좌우 안 가리고 돌진하는 돈키호테형 12살 소녀다. 용기있고 책임감이 강해서 늘 솔선수범한다. 오빠 다롬의 열렬한 추종자인데 다롬이가 코로나19에 걸려 수척해진 것을 보고 ________________가 되기로 결심한다.
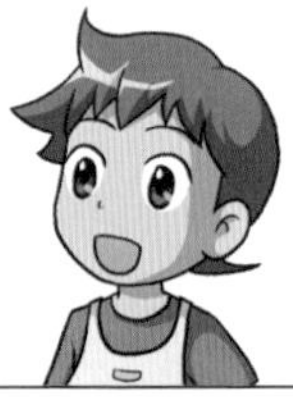 호랑	새롬이와 유치원 때부터 절친인 12살 소년이다. 새롬과 달리 쿨하고 차분하다. 잘난체하는 구석이 있지만, 맡은 임무는 깨끗이 해내는 모범생이다. 작은 것 하나도 놓치지 않은 덕에 연구소 범인을 잡는데 큰 공을 세운다.
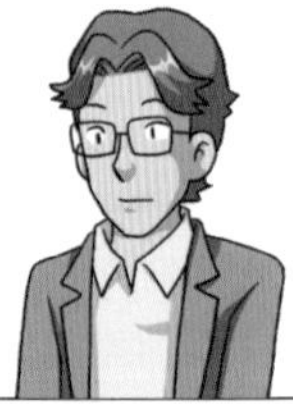 다롬	낙천적이고 유머스러운 성격의 새롬이 오빠다. 운동 만능에 머리도 좋은 엄친아지만 유학 중 ________________에 걸려 초췌해졌다. 완치자의 혈청이 코로나 확진자를 도울 수 있다고 하여 미나의 연구소로 갔다가 엄청난 일을 겪는다.
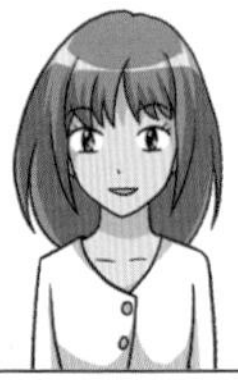 미나	다롬의 여자친구로 혈액의 항체 분석을 하는 _________________다. 쿨하고 솔직한 성격이다. 새롬이와 호랑이에게 연구실 견학 프로그램을 소개하고 바이러스 전문가에 대해서 배울 수 있도록 돕는다.
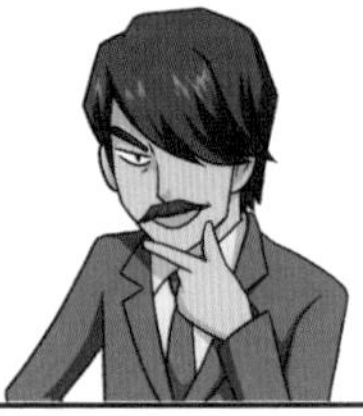 닥터 호	병원이나 연구소를 들락거리며 의약품을 훔쳐가는 도둑이자 사기꾼이다. 양복을 빼입은 신사 차림으로 근엄하고 깐깐해 보이지만, 허술하고 허점이 많은 도둑이다.

궁금해요, 바이러스

바이러스는 라틴어로 '독'을 의미하는 단어다. 자기 복제 기능만 가진 가장 작고 단순한 생명체인 바이러스는 인간에게 치명적인 독이 되기도 한다. 다음 중 바이러스에 관한 설명으로 알맞은 것을 모두 찾아보자. (정답은 네 개)

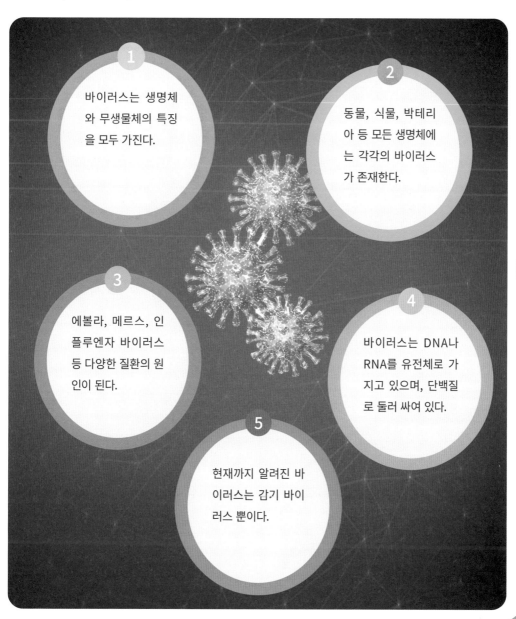

1 바이러스는 생명체와 무생물체의 특징을 모두 가진다.

2 동물, 식물, 박테리아 등 모든 생명체에는 각각의 바이러스가 존재한다.

3 에볼라, 메르스, 인플루엔자 바이러스 등 다양한 질환의 원인이 된다.

4 바이러스는 DNA나 RNA를 유전체로 가지고 있으며, 단백질로 둘러 싸여 있다.

5 현재까지 알려진 바이러스는 감기 바이러스 뿐이다.

면역학자(생물의학자)는 무슨 일을 할까?

면역학은 프랑스의 파스퇴르가 최초로 근대화된 예방접종법을 개발하면서 본격적으로 발전하기 시작했다. 그리고 러시아의 생물학자 메치니코프에 의해 면역학 연구가 촉진되었다. 면역학자가 하는 일에 대해 바르게 말한 친구는 누구인지 찾아보자. (정답은 네 개)

준영

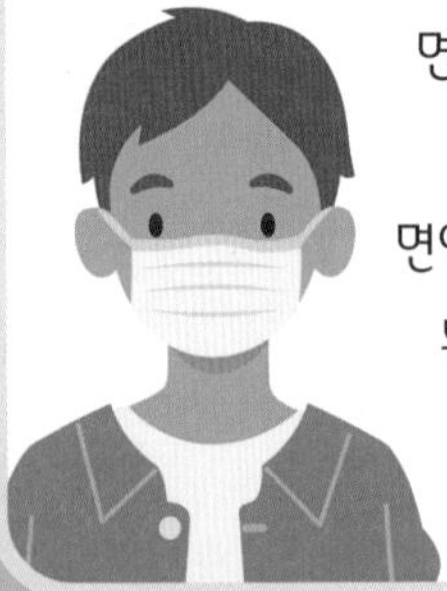

면역계의 오류로 인한 질환 및 면역계의 생리학적 특성에 대해서 연구해.

지율

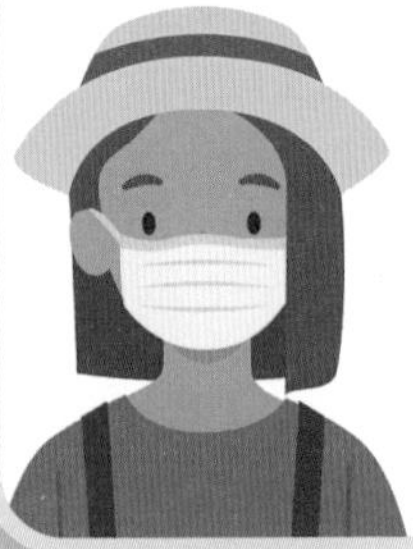

생물의학의 한 분야로 여러 생물체의 면역계에 대해 연구해.

정환

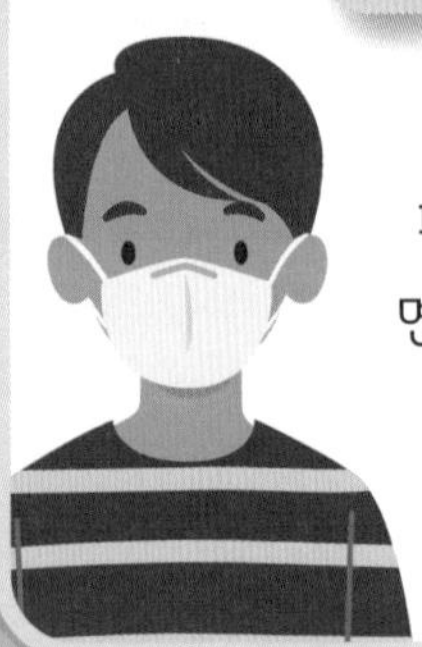

이식된 조직이 파괴되지 않도록 면역기능의 적절한 억제에 대해 연구해.

규진

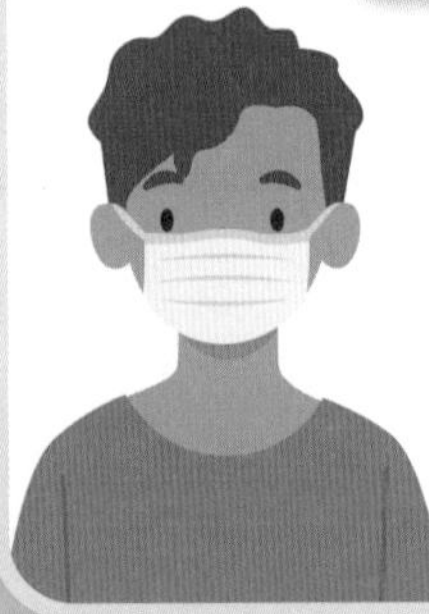

바이러스로 감염된 사람들의 동선을 파악하고 감염자를 격리해.

혜승

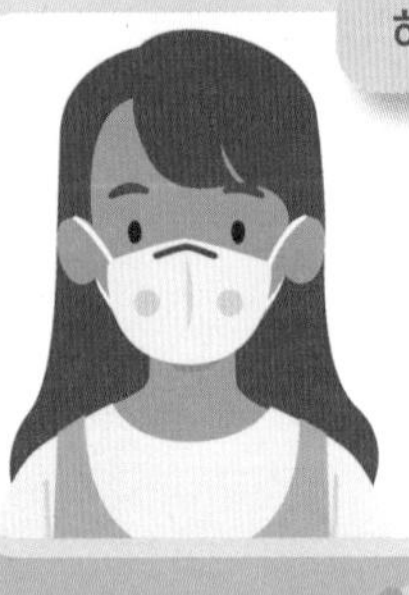

면역체계에 영향을 미치는 질병과 치료 방법을 연구해.

미생물학자에 대해 알아보자

미생물학은 바이러스를 연구하는 바이러스학, 기생생물과 숙주의 관계를 연구하는 기생충학, 균류를 연구하는 균류학, 그리고 세균을 연구하는 세균학 등으로 나뉜다. 미생물학자가 하는 일을 바르게 설명한 현미경에 색칠해 보자. (정답은 네 개)

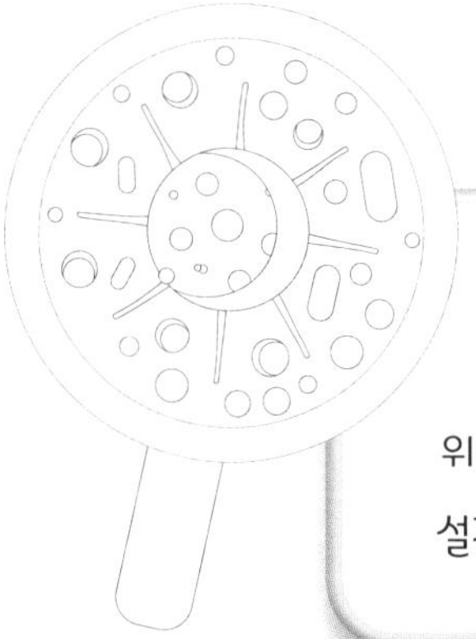

1

환자의 건강 증진을 위한 의료기기를 설계하고 개발해.

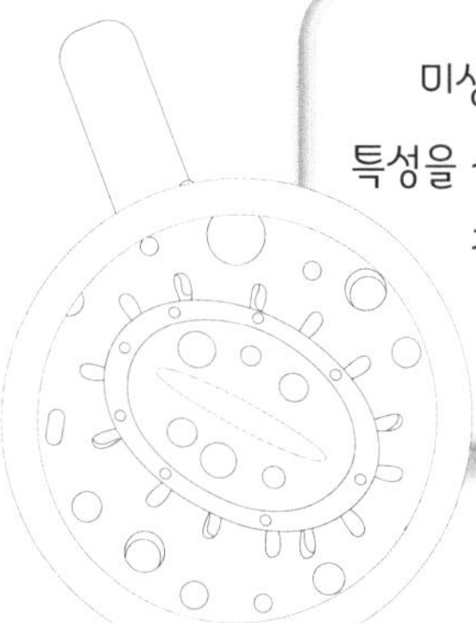

2

미생물의 본질과 특성을 산업·의료 분야에 적용하기 위한 연구를 해.

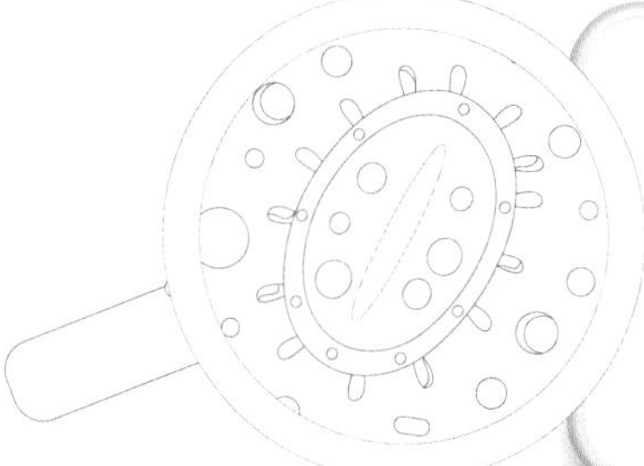

3

세균과 기타 미생물을 분리한 후 세균배양실험을 통해 세균의 성장과 번식을 촉진하거나 통제하는 조건을 측정해.

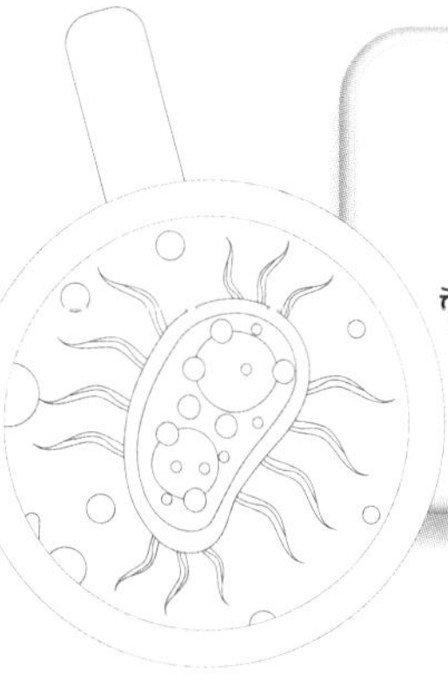

4

단세포생물이나 다세포생물 같은 현미경으로 볼 수 있는 작은 생물을 연구해.

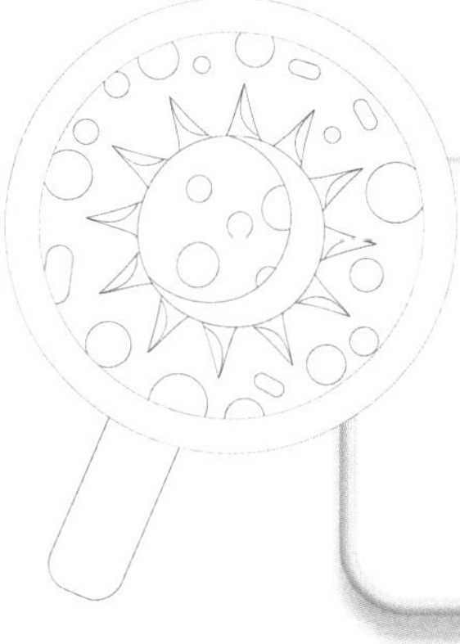

5

사람에게 질병을 일으키는 미생물을 연구해.

바이러스 백신 개발자에 대해 알아보자

바이러스 백신 개발자는 신종 백신을 개발한다. 바이러스 백신 개발자에 대해 알맞게 설명한 번호에 동그라미로 표시해 보자.

1 바이러스를 인공적으로 배양하면서 약물로 바이러스의 독성을 낮춘다. (   )

2 후보 백신을 동물에게 시험해 보고, 안전하다고 판단되면 사람을 대상으로 임상시험을 진행한다. (   )

3 생명에 대한 관심과 존중보다 연구 결과가 훨씬 더 중요하다. (   )

4 생물학적 호기심을 가지고 생물학, 유전공학, 생명과학 등을 공부해야 한다. (   )

5 가격과 효과 등을 고려해 백신 보급 여부를 결정한다. (   )

역학조사관은 무슨 일을 할까?

역학조사관은 감염병 역학조사에 관한 사무를 처리하는 전문가다. 역학조사관이 하는 일에 대해 바르게 설명한 사람은 누구인지 찾아보자. (정답은 세 개)

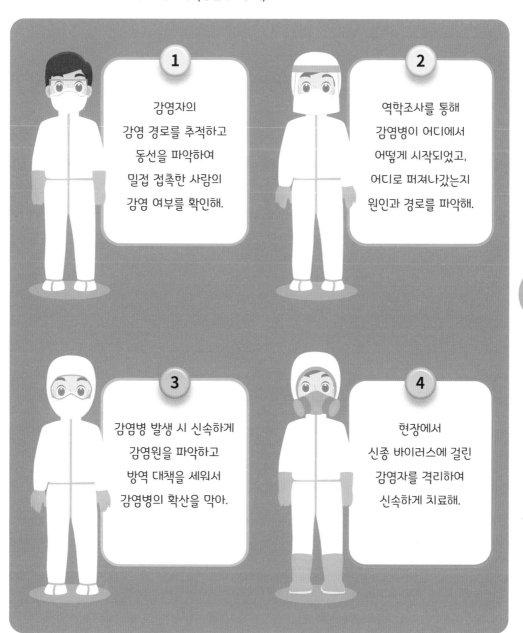

1
감염자의
감염 경로를 추적하고
동선을 파악하여
밀접 접촉한 사람의
감염 여부를 확인해.

2
역학조사를 통해
감염병이 어디에서
어떻게 시작되었고,
어디로 퍼져나갔는지
원인과 경로를 파악해.

3
감염병 발생 시 신속하게
감염원을 파악하고
방역 대책을 세워서
감염병의 확산을 막아.

4
현장에서
신종 바이러스에 걸린
감염자를 격리하여
신속하게 치료해.

세균학자에 대해 알아보자

세균학자는 사람이나 동식물에 감염되는 세균에 대하여 연구한다. 세균학자에 대해 알아보고 <보기>에서 알맞은 말을 찾아 빈칸을 채워 보자.

1 세균학자는 세균에 의해 걸리는 병을 어떻게 (　　　　　) 할 수 있을지, 어떻게 유익하게 이용할 수 있을지 연구한다.

2 미생물을 이용해서 (　　　　　) 등을 개발한다.

3 (　　　　　) 에 대한 관심과 관찰력을 지녀야 한다.

4 질병뿐만 아니라 (　　　　　)에도 미생물을 이용한다.

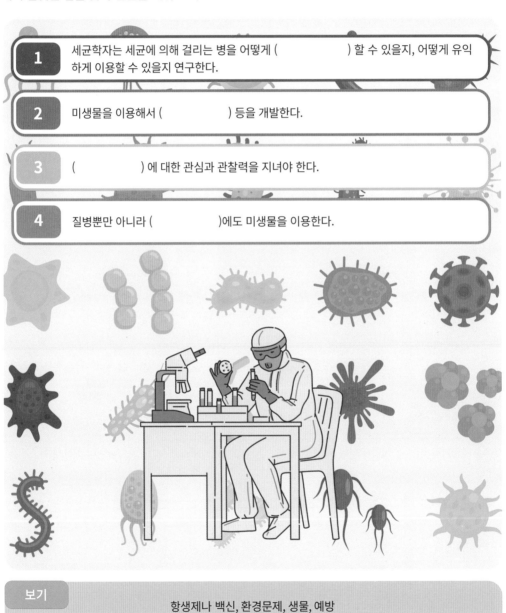

보기

항생제나 백신, 환경문제, 생물, 예방

질병관리본부장은 무슨 일을 할까?

질병관리본부는 과학적 근거를 기반으로 질병 예방관리정책을 추진하고 보건의료 연구를 통하여 국민의 건강을 지키는 국가 기관이다. 다음 중 질병관리본부장이 하는 일에 대해 바르게 설명한 것을 찾아보자. (정답은 세 개)

1 격리병상 및 치료제 확보, 긴급상황실과 즉각 대응팀 운영 등을 통해 감염병으로부터 국민을 지키는 일을 총괄한다.

2 만성질환이나 희귀질환에 대한 예방관리대책을 추진하고, 국가 예방접종 사업을 총괄한다.

3 환자의 치료를 돕기 위해 혈액, 소변, 신체의 조직을 검사해서 질병의 원인을 찾고, 결과를 의사에게 전달한다.

4 해외에서 들어오는 바이러스 감염병을 막기 위해 공항이나 항구에서 검역하고 입국자의 격리 조치 업무를 총괄한다.

진짜 임상병리사를 찾아라

임상병리사는 환자의 치료를 돕기 위해 혈액이나 신체 조직을 검사해서 질병의 원인을 찾는 일을 한다. 아래에서 임상병리사가 하는 일에 관해 바르게 설명한 진짜 임상병리사를 찾아보자. (정답은 세 개)

동민

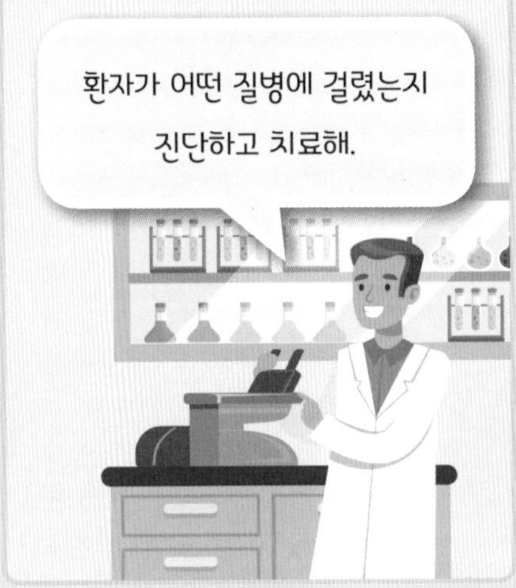
환자가 어떤 질병에 걸렸는지 진단하고 치료해.

나래

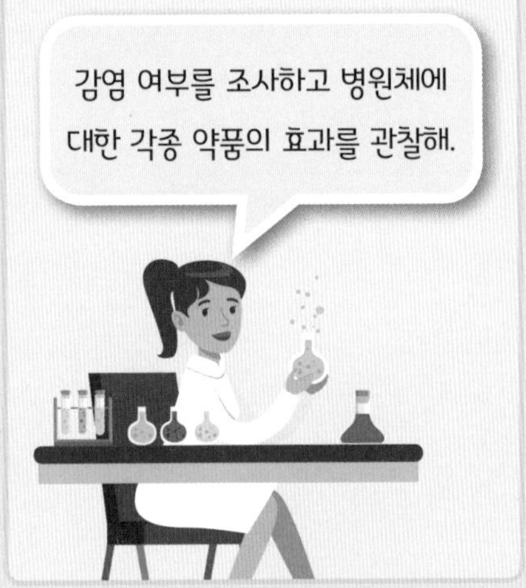
감염 여부를 조사하고 병원체에 대한 각종 약품의 효과를 관찰해.

찬호

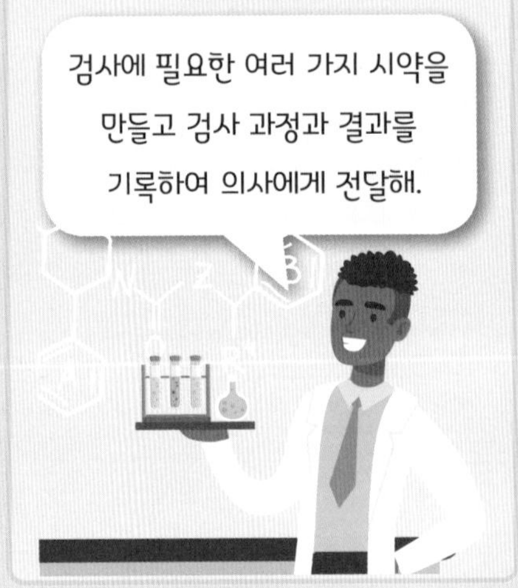
검사에 필요한 여러 가지 시약을 만들고 검사 과정과 결과를 기록하여 의사에게 전달해.

유리

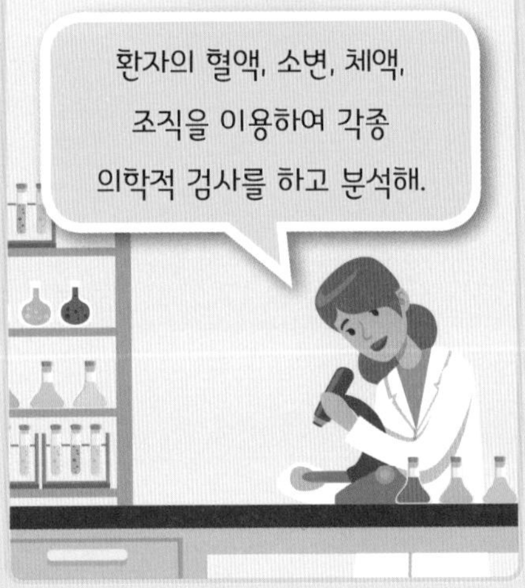
환자의 혈액, 소변, 체액, 조직을 이용하여 각종 의학적 검사를 하고 분석해.

유진이의 꿈은 무엇일까?

가족들이 유진이에게 꿈이 무엇인지 물어보았다. 유진이는 대답 대신 다음과 같이 힌트를 주었다. 유진이의 꿈을 맞힌 가족은 누구일까?

생물들의 생물학적 정보를 수집해서
데이터로 만들어요. 그리고 수집한
데이터들을 비교와 분석이 가능하도록
조직화하여 다양한 분야에서
활용할 수 있도록 해요.

유전자나 약물을 다루는
바이오 산업에서 일하거나
컴퓨터, 정보 통신 산업 분야에서도
일할 수 있어요.

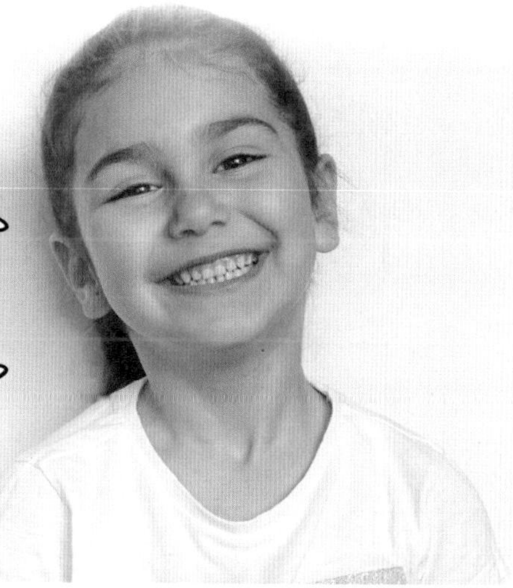

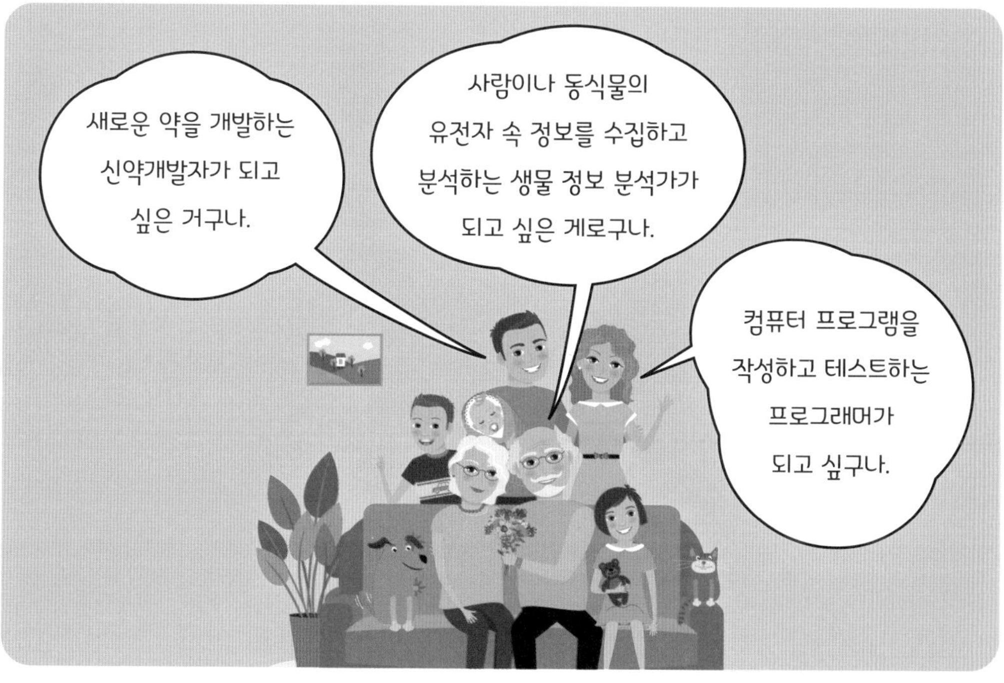
새로운 약을 개발하는 신약개발자가 되고 싶은 거구나.
사람이나 동식물의 유전자 속 정보를 수집하고 분석하는 생물 정보 분석가가 되고 싶은 게로구나.
컴퓨터 프로그램을 작성하고 테스트하는 프로그래머가 되고 싶구나.

어울리는 직업 알아보기

다음은 친구들이 자기를 소개한 내용이다. 각 친구에게 가장 잘 맞는 직업은 무엇일까? 사다리를 타고 내려가 보자.

1
정보를 모으고
분석하는 것을 좋아해.
생물에 대한 관심이
많아서 관련된 정보를
모으곤 해.

2
새로운 것을 만들어
내기를 좋아해.
사람이나 동물의 생명이
얼마나 소중한지
잘 알고 있어.

3
실험하고 연구하는
것이 취미야.
아주 작은 미생물에
대해 공부하고 있어.

4
조사해서
무언가를 밝혀낼 때
성취감을 느껴.
책임감이 강한
성격이야.

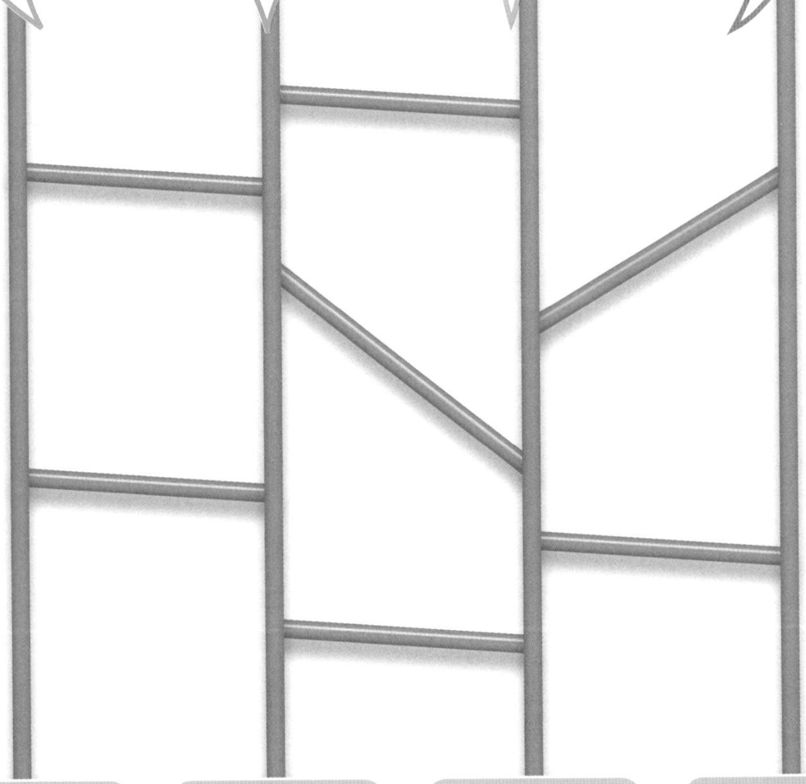

역학조사관	바이러스 백신 개발자	미생물학자	생물 정보 분석가

퍼즐 속 직업 맞추기

낱말 퍼즐 속에서 바이러스와 관련된 직업을 찾아 표시한 후 아래 칸에 적어 보자. (정답은 일곱 개)

바이러스와 관련된 직업 찾기 퍼즐

이	융	백	신	개	발	자	합	트	더
역	병	스	러	가	면	리	생	명	아
명	학	군	리	초	미	생	물	학	자
임	론	조	이	지	바	어	정	군	주
상	수	원	사	역	군	세	보	공	기
병	나	과	유	관	수	균	분	석	업
리	라	드	병	가	지	학	석	업	축
사	국	말	면	역	학	자	가	항	도

찾은 직업

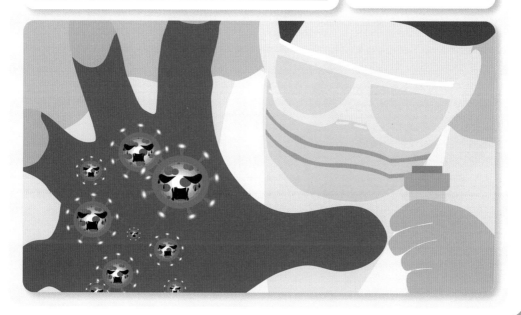

15

감염병은 어떻게 전염될까?

신종 바이러스로 인한 감염병은 빠르게 확산하여 인류에 위협을 가한다. 감염병은 어떻게 발생하고 확산하는지 그 과정을 순서대로 나열해보자.

1	질병을 유발할 수 있는 요인인 병원체가 나타난다.
2	새로운 숙주가 감염된다.
3	병원체가 면역성이 없는 새로운 숙주에게 침입한다.
4	병원체가 전파수단이 되는 환경 요인인 병원소에서 탈출한다.
5	감염된 숙주가 다른 생물에게 병원체를 퍼트린다.
6	질병이 확산한다.

16

정답

① → ④ → (　　　) → (　　　) → (　　　) → ⑥

바이러스의 특징을 알아보자

바이러스는 숙주에 기생할 때만 생명활동을 한다. 숙주가 없으면 돌이나 물건 등 무생물처럼 활동을 하지 못한다. 바이러스는 생명체와 무생물체로서의 특징을 모두 갖고 있는데 <보기> 중 어떤 것이 생명체의 특징이고 어떤 것이 무생물체로서의 특징인지 나누어 보자.

생명체로서의 특징	무생물체로서의 특징

보기

ㄱ. 유전적 돌연변이가 발생한다.

ㄴ. 증식한다.

ㄷ. 단독으로 증식할 수 없다. 숙주 감염 이후에만 증식한다.

ㄹ. 진화한다.

ㅁ. 에너지를 만들 수 없다.

ㅂ. 감염하지 못한 상태에서는 단백질과 핵산의 결정체다.

역사 속 바이러스

다음은 인류에 막대한 피해를 남긴 바이러스에 대한 설명이다. 설명을 읽고 어떤 바이러스인지 <보기> 에서 골라 빈칸에 적어보자.

쥐벼룩에 의해 페스트균이 옮겨져 발생한 급성 열성 감염병이다. 중세 유럽에서 크게 유행하여 전 유럽 인구의 1/4~1/3이 사망한 것으로 알려져 있다.

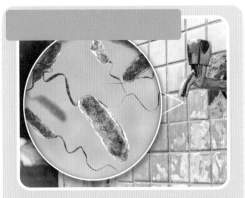

콜레라균의 감염으로 급성 설사가 유발되어 중증의 탈수가 빠르게 진행돼 사망에 이르는 전염병이다. 오염된 음식이나 물, 덜 익은 해산물을 통해 감염된다.

SPANISH
FLU

인플루엔자 바이러스에 의한 감염병으로 1918년 처음 발병했다. 2년간 전 세계 5,000만 명의 인구가 희생되었는데 1차 세계대전 사망자보다 5배 이상의 사망자가 생겨 20세기 최악의 감염병이라 불린다.

WORLD AIDS DAY

1981년 미국에서 처음 발견된 전염병으로 인간면역결핍바이러스(HIV)가 원인이다. 성관계나 감염된 혈액의 수혈, 산모의 임신과 출산을 통해 바이러스가 전파되는데 체내의 면역 기능이 저하되어 사망한다.

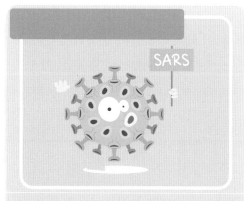

2002년 중국의 광둥 지방에서 처음 생겨난 것으로 알려졌다. 걸리면 심한 열이 나고 기침을 하며 숨쉬기가 힘들어져 폐렴으로 발전하고, 많은 사망자를 낳았다.

돼지에서 발생하는 A형 인플루엔자 바이러스 중 H1N1형이 원인이다. 2009년 초 발생하여 전 세계에서 발병했다. 감염되면 갑작스러운 고열, 근육통, 마른 기침 등의 증상이 나타난다.

2012년 중동 지역을 중심으로 발생한 급성 호흡기 감염병이다. 명확한 감염원이 확인되지 않았으나 박쥐나 낙타 등 동물에 있던 바이러스가 사람에게 옮겨져 감염되었을 것으로 추측한다.

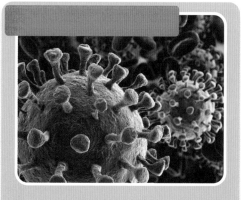

2019년 12월 중국 우한에서 처음 발생한 이후 전 세계로 확산된 호흡기 감염질환이다. 확진자가 전 세계에서 속출하자 2020년 3월 WHO가 사상 세 번째로 팬데믹(세계적 대유행)을 선포했다.

보기

콜레라, 흑사병(페스트), 후천성면역결핍증후군(에이즈), 메르스(중동호흡기증후군), 신종플루(A형독감), 코로나19, 스페인독감, 사스(중증급성호흡기증후군)

나라면 어떻게 할까?

똑같은 상황이 발생해도 바이러스 전문가들은 서로 다른 생각을 한다. 각자 맡은 역할이 다르고 중요하게 여기는 것이 다르기 때문이다. 다음과 같은 상황이라면 나는 어떻게 할지 그들의 입장에서 생각해 보자.

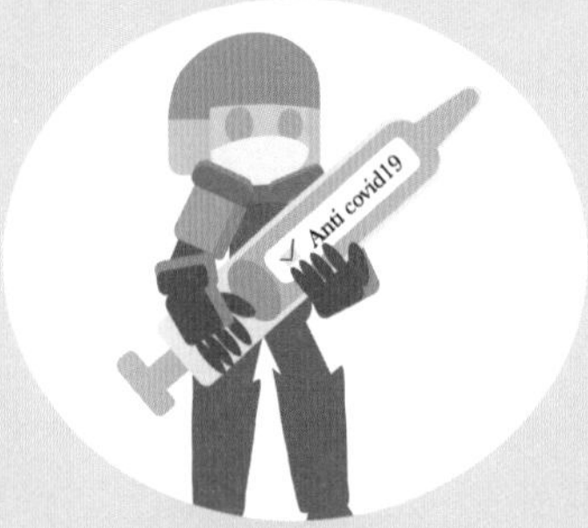

Anti covid19

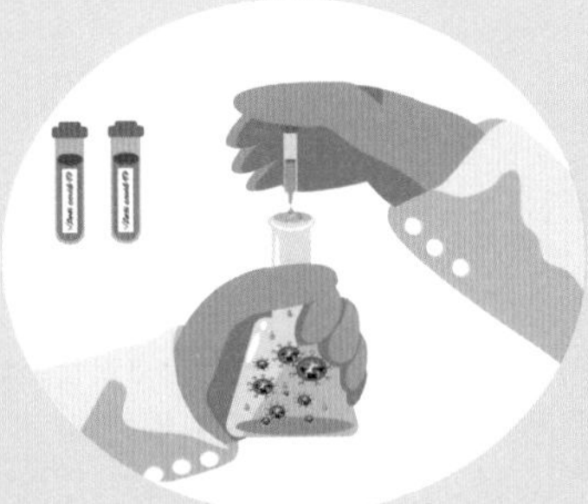

실험을 하던 중 실수로 바이러스가 새어나간 것을 나중에 발견한 상황이라면?

역학조사관

바이러스가 새어나갔을 당시 실험실에 있었던 사람들을 격리하고 그들의 이동 경로와 밀접 접촉자를 파악하여 감염여부를 조사해야 해. 빠르게 방역 대책을 세워 확산을 막는데 주력해야 해.

바이러스 백신 개발자

전염성 강한 바이러스로 인해 팬데믹 상황이 온다면?

역학조사관

바이러스 백신 개발자

바이러스로 인한 질병을 예방할 수 있는 신종 백신을 개발해야 해.

찬성 VS 반대

코로나19 확산으로 인해 대면 수업보다는 비대면 수업이 활발하게 진행 중이다. 학교에 가지 않고 온라인을 통한 수업이 이루어지는 것에 대해 친구들의 의견을 읽고 자신의 생각을 써 보자.

> 등하교 시간이 절약되서 다른 공부를 할 수 있는 시간이 많아졌어. 선생님에게 일대일로 배우는 것 같아 더 집중해서 수업을 듣게 돼.

> 모르는 게 있어도 질문하기 어렵고 선생님이나 친구들과 유대감을 쌓기 힘들어. 컴퓨터가 없는 사람은 수업을 듣기 어려워서 불평등한 점도 있어.

찬성

반대

21

나는 온라인 수업하는 것을 (찬성 /반대) 한다.

왜냐하면

_____

_____

_____

_____

때문이다.

포스트 코로나 시대, 어떻게 달라질까?

포스트(post) 코로나 시대는 코로나19를 극복한 이후 다가올 새로운 시대와 상황을 일컫는 말이다. 포스트 코로나 시대의 세상은 어떨까? 상상한 것을 적어보자.

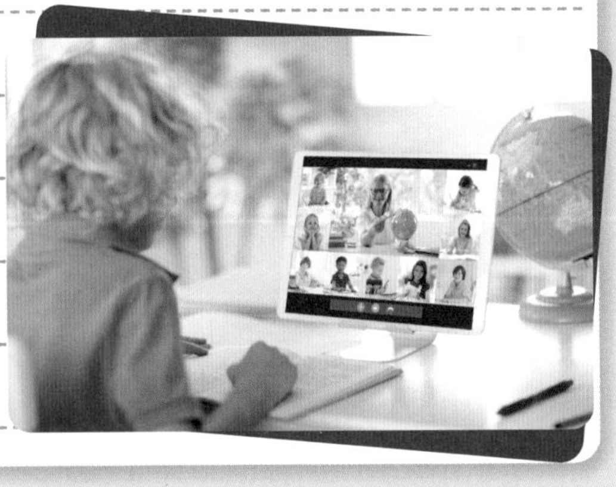

코로나19를 극복하기 위해 나는 이렇게 할래요

코로나19의 확산이 멈추지 않고 계속되고 있다. 코로나19가 퍼지는 것을 방지하기 위해서 내가 할 수 있는 일은 무엇인지 적어보자.

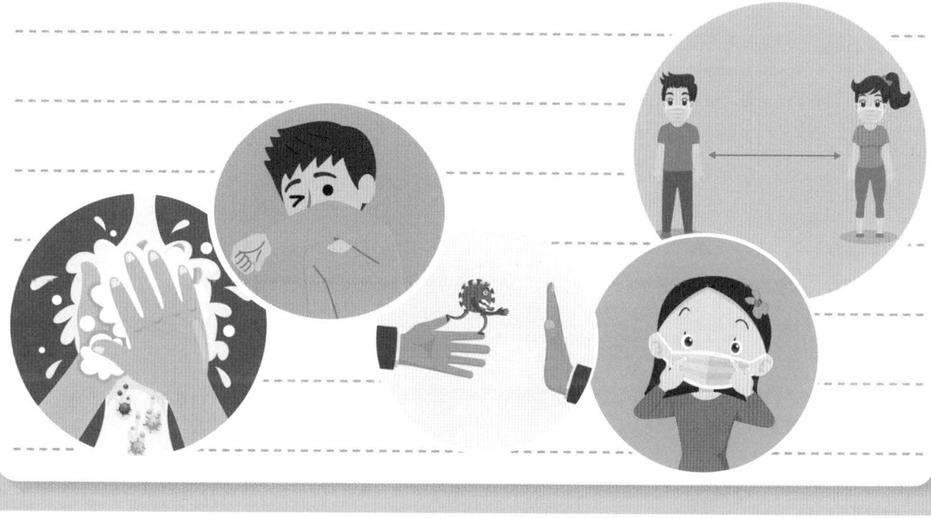

4. 바이러스 전문가, 코로나19, 면역학자

5. ①, ②, ③, ④

6. 준영, 지율, 정환, 혜승

7. ②, ③, ④, ⑤

8. ①, ②, ④, ⑤

9. ①, ②, ③

10. 예방, 항생제나 백신, 생물, 환경문제

11. ①, ②, ④

12. 나래, 찬호, 유리

13. 할아버지

14. ① 생물 정보 분석가, ② 바이러스 백신 개발자, ③ 미생물학자, ④ 역학조사관

15. 백신개발자, 미생물학자, 역학조사관, 임상병리사, 세균학자, 생물정보분석가, 면역학자

16. ③, ②, ⑤

17. 생명체 - ㄱ, ㄴ, ㄹ / 무생물체 - ㄷ, ㅁ, ㅂ

18~19. 흑사병(페스트), 콜레라, 스페인독감, 후천성면역결핍증후군(에이즈), 사스(중증급성
호흡기증후군), 신종플루(A형독감), 메르스(중동호흡기증후군), 코로나19